Código Frieda
Rev. Rubén García Badillo

Primer autorretrato y primera firma, 1924. Frieda Khalo

Último autorretrato y última firma, 1954. Frieda Kahlo

Código Frieda

Rev. Rubén García Badillo

2011

Order this book online at www.trafford.com
or email orders@trafford.com

Most Trafford titles are also available at major online book retailers.

Printed in the United States of America.

ISBN: 978-1-4251-4986-4 (sc)
ISBN: 978-1-4269-5010-0 (e)

Trafford rev. 09/12/2011

*[Mi ferviente agradecimiento a Mimi Muray por permitirme utilizar las imágenes de Frida Kahlo para la
portada y título de Código Frieda, al igual agradezco a Salomón Grimberg. Rubén García Badillo]*

Portada: Frida, Coyoacán. 1938
Imagen de Título: Frida with Blue Satin Blouse, New York. 1939
[Fotografías de Nicolás Muray, (c) Nickolas Muray Photo Archives]

 www.trafford.com

North America & international
toll-free: 1 888 232 4444 (USA & Canada)
phone: 250 383 6864 ♦ fax: 812 355 4082

DEDICADO A:

Magdalena Carmen Frida Kahlo y Calderón
Tsuguharo Foujita (budista); Leonardo Foujita (cristiano católico)
Miguel Nicolás Lira Álvarez
Rebeca Torres Ortega
Ángel Salas Bonilla
Alejandro Gómez Arias
Manuel González Ramírez
Octavio N. Bustamante
Diego Rivera Barrientos
Obispo de Tlaxcala Luis Munive Escobar

AGRADECIMIENTOS

Siempre en primer lugar a Dios Padre Todo Poderoso, para quien es todo el honor, el poder y la gloria, por Jesucristo en el Espíritu Santo.

Después a mis amigos Héctor Israel Ortiz Ortiz, Gobernador Constitucional del Estado de Tlaxcala, y María Estela Duarte, investigadora del Museo Nacional de Arte, por haber creído en mí.

Gracias a mi papá Amado García Vázquez.

Gracias a mi mamá Lucrecia Badillo Méndez.

Gracias a mis hermanos: Rigoberto, René, Roberto, Raúl, Jaime, María Trinidad, María Guadalupe, Vito Juan y María Isabel.

Gracias a mis cuñados: Lidia, Julita, Francisca, Erasmo, Gustavo, Graciela, Gelasio.

Gracias a mis sobrinos: Genoveva, Amado, Beatriz, Jacqueline, Margarita, María Guadalupe, Dionisio, Lucrecia, Julita, Verónica, Norma, Sarita, Jaime Antonio, Cecilia, Rubén Gustavo, Iliana, Violeta y Aby Denisse, Ernesto, Manuel, Margarita, Martín, Raúl, Patricia, Teresa, María Isabel, Abraham, Mauricio, Eva, Rubén, Lucia, María Isabel, María Dolores, Mónica Mercedes, Gabriel Amado, Jaime Guadalupe, Alejandro.

Gracias a mis tíos y primos.

Gracias a mis padrinos.

Gracias a todos y a cada uno de mis amigos en Tlaxcala, México, y el extranjero.

Gracias a todos, por todo el amor que me han dado.

¡Dios los Bendiga!

PRÓLOGO

COMENZARÉ POR DAR LA DEFINICIÓN DE PRÓLOGO que aporta el diccionario enciclopédico *Larousse Universal*: "Discurso que precede ciertas obras para explicarlas o presentarlas al público".

Le había solicitado a dos grandes amigos que me hicieran el favor de escribir el prólogo de mi primer libro, *Código Frieda. La primera y la última firma.*

Uno de ellos era el director del Museo Mural Diego Rivera, el maestro Américo Sánchez Hernández, personaje reconocido en el ambiente de museos nacionales y extranjeros, y gran conocedor de la obra de Frida Kahlo, incluso de la inédita que tengo de ella; el otro, el doctor Salomón Grimberg, médico siquiatra, profundo conocedor de la obra pictórica mundial, especialmente de Frida Kahlo Calderón, de quien tiene obra y ha escrito sobre ella en distintos libros, periódicos y revistas. Él participó, junto a Helga Prignitz-Poda y Andrea Kettenmann, en el catálogo razonado de pintura de Frida Kahlo, considerada la obra más completa sobre la pintora mexicana.

Salomón Grimberg respondió a mi petición: "Empecé a leer y a estudiar tu libro, déjame decirte que lo que he leído me fascina y me gusta enormemente… eres todo un personaje. Espero con interés tu texto y escribiré la mejor introducción que pueda hacer". Esto fue en 2006.

Américo Sánchez Hernández, por su parte, contestó: "Será para mí un honor escribir el prólogo de su libro". Esto fue el 9 de enero de 2006.

Por iniciativa del maestro Américo Sánchez y de la licenciada María Estela Duarte, se comenzó un proyecto de edición donde tomaría parte la Secretaría de Educación Pública, como una deuda que ésta tiene con Miguel N. Lira, por la brillante labor que desempeñó por el bien de México, desde la Jefatura del Departamento Editorial y de Publicidad de la Secretaría de Educación Pública, bajo la dirección de los generales Manuel Ávila Camacho y Octavio Véjar Vázquez, Presidente de la República y Secretario de Educación Pública, respectivamente, durante una época tan peligrosa para la nación mexicana: la Segunda Guerra Mundial; tomaban parte también la Universidad Nacional Autónoma de México, el Museo Mural Diego Rivera, y el Instituto Tlaxcalteca de Cultura, del gobierno del estado de Tlaxcala, así como el señor Mercurio López Casillas, experto y amante del arte tipográfico del artista Lira. Este proyecto abortó cuando el gobierno del presidente Vicente Fox Quesada dio instrucciones al Instituto Nacional de Bellas Artes de suspender cualquier nuevo proyecto, y que se redujeran las partidas de dinero. ¡Se aproximaban las elecciones del nuevo presidente de la república!

Estoy comenzando –agosto de 2007– a escribir el prólogo. Nuevos cambios sociales y políticos de mis amigos Américo y Salomón. El primero es ahora subcoordinador de Artes Plásticas del Instituto Nacional de Bellas Artes; el segundo es uno de los curadores de la exposición en el Museo Nacional de Bellas Artes, para el homenaje del centenario de Frida Kahlo. No quiero forzarlos o causarles algún problema al escribir sobre mis libros, que dicen, que son una "bomba".

Por lo cual, amables lectores, críticos de arte, escritores, científicos, periodistas, artistas, pintores, pueblo de México, soy yo mismo quien lo presenta ante ustedes.

Nunca antes había escrito libro alguno. Al comenzar esta presentación, confieso, me tiemblan un poco las piernas, pero al mismo tiempo me siento satisfecho, contento, muy bendecido por Papá Dios, y por Frieda y los Cachuchas. Tengo ganas de reír y cantar. Soy un triunfador, un "chingón" (perdón). Frida Kahlo está orando por mí en el cielo, y compruebo que su oración toma la fuerza acompañada de la Santísima Virgen María y de San José, que consigue de Dios a favor mío, lo que ni en sueños pensé alcanzar.

Entre todas estas bendiciones que cito, está Diego Rivera Barrientos, quien me ha dicho: padre Rubén, venimos a ofrecerte un homenaje por lo que estás haciendo por Frieda. El homenaje consiste en que casi toda mi casa está llena de bellísimos dibujos, en paredes, techos, puertas, alfombras; toda esta expresión de arte se encuentra en dibujos más bellos que los que pintaron cuando vivían en esta dimensión de tiempo y espacio, en esta galaxia de la vía láctea, en el punto llamado Tierra. Entre estos grandes artistas figuran: Juan O' Gorman, David Alfaro Siqueiros, Frieda Kahlo, Salvador Dalí, Pablo Picasso, Pinturicchio, Leonardo da Vinci, Miguel Ángel, y muchos más, que con frecuencia me ofrecen exposiciones privadas, sólo para mí y los que gusten compartir y venir a verlos, como si estuviera en el Louvre de París o en los murales del cielo.

También tengo conmigo, en el pasado, presente y futuro, a los padres de la Física Cuántica, a cuya cabeza se encuentran Albert Einstein, *madame* Marie Curie, Max Planck, Henrry Poincaré y doscientos veinte más. Albert Einstein me dice: "venimos a felicitarte por tu libro *Frida se confiesa*, aquí está la ecuación; debes escribir una novela que se llame CUÁNTICA con el subtítulo DIOS NO JUEGA A LOS DADOS, con la nota que diga ESTA NOVELA DEBE SER LEÍDA POR TODOS LOS CIENTÍFICOS". Todo esto que expreso podría hacer pensar a la gente que lee que estoy completamente "zafado" y que necesitarían amarrarme y quemarme en leña, y pienso que lo harían con justa razón. Esta razón que concedo la encuentro en Platón, el gran filósofo griego, en *La República*, en el libro VII. Entre uno de sus diálogos está la "Alegoría de la Caverna". En ella, Platón presenta a los hombres encadenados en una caverna, y sólo pueden mirar sombras en las paredes, proyectadas por el fuego. Para estos hombres su realidad es únicamente lo que pueden ver. Platón conduce la idea que si algunos de éstos, prisioneros de la ignorancia, se escaparan y fueran a la casa del padre Rubén García Badillo y vieran la realidad que está documentada en su casa y paredes, y volvieran a los prisioneros de la ignorancia y les dijeran lo que contemplaron allí, los encadenados dentro de las cavernas les dirían lo mismo que pueden decirme: están zafados, completamente locos, ¡amárrenlos, quémenlos o llévenlos al manicomio! [*A ellos, les digo, la verdad no sería literalmente nada más que las sombras de las imágenes*]

Esto que les digo sobrepasa el conocimiento de la física cuántica actual. Entre los científicos más avanzados en la ciencia de la física cuántica se encuentran: David Bohm, Karl Pribram y Alain Aspect, quienes pueden explicar lo que está sucediendo conmigo y en mi casa, y que lo manejaron Frida y Miguel N. Lira desde 1924 en los hologramas que realizaron, sin el rayo láser, que es como se conoce hoy. Frida y Miguel se adelantaron mucho antes a la ciencia holográfica que conocemos hoy, pero que no es la que aparece en las paredes de mi casa; la ciencia expresada aquí es mucho más avanzada, y se necesita estudiar y profundizar: ¡Hiperespacio!, ¡Dimensiones superiores!

En 2005 tuve la idea de escribir un libro sobre Frida Kahlo, porque leía que quienes hablaban sobre ella decían "*re* hartas mentiras". No me imaginé que iba a recorrer un largo viaje escribiéndolo, pensé que era como "enchílame la otra". Ha sido un viaje peligroso, cansado, pero siempre hermoso. Se me presentaron grandes retos, pero nunca pensé que no los podía vencer. Me sostenía el pensamiento de Frieda, grabado en el centro de *El dibujo verde* o *El dibujo China*, que verán más adelante. Allí está pintado en cuatro caracteres chinos: *Competencia, Hielo, No Importa, Casi Hielo*. Están escritos en chino antiguo y se pueden traducir en el lenguaje de Frieda como lo expresa en una carta a Miguel el 3 de agosto de 1927: "Para mí la pulpa es pecho y el espinazo cadera". La fe de Frieda en Jesucristo, anunciada por Tsuguharo Foujita en 1922, como lo demostraré en *Frida se confiesa*, la libró de vivir el más horrendo y largo suplicio de dolor. Pero ella, firme, sin titubear, siempre mostró entereza porque creyó que Jesucristo pondría fin a las Dos Fridas, y llegaría el momento cuando volvería a ser Una Frieda.

Los obstáculos sirvieron de ejercicio para pasarlos más rápido, y luego voltear a verlos en el pasado.

El primero fueron las críticas de "mi casa", Tlaxcala: "el padre Rubén está loco; el padre Rubén es mentiroso; es que por la edad ya le patina el coco, ya alucina; son tonterías, el padre quiere hacerse famoso, lo que dice no es cierto". Los periódicos que sí creyeron en mí fueron *El Sol de Tlaxcala*, con Carmelita González Altamirano, y *Tlaxcala Hoy*, con Pedro Morales.

En el ámbito nacional: Raquel Tibol, Teresa del Conde y Luis Martín Lozano atacaron. Hoy estas personas repiten algunas afirmaciones que yo hice, y lo dicen de manera literal, sin darme el crédito. A la revista *Proceso* y su reportera de Cultura, Judith Amador Tello, mis respetos y mi agradecimiento. También creyeron en mí el licenciado Héctor Israel Ortiz Ortiz, gobernador del estado de Tlaxcala, y María Estela Duarte, mi asesora, del Museo Nacional de Arte, y mi queridísima amiga Ruth Alvarado Rivera, que hace poco tiempo nos dejó y que estaba escribiendo un libro sobre Frida y los Cachuchas, que junto con los míos, "sin refritos", decía ella, presentarán, complementarán a la verdadera Frieda Kahlo.

Ciertamente, éste no es un libro con las características de otros que siguen el modelo pasado. El mío tiene una estructura y un contenido nuevo. La periodista Judith Amador Tello (*Proceso*, núm. 1491, 29 de mayo de 2005, p. 61), resalta: "... el sacerdote Rubén García Badillo abre nuevos caminos para entender la obra de Frida Kahlo". En el mismo número (p. 62) entrevista a la investigadora y ex directora del Centro Nacional de Investigación, Documentación e Información de Artes Plásticas, y de ella dice: "Estela Duarte señala que no le cabe duda que el sacerdote conoce perfectamente la personalidad de Miguel N. Lira, y tiene muchísimos argumentos, por lo cual va a causar una 'bomba'". En efecto, mis libros son eso, y ya están detonando, y más que harán más adelante. Frida Kahlo y sus Cachuchas detonaron una en el salón de clases para protestar contra el maestro Antonio Caso, que estaba impartiendo su cátedra, porque según ellos, "no sabía dar clases". Y ahora a mí "me agarraron de su puerquito" para explotar la bomba a varios ilustres personajes, que "no la están haciendo bien".

La de la Escuela Preparatoria cimbró todo el edificio y rompió varios vidrios. La segunda, de mi libro, cimbró al Banco de México, fiduciario en el Fideicomiso relativo a los museos Diego Rivera y Frida Kahlo, y por ello, de algún modo, censuraron y vetaron mis libros tratando de mandarlos a las sombras para que se pudrieran, así como se llama el cuento que escribieron e ilustraron Miguel N. Lira y Frida Kahlo: "Las poxcas manos".

Un escritor de fama internacional, amigo mío, me ha sugerido, y así lo había determinado, editar mis libros "a huevo": "Si te demandan, te mandarán a los cuernos de la luna".

Este libro que presento a ustedes va a ser único en su forma y contenido, será muy controvertido, lo entiendo. Frieda me está comprometiendo, pues en él les da una bofetada a algunos y a algunas ilustres periodistas y escritores, símbolos de los Contemporáneos de los tiempos de la Escuela Nacional Preparatoria, a quienes Frieda y los Cachuchas odiaron, los enfrentaron, algunas veces los vencieron, pero siempre pesó sobre ellos la maldad de los Contemporáneos.

Quiero decirles, aunque ya lo saben, que Frieda Kahlo y Miguel N. Lira fueron muy inteligentes; superior en inteligencia, Frieda. Se adelantó y manejó la física cuántica y la computadora, en el archivo secreto de su obra pictórica, que por su propia voluntad yo conservo.

En la década de 1970 trabajé como maestro en la Escuela Preparatoria Federal de Apizaco, Tlaxcala. La materia que más me gustó y desempeñé en la enseñanza de mis alumnos fue la Metodología de la Ciencia. Ciencia: *Cognitio rerum per causam* (el conocimiento de las cosas por medio de su causa). Explicaba yo la estructura de la ciencia, su división y el método científico, dentro del cual se requería la experimentación, la demostración y la repetición.

En Física, que es la que estudia la naturaleza, llegábamos a la novedad última en esos tiempos: "el átomo". Estábamos en el mundo atómico (Einstein), pero empezaba a aparecer el subatómico, especialidad e innovación de Frida Kahlo y Miguel N. Lira, el micromundo, el holograma (la Mecánica Cuántica). Estudiamos el átomo como la unidad más pequeña de un elemento químico, que mantiene su identidad o propiedades, y no es posible dividirlo mediante procesos químicos. Fue postulado por la escuela atomista de la antigua Grecia. Con el desarrollo de la Física Cuántica en el Siglo XX, se comprobó que sí puede subdividirse en partículas más pequeñas.

Desde esa época en que daba clases hasta la fecha, ha empezado a cambiar lo que se pensaba de la física; antes sólo se conocía y enseñaba, en los programas de la Secretaría de Educación Pública, la física newtoniana, la física atómica, pero ya había aparecido la subatómica. Los físicos Niels Bohr, Max Planck y Werner Heisenberg, entre otros, llegaron a la conclusión de que la física clásica no funcionaba en el mundo microscópico, por lo que establecieron la física cuántica, la del mundo pequeñísimo, en el cual se deleitaba Frieda en sus dibujos microscópicos y en saltos cuánticos.

La Física Cuántica es la ciencia del espíritu. Antes sólo se conocía la del alma y del cuerpo; el hombre estaba incompleto, pues éste tiene: alma, cuerpo y espíritu, y hoy los hombres de ciencia pueden decir: "...y la teoría totalmente ilógica denominada mecánica cuántica ha sido la más exitosa de toda la historia de la ciencia, a ella se deben los transistores, los chips de computadora, los diodos láser, etc.". La física cuántica nos enseña que sí es posible pasar de un punto a otro, por ejemplo, una pelota que rebota en la pared de un cuarto a la pared de otro que está en frente, sin pasar por en medio de las dos paredes; o una bolita de papel que pega en una pared de acero, que pasa al otro lado. Esto yo lo he experimentado y visto personalmente, no sólo en el caso de Frida Kahlo, sino en sanaciones maravillosas.

Yo sí creo que la física cuántica es la ciencia de Dios, donde interviene su Acción Divina, de los milagros, del espíritu, del cerebro subconsciente en el hemisferio derecho del hombre.

La lectura de este libro es un viaje alucinante, donde Frida nos va conduciendo en su mundo microscópico, surrealista, en cuarta dimensión, oculto al hemisferio izquierdo, que es el cerebro de la lógica, de la razón. Y en este mundo maravilloso Dios nos va a ir hablando y diciendo: "¡Ánimo! Soy Yo, no tengan miedo" (Mt. 14,27).

Repito, Frieda fue muy inteligente, y su inteligencia era iluminada y cultivada por el Espíritu Santo, y a través de la enseñanza catequética recibida en la Iglesia católica, por sus estudios bíblicos y por los retiros espirituales a los que asistía. Yo agradezco infinitamente a Dios, que quiso que Frieda me ayudara a entender el mundo cuántico, el mundo de mi espíritu.

Desde pequeño experimenté fenómenos cuánticos, y le daba las gracias a Dios por ellos, pero no los entendía. Quise conocerme a mí mismo, estudié sicología en la Universidad de la Américas, en Cholula, Puebla, pero fue muy poco lo que me conocí. Estudié la Sagrada Biblia para ver si allí lo lograba. Algo encontré, pero debo ser sincero: fue a medias. En los años ochentas vivía acontecimientos espirituales profundos: había entendido la palabra SEÑOR, con mayúsculas, y la apliqué a Jesús para decirle: "¡Jesús, mi Señor! Porque si confiesas con tu boca que Jesús es el Señor y crees en tu corazón que Dios lo resucitó de entre los muertos, serás salvo" (Rom. 10,9).

Esa experiencia iluminó una pequeña parte de mi vida, la más importante. Pero aún quedaban muchas preguntas, de ésas de las que escribe Juan Pablo II en el número I de la encíclica *Fe y razón*: "Las preguntas de fondo que caracterizan el recorrido de la existencia humana: ¿quién soy? ¿De dónde vengo? ¿A dónde voy? ¿Por qué existe el mal? ¿Qué hay después de la muerte?". Preguntas, dice él, "que están en los escritos sagrados de Israel y en los Veda, en los Avesta, en Confucio, en Lao Tze, en Tirthankara y en Buda".

Además de estas grandes interrogantes, tenía yo otras: ¿por qué me quiere tanto Dios?, ¿para qué me resucitó cuando ya estaba tendido en el funeral?, ¿por qué fui ordenado sacerdote y exorcista?, ¿por qué se han producido milagros cuando ruego a Dios que se realicen?

Pero, además, me inquietaba mucho saber por qué tengo tantas cosas de Frida Kahlo: ¿por qué tengo su secreto?, ¿por qué murió intestado el Cachucha Miguel N. Lira?, ¿por qué ordenó que yo fuera su único representante? Entonces, la ley de la atracción, la física cuántica y mi cerebro subconsciente me llevaron a la Universidad Iberoamericana, Campus Tlaxcala, a estudiar programación neuro-lingüística. Estudié cuatro diplomados con 460 horas de estudio: cerebro, creencia, imagen, pensamiento, lenguaje.

Ésa fue la otra gran bendición que recibí de Dios: comencé a entender el Evangelio por primera vez. A medida que avanzaba en los estudios, comencé a expresar en voz alta ante mis maestros y compañeros: ¡eso está en el Evangelio!, ¡eso lo dice Jesús de Nazaret! ¡Eso dice la Biblia! ¡Eso está en los profetas de Dios! Me di cuenta de que lo enseñado por la programación neuro-lingüística está perfectamente cimentado en el Nuevo y Antiguo Testamentos, excepto el error de que el cerebro tiene poder infinito. También pude entender la encíclica de Juan Pablo II: *Fe y razón*.

El hemisferio izquierdo cerebral, la consciencia, la lógica; hemisferio derecho, subconsciencia, la fe. El primero, la física atómica; el segundo, la física subatómica.

Hoy existen varias corrientes de pensamiento que, para mí, coinciden en lo mismo, sólo que desde distintos puntos de vista: "pensamientos".

Estas corrientes son tres: la primera, programación neuro-lingüística (información + imagen = pensamiento + lenguaje: obra). Eso está en perfecto acuerdo con la doctrina católica y con el Evangelio (la primera en la frente, para que me libre Dios de los malos pensamientos; la segunda en la boca, para que me libre Dios de las malas palabras; la tercera en el pecho, para que me libre Dios de las malas obras [Mc. 1,15] [Mc. 7,15-23] [Mc. 9,23] [Mc. 11, 23-24]).

La segunda, El Secreto (pensamiento + atracción: obra): "¡El secreto es la ley de la atracción!". "Todo lo que llega a tu vida es porque tú lo has atraído. Y lo has atraído por las imágenes que tienes en tu mente. Es lo que piensas. Todo lo que piensas lo atraes" [Rhonda Byrne, *El secreto,* Prentice Mulford, Ediciones Urano, p. 4].

A la técnica de este modo de pensar la llaman *proceso creativo*: "El Proceso Creativo utilizado en *El Secreto*, que se ha sacado del Nuevo Testamento de la Biblia, es una directriz sencilla para que crees lo que quieres dando tres pasos muy simples". Primero: pide; segundo: ten fe; tercero: recibe.

"Y todo cuanto pidiereis en la oración, si tenéis fe, lo alcanzaréis" [Mateo 21,22].

"Por tanto, os aseguro que todas cuantas cosas pidiereis en la oración, tened fe de conseguirlas, y se os darán" [Marcos 11,24].

La tercera, la sincronicidad (corazón-mente-cerebro: obra).

Estos tres métodos son maravillosos. En el ministerio de predicación y sanación, yo aplico el método de programación neuro-lingüística. Me lleva por rutas que me indica el Señor Jesucristo en el Evangelio. Este método tiene mayor trabajo. Lleva las mismas indicaciones que presenta *El secreto*, pero además termina aplicando la computadora cerebral que indica Jesús en Marcos 11,24. Antes de aplicar el *scanner*, el CPU y la impresora cerebral, se requiere activar los cinco canales cerebrales (cinco sentidos) que se llaman submodalidades. Esto nos ayuda a un éxito mucho mayor, según me parece.

El libro que les presento va a conducirlos por algunas experiencias que salen de lo normal en la gente común, no versada en la ciencia ni en los nuevos descubrimientos del hombre, por ejemplo, cuando lean que Frida toca mi cuerpo, que me habla fuerte o me susurra al oído, que siento su respirar en mi cuello o en mi rostro y me da las indicaciones para descubrir en mis archivos la clave de algunas palabras o dibujos no entendidos; cuando se comunica conmigo en otras dimenciones. Todo esto se explica y se entiende por el poder de mi cerebro subconsciente y por la mecánica cuántica que usamos Frida y yo en el mundo subatómico.

Estoy terminando de escribir este Prólogo el 3 de marzo de 2008, día de mi cumpleaños, cumplo 75 años de edad, y día en que me impone la Ley de la Iglesia a pasar a ser párroco emérito. Hasta hoy me he conservado en el ministerio sacerdotal y en el trabajo pastoral de la Iglesia, pero debo confesar que en algún momento me sentí tentado a dejar el Camino, cuando se presentaban momentos difíciles. ¡Jesucristo, el Señor, me sostuvo de la mano! Hoy testifico que en mi ministerio sacerdotal conocí a Frieda Kahlo Calderón, como una confesora de la fe en su Señor Jesucristo, siempre firme; y con los últimos alientos que le quedaban en el momento de la muerte realizó su último dibujo, que yo conservo, donde ya muerta se encadena al tobillo una gran cadena a la tierra, esperando el momento cuando su salvador Jesucristo abrirá la llave de su prisión, y la introducirá en la Luz Eterna del Reino de Dios, que se realizó el 25 de junio de 2006. Tengo documentación, privada, donde mi Señor Jesucristo me dice, el 25 de diciembre de 2007, desde la Basílica de San Pedro, en la misa de Noche Buena: ¡Rubén, la venadita Frida está conmigo en el Reino de Dios!

Si alguien quisiera compartir algún comentario o experiencias propias en este campo de las dimensiones, se los agradeceré. Escribir a codigofrida@hotmail.com

Rostro de Albert Einstein aparecido en las paredes de la casa del padre Rubén García Badillo en dimensión superior (Einstein declaró la 4ta dimensión, Da Vinci la 3ra, Picasso y Frieda la 4ta)

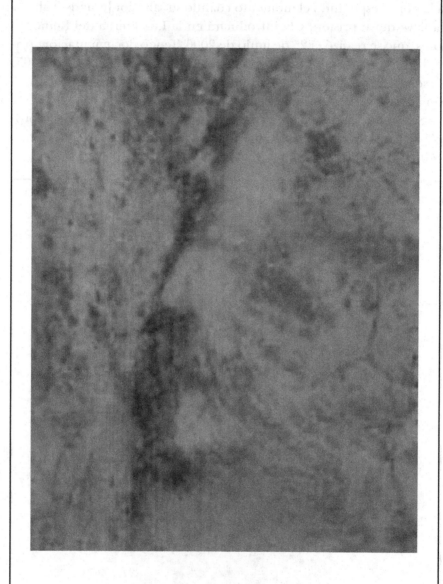

Rostro de Max Planck aparecido en las paredes de la casa del padre Rubén García Badillo, en dimensiones superiores

INTRODUCCIÓN

E STE LIBRO SE REFIERE, en especial, a dos personajes de la historia y la cultura de México: Frieda Kahlo y Miguel N. Lira.

Magdalena Carmen Frieda Kahlo y Calderón –la gran pintora mexicana, hija de Guillermo Kahlo y de Matilde Calderón–, nació en Villa de Coyoacán el 6 de julio de 1907, y murió el 13 de julio de 1954.

Miguel Nicolás Lira Álvarez, hijo de Guillermo Lira y de Dolores Álvarez, nació el 14 de octubre de 1905 en el número 12 de la calle de Dolores (hoy Allende) de la ciudad de Tlaxcala, México, y murió a los cincuenta y cinco años en la misma ciudad el 26 de febrero de 1961.

Miguel N. Lira fue el descubridor, maestro, impulsor, amigo y hermano que obliga a Frieda Kahlo Calderón a convertirse en pintora. Ésta es la verdad contenida en este libro: *Código Frieda. La primera y la última firma.*

El investigador y escritor de este libro soy yo, Rubén García Badillo, pero no soy escritor de novelas ni crítico de arte ni experto en literatura. Soy un humilde sacerdote católico –aprendiz de escritor y obligado a escribir– que hasta hace dos meses –escribo esto el 26 de septiembre de 2005– era el pastor, párroco de San Francisco Tepeyanco, Tlaxcala, México. Hoy, con setenta y tres años, tengo el permiso de mi obispo para dedicarme de tiempo completo a la predicación del Evangelio y a la investigación cultural. Nací el 3 de marzo de 1933 en San Dionisio Yauhquemehcan, Tlaxcala, México; mis estudios sacerdotales los adquirí en el Colegio Seráfico de Cholula, Puebla; en el Seminario Palafoxiano de Puebla, México; en The Catholic University of America y en la Georgetown University, Washington, D. C., en Estados Unidos; en la Universidad de las Américas, en Cholula, Puebla, y en la Universidad Iberoamericana, en Tlaxcala, México.

He dedicado un gran número de horas de estudio a diversas disciplinas académicas. No soy graduado de ninguna universidad. Soy un predicador. Ejercí el oficio de exorcista y el ministerio de sanación, las actividades de mi Señor Jesucristo.

En los dos últimos años aparecieron en el mercado editorial dos novelas exitosas: la primera, *El código da Vinci,* una novela cruel, anticristiana, donde su autor, Dan Brown, expone afirmaciones ficticias; lástima que sea una mentira hiriente vestida de literatura.

En *El código da Vinci*, el autor no indica cuáles fueron los lugares y países donde encontró datos para su novela ni el tiempo que le llevó hacer sus investigaciones, pero debieron ser algunos años. Para armar su trama, partió del año 1975, cuando en la Biblioteca Nacional de París se descubrieron –según dice–, unos pergaminos conocidos como *Les dossiers secrets*, en donde se mencionaban a algunos miembros del Priorato de Sión, entre quienes destacaban Isaac Newton, Sandro Boticelli, Victor Hugo y Leonardo da Vinci[1]. Estos personajes encriptaron su secreto para que no fuera conocido por el vulgo; buscaron la manera de esconderlo en códigos, pues, según la novela, el papel asignado por Jesús a María Magdalena está en el Evangelio. En la segunda novela, *La historiadora*, el protagonista es el vampiro Drácula; su autora, Elizabeth Kostova, dedicó diez años a la investigación y escritura de la obra. En ella, Vlad Dracul, Caballero de la Orden del Dragón, sigue vivo, está oculto y se requiere descubrirlo.

Un enigma parecido, un secreto encriptado, es lo que les presento en este libro, con la diferencia de que los datos contenidos aquí son verdaderos, físicos, lógicos, inferidos. Este libro no es una novela de ficción, sino una realidad histórica, aunque deja abierta la posibilidad de que pudiese yo sacar algún método equivocado. *Código Frieda. La primera y la última firma* presenta a una mujer con el nombre de Magdalena Carmen Frieda Kahlo Calderón, la mujer y pintora más famosa del mundo en la actualidad. Pero la Frieda que conoce el mundo de hoy es la que ha sido creada por los mitos. Frieda vivió dos personalidades (Las Dos Fridas), dos sexualidades, dos lenguajes, dos maneras de pensar.

La que conocemos, la que hemos conocido en los libros es sólo una Frieda: la de Diego Rivera, la de Raquel Tibol, la de Hayden Herrera, Salomón Grimberg, Helga Prignitz-Poda, Andrea Kettenmann, Martha Zamora, Erika Billeter. Teresa del Conde, en su reciente libro *Frida Kahlo. La pintora y el mito* (Plaza Janés, 2004), y Raquel Tibol en *Frida Kahlo en su luz más íntima* (Lumen, 2005) abren una ventana para percibir a la otra Frieda, que es la que muestro en este libro. Además de estas dos críticas de arte, hay algún otro que empieza a hacer lo mismo.

La otra Frieda es la de los Cachuchas Miguel N. Lira, Ángel Salas Bonilla, Jesús Ríos y Valles, Alejandro Gómez Arias, Manuel González Ramírez y Octavio N. Bustamante. Esta Frieda, desconocida, hoy sale a la luz, a la calle, a la ciudad, a los medios, a los libros. La Frieda de Miguel N. Lira y los Cachuchas se ocultó en el misterio de su obra pictórica.

Los datos sobre Frieda Kahlo contenidos en este libro no se encuentran en libros editados, bibliografías u otras obras conocidas; están contenidos en tres fuentes de información de donde he bebido su conocimiento. La primera fuente son los archivos originales que yo guardo y que pertenecieron a Miguel N. Lira y Frida Kahlo; la segunda fuente son los datos sobre Frieda Kahlo y los Cachuchas, que de viva voz me narró la señora Rebeca Torres Ortega, esposa de Miguel N. Lira, amiga íntima y compañera de Frieda Kahlo en la Escuela Nacional Preparatoria y en la Escuela Normal para maestros en la ciudad de México.

Aquí tuve la dicha de que Rebe –como cariñosamente era llamada en la ciudad de Tlaxcala y en varias partes del mundo, por sus amigos– compartiera conmigo una bellísima amistad, con rasgos de una madre para mí. Desde que iniciamos esa amistad, comenzó también a narrarme la vida de su esposo Miguel, la de Frieda Kahlo, la de ella misma y la de muchos otros hombres y mujeres que compartieron la vida y el mundo de Miguel Nicolás Lira (Miguel N. Lira). En nuestras pláticas me comentaba sobre el amorío de Frieda con Miguel; lo celosa que alguna vez estuvo ella de ese amorío limpio, de niños, de hermanitos, entre Frieda y Miguel. Por eso, cuando comenzó el noviazgo, en agosto de 1921, entre Miguel y Rebeca, y ella se dio cuenta de que en la correspondencia entre Frieda y Miguel se decían el uno al otro "Hermanito" y "Hermanita", ella se sintió celosa, entonces Miguel, que en sus cartas de amor llamaba a Rebeca "Linda", más tarde la llamaría "Hermanita linda" (ver carta en la siguiente página).

Durante quince años de hermosa amistad, de 1959 a 1974, me platicó del regalo de bodas que Frieda les obsequió a ella y a Miguel, el 28 de diciembre de 1928: La escuela de pintura de Miguel N. Lira (caricatura de los Cachuchas que Frieda hizo); del retrato de su esposo Miguel N. Lira que hizo Frieda en 1927, y repintado por ella en 1933; del último autorretrato y firma de Frieda, días antes de morir, que entregó a Manuel González Ramírez para que, a su vez, lo llevara a su destinatario: Miguel N. Lira; me contó también sobre la estancia en Taxco, Guerrero, de David Alfaro Siqueiros y de Blanca Luz Brum, a donde acudían a visitarlo Diego Rivera, Frieda Kahlo y, alguna vez, ella misma con Miguel. Me dijo que ahí fue donde Frieda pintó las acuarelas que ahora me pertenecen relativas a Taxco. Y así, muchos, muchos detalles, algunos que ya no recuerdo y otros demasiado largos para extenderme en ellos.

La tercera fuente fueron las mujeres y hombres de la generación 1920-1924 de la Escuela Nacional Preparatoria, que formaron una aso-

Tlaxcala
Hermanita linda: enero 29-
Mañana salgo
para esa. Después de un
mes de no verte, el saba
do, a las 4½, estaré en los
Portales para saludarte.
Cuanto gusto tengo. Otra
vez nuestra antigua vida
de buenos amigos. Verdad?
Muchos besos.
Tuyo Miguel

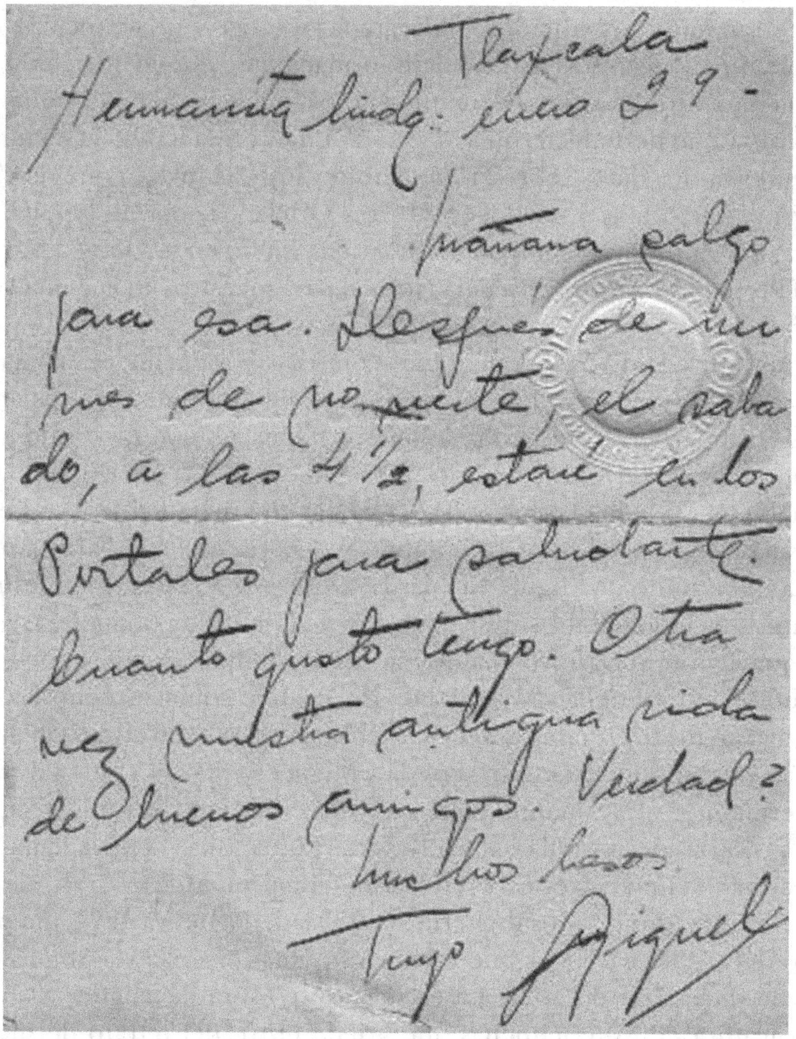

Carta de Miguel N. Lira a su Hermanita linda

Tlaxcala, enero 29.
Hermanita linda:

Mañana salgo para esa. Después de un mes de no verte, el sábado, a las 4 ½, estaré en los Portales para saludarte. Cuanto gusto tengo. Otra vez nuestra antigua vida de buenos amigos. Verdad?

Muchos besos

Tuyo Miguel

ciación, que incluía a Frieda y a Rebeca, quienes alguna vez se reunieron para conversar acerca de esa etapa de su vida en la escuela, así como de sus proyectos sociales. Alguna vez acompañé a Rebe, y así tuve la oportunidad de que algunas condiscípulas de Frieda me contaran anécdotas de ella en la escuela, con el director y con la prefecta del departamento de señoritas de la prepa, y de los "desmadres" de Frieda y los Cachuchas.

Éstas son las fuentes de donde fluye la investigación y estudio que llevé a cabo, y que presento en este libro. También hago notar, y agradezco, datos muy interesantes recibidos de Raquel Tibol, Teresa del Conde, Hayden Herrera y de mi amigo y asesor, Salomón Grimberg.

En febrero de 1920 se conocieron en la Escuela Nacional Preparatoria Frieda Kahlo y Miguel N. Lira. Él la conoció como Frieda, y para él ése fue su nombre hasta la muerte. En general, para los Cachuchas fue Frieda, pero más particularmente para Miguel. Por ello, en este libro uso estos dos nombres de manera indistinta: Frida y Frieda.

Los alumnos de la preparatoria le pusieron a Frieda los apodos de "la Teutona" y "la Cachucha"; los Cachuchas la llamaron "la Paloma"; para Miguel, este apodo fue muy significativo en sus obras literarias, y Frieda lo usó también para ilustrar varias de las producciones de Miguel.

Frieda se identificó con ambos apodos y en algunas de sus obras la firma es una paloma o una cachucha. El apodo de "la Paloma" se reflejó cuando Frieda se casó con Diego Rivera; entonces, se dijo: "Se va a casar la paloma con el elefante". Por eso en varios dibujos de Frieda, que tengo, y que pertenecieron al archivo secreto de la "otra Frieda", la de Miguel N. Lira y los Cachuchas, aparecen varias palomas de distintos estilos, y en algunos, la paloma y el elefante. Cuando sólo está la paloma, es Frieda; cuando aparecen la paloma y el elefante, entonces son Frieda y Diego Rivera. En alguna ocasión aparece sólo el elefante, el marrano o el toro, que son algunos de los apodos de Diego Rivera.

Miguel N. Lira. (1933)
Primer novio de Frieda

Frieda Kahlo. Tenía la venturosa sencillez de los
cuerpos sanos. Antes del accidente de 1925. Miguel
N. Lira la publicó en Alcance en el número 18 de
Huytlale, tomo II, el 31 de diciembre de 1954

Alejandro Gómez Arias. (1937)
Segundo novio de Frieda.

Ángel Salas Bonilla. (1928)
Fiel amigo de Frieda.

Manuel González Ramírez. (1943)
El historiador de la obra pictórica
de Frieda.

Octavio N. Bustamente. (1941)
"El Orejón", consentido de Frieda.

Retratos de los Cachuchas que elaboraron el Código Frieda, con la fecha de cuando fueron fotografiados

Rubén García Badillo, el escritor de este libro (pintado por Rafael Flores Zúñiga, Puebla, 1978)

Martes 21 de Octubre

" La noche muy 10 de
la mañana "

traición

LÁMINA I

Primer Autorretrato
Frieda Kahlo, 1924
Lápiz sobre papel, 12.9 x 7.3 cm.
Colección R.G.B. Tlaxcala, México.

CAPÍTULO I

Miguel Nicolás Lira Álvarez

ALGUNOS DATOS SOBRE ÉL, sólo algunos, pues fue un hombre polifacético, carismático, misterioso, casi un genio: poeta, escritor, dramaturgo y tipógrafo, impulsor de artistas y escritores.

A continuación la biografía de Miguel N. Lira escrita por él mismo en tercera persona, desde su niñez hasta su graduación como abogado en 1928.

Autobiografía de Miguel N. Lira

Nació en las dos veces heroica Tlaxcala, el 14 de octubre de 1905. Es hijo de un médico alópata, cirujano y partero, don Guillermo Lira y de Dolores Álvarez, de las más antiguas familias del Estado.

Aprendió a sumar y el Silabario de San Miguel lo leyó aún no cumplido el primer lustro de su vida, en el Colegio del Sagrado Corazón de Jesús.

Por su talento y virtudes, sus padres lo inscribieron, un año más tarde, en el Instituto Científico y Literario del Estado, donde aprendió lecciones de cosas, historia, aritmética y un poco de gramática. Fué ahí donde recitó versos de Juan de Dios Peza y donde escribió cuatro versos en alabanza a su maestro, hombre de pequeños ojos, de grandes bigotes y de un total mongoloide. Cursando el 2o. año de Instrucción Primaria fué encerrado varias veces en el calabozo por indisciplinado y desatento en sus clases, pues solo se dedicaba a leer libros prohibidos por las autoridades eclesiásticas y políticas como corruptores de la moralidad y de las buenas costumbres. Conoció, de esta manera, a Monlau, a Zolá, a Eca de Queiroz y a Tito Livio.- Debe advertirse que La Reliquia le dejó una impresión que habría de perdurar en su vida durante mucho tiempo pues tuvo, como el protagonista de la novela, una tía rica y austera que llevada por su horror a las cosas del mundo, hubo de desheredarlo en vista de sus malas lecturas y por no oír misa los domingos y fiestas de guardar. La impresión de aquellos días de escuela y de gimnasia mental se reflejan en uno de los mas bellos versos del poeta.

Cuando surgió el espanto de la revolución, toda sonora de cañonazos y de repiques de campanas, la provincia se vistió del negro más desolado y dejó escapar a sus hijos, en vertiginosas caravanas, hacia regiones pobres cuya geografía el poeta conocía a maravilla.

Fué así como llegó a Puebla, ciudad de veinte mil ángeles, de igual número de Iglesias y de un soldado desconocido.

Estuvo en esa ciudad, por las persecuciones de que era víctima su padre, a cubierto de toda luz y sin asomarse a la calle, durante ocho largos meses. Reclusión que llevó al cerebro del poeta, cierta tendencia hacia la soledad y un misticismo que era la consecuencia lógica de su antigua libertad en el pensamiento. Así leyó a Platón y a Santa Teresa de Jesús, a Herodoto y a Gracián. La Imitación de Cristo de Fray Tomás de Kempis lo convirtió en un obediente discípulo de la Iglesia y en simple acólito vestido de rojo y blanco.

En 1915 siguió sus estudios en la Escuela Anexa a la Normal de Profesores. Tuvo ahí su primera Maestra, poetisa, pintora y sentimental.

a la Normal de Profesores. Tuvo ahí su primera Maestra, poetisa, pintora y sentimental.

Ganó un certámen literario en justa contra veinte escuelas. -Nose sabe si fueron realmente veinte escuelas o mayor número- Las envidias que este triunfo trajo consigo - entre sus compañeros, sirvieron para que abandonara esa Escuela y pasara a la Gustavo P. Mahr, muy limpia, de marmol - y con un jardín a la puerta. En esta Escuela cursó hasta el 4o. año de primaria. La impresión de los dos años pasados en ella fué la desviación del sentido estético de su vida, seguramente por la presencia de sus maestras, delgadas, pálidas, ojerosas, con lentes, pero con una voz de monjas desilusionadas.

En este tiempo asistía, puntual y ordinariamente a la Iglesia Catedral para ayudar en los oficios divinos y deleitarse en la contemplación de la Virgen del Perpetuo Socorro. La influencia de esos días de incienso y devoción está grabada en la mayor parte de los versos que ornan su primer libro.

El año de 1918 fué para el poeta de actividad y de superación. En ese año y en la Escuela José María Lafragua, dió fin a los estudios primarios cursando el quinto y sexto años en seis meses respectivamente. Su certificado de instrucción primaria tiene una mención honorífica que lo ha enorgullecido; premio a la moral.

En 1919, dejó Puebla con sus veinte mil ángeles,- su igual número de iglesias y de su soldado desconocido. Llegó a México en la noche. Esa vez no pudo dormir por pensar que estaba en México. Fué en enero. Conoció Chapultepec, el Palacio Nacional y el Silvaincito. En febrero ingresó a la Preparatoria. No hacía versos ya porque sufría una completa desorientación. Vivía con una hermana de su padre. Ahí llevó la misma vida que en Puebla cuando la reclusión de ocho meses. La disciplina a que fué sometido, junto con la natural timidez de provinciano hicieron que en sus exámenes obtuviera las mejores calificaciones de su grupo y que le obsequiara su tía un retorno a la ciudad de los veinte mil ángeles,- etc. ¡No hay que olvidar al soldado incógnito!

En 1920 volvió a leer los autores que había conocido en sus primeros años y que no había entendido del todo. Además, se adhirió a Remy de Gourmont y leyó Gamiani. Ese -- año conoció a un grupo de muchachos crueles y sanguinarios, dinamiteros y anarquistas, inteligentes y románticos, artistas y pobres. Se asoció a ellos y estuvo en todas las comisarías de la ciudad. Lo expulsaron de la escuela cada vez que les dió la gana y tuvo a manera que corolario su primer lance sentimental.

De entonces a 1922, se le ve atravezar por un período de terror. Toma clases de box y de esgrima. Se pelea una vez a la semana. Tiene un duelo. Colabora en periódicos-

Autobiografía de Miguel N. Lira (continuación)

estudiantiles con versos que después desconoce. Sigue devoto
a sus amigos y enamorado. En 1923, entra a la Escuela Libre-
de Derecho. Vuelve a la reclusión, el misticismo, a la soledad. No da ninguna importancia a sus estudios. El Derecho es
cosa aburrida para él, le provoca bostezos, cansancio. No es
cribe ni hace nada. Se contenta con asistir a las clases que
le causan menos fastidio. Por suerte y por casualidad aprueba en sus exámenes. No porque hubiera estudiado.

En 1925 aparece su primer libro. Lo edita en su -
ciudad natal. Hace un tiraje de 250 ejemplares y todos los -
regala. Sus amigos, los críticos y los periodistas, le ven-
perfiles e influencia de Ramón López Velarde. El mismo lo re
conoce.

De 1925 a 1926 no hace nada. Se contenta con ir -
al cine, leer libros y enorgullecerse del suyo. Empieza a di
bujar, a triángulos y cubos.

El 1927, aparece su segundo libro. Lo edita, como
el primero, en Tlaxcala. Sus amigos, los críticos, los perio
distas, le ven perfiles de Maestro. El mismo lo reconoce. Fun
da escuela y declara abiertaslas inscripciones. Tiene discípulos pero solo a uno se consagra, por su talento.

Espera hacer un nuevo libro que se llame, dentro-
de los nombres de frutas, la granada, la chirimoya, o el zapote prieto.

Se recibió de abogado en 1928. Un olvido: Ha hecho
traducciones de poemas chinos pues habla ese idioma.

Libros publicados:---TU---Editorial del Gobierno del Estado
                          de Tlaxcala.-- 1925.
                     LA GUAYABA---Editorial del Gobierno --
                          del Estado de Tlaxcala.-- 1927.

En preparación:-------30-30---Poemas de la revolución.
                     SEIS----Novela.
                     COLEGIO ELECTORAL---Novela.

Revistas en que ha colaborado:---El Universal Ilustrado.- Mex.
                             Panorama.- Mex.
                             Redención.- Mex.
                             Gladiador.- Tlaxcala
                             Pegaso.-- Tlaxcala.
                             y en revistas de Sud-América.

Iconografía:-- Oleo de Frieda Kalho.- Grabado en madera de
          Roberto Montenegro.- Dibujo a tinta de Hugo
          Tilgmahan.

Autobiografía de Miguel N. Lira (continuación)

Ganó un certamen literario en justa contra veinte escuelas. -Nose sabe si fueron realmente veinte escuelas o mayor número- Las envidias que este triunfo trajo consigo entre sus compañeros, sirvieron para que abandonara esa Escuela y pasara a la Gustavo P. Mahr, muy limpia, de mármol y con un jardín a la puerta. En esta Escuela cursó hasta el 4o. año de primaria. La impresión de los dos años pasados en ella fué la desviación del sentido estético de su vida, seguramente por la presencia de sus maestras, delgadas, pálidas, ojerosas, con lentes, pero con una voz de monjas desilusionadas.

En este tiempo asistía, puntual y ordinariamente a la Iglesia Catedral para ayudar en los oficios divinos y deleitarse en la contemplación de la Virgen del Perpetuo Socorro. La influencia de esos días de incienso y devoción está grabada en la mayor parte de los versos que ornan su primer libro.

El año de 1918 fué para el poeta de actividad y de superación. En ese año y en la Escuela José María Lafragua, dió fin a los estudios primarios cursando el quinto y sexto años en seis meses respectivamente. Su certificado de instrucción primaria tiene una mención honorífica que lo ha enorgullecido; premio a la moral.

En 1919, dejó Puebla con sus veinte mil ángeles, su igual número de iglesias y su soldado desconocido. Llegó a México en la noche. Esa vez no pudo dormir por pensar que estaba en México. Fué en enero. Conoció Chapultepec, el Palacio Nacional y el Silvaincito. En febrero ingresó a la Preparatoria. No hacía versos ya porque sufría una completa desorientación. Vivía con una hermana de su padre. Ahí llevó la misma vida que en Puebla cuando la reclusión de ocho meses. La disciplina a que fué sometido, junto con la natural timidez de provinciano hicieron que en sus exámenes obtuviera las mejores calificaciones de su grupo y que le obsequiara su tía un retorno a la ciudad de los veinte mil ángeles, etc. ¡No hay que olvidar al soldado incógnito!

En 1920 volvió a leer los autores que había conocido en sus primeros años y que no había entendido del todo. Además, se adhirió a Remy de Gourmont y leyó Gamiani. Ese año conoció a un grupo de muchachos crueles y sanguinarios, dinamiteros y anarquistas, inteligentes y románticos, artistas y pobres. Se asoció a ellos y estuvo en todas las comisarías de la ciudad. Lo expulsaron de la escuela cada vez que se les dió la gana y tuvo a manera de corolario su primer lance sentimental.

De entonces a 1922, se le ve atravesar por un periodo de terror. Toma clases de box y de esgrima. Se pelea una vez a la semana. Tiene un duelo. Colabora en periódicos estudiantiles con versos que después desconoce. Sigue devoto a sus amigos y enamorado. En 1923, entra a la Escuela Libre de Derecho. Vuelve a la reclusión, el misticismo, a la soledad. No da ninguna importancia a sus estudios. El Derecho es cosa aburrida para él, le provoca bostezos, cansancio. No escribe ni hace nada. Se contenta con asistir a las clases que le causan menos fastidio. Por suerte y por casualidad aprueba en sus exámenes. No porque hubiera estudiado.

En 1925 aparece su primer libro. Lo edita en su ciudad natal. Hace un tiraje de 250 ejemplares y todos los regala. Sus amigos, los críticos y los periodistas, le ven perfiles e influencia de Ramón López Velarde. El mismo lo reconoce.

De 1925 a 1926 no hace nada. Se contenta con ir al cine, leer libros y enorgullecerse del suyo. Empieza a dibujar, a triángulos y cubos.

El 1927, aparece su segundo libro. Lo edita, como el primero, en Tlaxcala. Sus amigos, los críticos, los periodistas, le ven perfiles de Maestro. El mismo lo reconoce. Funda escuela y declara abiertas las inscripciones. Tiene discípulos pero solo a uno se consagra, por su talento.

Espera hacer un nuevo libro que se llame, dentro de los nombres de frutas, la granada, la chirimoya, o el zapote prieto.

Se recibió de abogado en 1928. Un olvido: Ha hecho traducciones de poemas chinos pues habla ese idioma.

————

Libros publicados:—TU—Editorial del Gobierno del Estado de Tlaxcala.-- 1925.

        LA GUAYABA—Editorial del Gobierno del Estado de Tlaxcala.– 1927.

En preparación— 30-3O—Poemas de la revolución.

        SEIS—Novela.

        COLEGIO ELECTORAL—Novela.

Revistas en que ha colaborado:—El Universal Ilustrado.- Mex.

        Panorama.- Mex.

        Redención.- Mex.

        Gladiador.- Tlaxcala

        Pegaso.– Tlaxcala

        y en revistas de Sud-América.

Iconografía.– Óleo de Frieda Kalho.- Grabado en madera de Roberto Montenegro.- Dibujo a tinta de Hugo Tilgmahan.

Datos biográficos de la obra literaria
de Miguel N. Lira,
por Gabriel Méndez Plancarte

Gabriel Méndez Plancarte: correspondiente mexicano de la Academia Mexicana de la Lengua, doctor en Teología y en Ciencias Sociales, maestro del Seminario Conciliar de México, vicepresidente del Seminario Mexicano de Cultura –que planeó y organizó Miguel N. Lira, y cuya primera secretaria fue Frieda Kahlo–, nacido en Zamora, Michoacán, en 1905, y muerto en la ciudad de México en 1949.

Datos sobre la obra de Miguel N. Lira

el

"En ~~un~~ aire de olvido", poema de amor juvenil, en octavas reales de exquisita factura y de insospechada modernidad estilística,
que es -a mi juicio- una de las más bellas realizaciones de Lira
(2);

"Corrido de Domingo Arenas y México Pregón", rico volumen que,
además de los que le dan título, contiene una opulenta galería de
"corridos", inspirados en motivos y figuras de la Revolución y del
campo mexicanos (3);

"Linda" y "Vuelta a la tierra", poderosas tragedias de raíz y
ambiente popular a las que su autor ha dado el modesto título de
"sucesos dramáticos", y en las que vibra y sangra --noblemente estilizada por el poeta-- el alma de nuestro pueblo (4);

"La Muñeca Pastillita", dramatización de un delicioso cuento
genuinamente infantil, estrenada en la reciente temporada del Palacio de las Bellas Artes;

y "El Camino y el Árbol", pieza dramática de alcance social y
de patriótica inspiración, realizada en las tablas por la Compañía
de María Teresa Montoya y estrenada en junio pasado.

Estas dos últimas obras no han sido aún impresas, pero sin duda
pronto lo serán, permitiéndonos así estudiarlas y saborearlas en toda su belleza.

-

"Vuelta a la tierra", podría ser el título, no de un libro solo,
sino de la obra entera de Miguel N. Lira. Tal es, quizás, su más
hondo sentido y su más fecundo mensaje. Vuelta a la tierra maternal
y prolífica que es carne de nuestra carne y hueso de nuestros huesos; retorno cordial --tras de la amarga experiencia que el Pródigo
apuró en "lejanas regiones"-- a esta tierra entrañable que es para

Datos sobre la obra de Miguel N. Lira

nosotros madre y hermana, novia y esposa dulcísima. Libre de toda
rústica estrechez, sin absurdas y anacrónicas "murallas chinas"
que pretendan aislarlo del mundo, con los ojos bien abiertos a todas las audacias y a todas las exquisiteces de la moderna poesía
universal, el poeta ha sabido -y ha logrado- lo que muy pocos logran: ser fiel a sí mismo --como "la suave Patria" de López Velar-
de--, y darnos "el íntimo canto del alma y de la tierra, tales como las custodian viejos lazos de tradición mexicana".(5)

¿Influencias de López Velarde y de García Lorca? Sí, influencias de López Velarde y de García Lorca; pero asimiladas vitalmente, pero transfiguradas a través de la propia alma y de la propia
sensibilidad. ¿Y es, acaso, un delito el tener aire de familia y
aun parentesco filial con grandes artistas de nuestra raza como
López Velarde y García Lorca, en vez de oler a perfumes del "boudoir" de Gide o del laboratorio químico de Proust? ¿Es, por ventu-
tura un crimen vibrar con los dolores de nuestro pueblo y con su
honda tragedia secular, en vez de contrahacer ficticiamente las
"angustias" nórdicas de Kierkegaard o de Heidegger?

Poeta sin profundidad,--sentencian, desdeñosamente, los "snobs".
Poeta sin vacuas pretensiones, diría yo; poeta sin "poses" sibilinas; poeta, sin adjetivos. Pero poeta que ama verazmente la belleza, y la goza con ardor de enamorado, y la comunica con generosidad
de ruiseñor que canta, o de fuente que mana, o de estrella que esplende en el azul profundo de la noche.

"No rehuye el poeta comparaciones posibles; ni pretende, en su
noble sencillez, vehículo de emociones muy hondas, descubrir continentes: le basta con labrar sus propias milpas" (6). Y en sus milpas mexicanas, maduradas al beso del sol y de la lluvia, no se dan
flores de invernadero enfermizas y aristocráticas, sino rubias ma-

Datos sobre la obra de Miguel N. Lira (continuación)

zorcas virgilianas que se convierten en pan y sangrientas amapolas para adornar el pecho de las muchachas campesinas. ..

Lira, "que lleva en su nombre mismo su condición de poeta" --
--como ha dicho, con frase feliz, Don Enrique Díez Canedo--, no
ha tenido hasta ahora la fama que merece: su nombre no figura en
algunas antologías de la moderna poesía hispanoamericana en que
lucen jovencitos imberbes que apenas están haciendo "pininos"...
¿Cuál es la razón de tal injusto silencio? La razón --o sinrazón--
es muy sencilla: Lira no pertenece a esas "cooperativas de elogios mutuos" que suelen ser los cenáculos o escuelas literarias.
Siempre refractario al "rebañismo" poético, ha hecho suyo --con
hechos, si no con palabras-- el verso humildemente orgulloso de
Musset:

Oui, mon verre est pétit, mais je bois dans mon verre.
(Sí, mi vaso es pequeño, mas yo bebo en mi vaso.)

De ahí el aislamiento en que se le ha dejado; de ahí el silencio
con que ciertos grupos de literatos han pretendido ignorar su obra.
No así en otros países, donde su labor ha encontrado fecundas y
honrosísimas resonancias: en La Plata, por no citar sino un e-
jemplo, durante varios años publicó el poeta Marcos Fingerit una
revista de alta calidad, totalmente consagrada a la poesía, y
que era, por su título y por su presentación toda, una hija o
hermana menor --como noblemente lo proclamaban sus editores ar-
gentinos-- de aquella "Fábula" bajo cuyo signo editó Lira en México una revista (7) y ha seguido publicando, posteriormente, u-
na espléndida serie de obras poéticas de diversos autores (8).

Datos sobre la obra de Miguel N. Lira (continuación)

Mas tampoco entre nosotros ha sido unánime el silencio. Fuera de numerosos artículos periodísticos, publicados con ocasión del estreno de sus obras teatrales, no han faltado críticos autorizados como el ilustre español Díez Canedo y los mexicanos Francisco Monterde/y Rubén Salazar Mallén/ que han elogiado con justicia la obra de Lira.

Y recientemente, con ocasión del estreno de "La Muñeca Pastillita", el Seminario de Cultura Mexicana ofreció al poeta un banquete, presidido por el Sr. Lic. Octavio Véjar Vázquez, Secretario de Educación Pública, y en el que nuestro gran poeta Enrique González Martínez, Presidente del Seminario, tomó la palabra a nombre de esa nueva y ya prestigiosa institución cultural, rindiendo a Miguel N. Lira un justo y bello homenaje de admiración y de estima.

A esas voces justicieras he querido hoy unir la mía, porque siempre he pensado que sigue en vigor --a despecho del brutal egoísmo que parece reinar en esta nueva edad férrea-- aquel nobilísimo precepto de los antiguos caballeros cristianos: "No dejes de loar las hazañas de tus hermanos de armas, porque tu silencio sería hurto de su gloria".

GABRIEL MÉNDEZ PLANCARTE.

1)-- "Música para baile, por Miguel N. Lira. Ilustr. de Julio Prieto. Bajo el signo de Fábula, 1936."(100 ejs. numerados).

2)-- "Miguel N.Lira. En el aire de olvido. Fábula, México, 1937." (100 ejs. numerados).

3)-- "Miguel N. Lira. Corrido de Domingo Arenas.- México Pregón." Tercera edición, Botas, México, 1938.(Mil ejs.)

4)-- "Miguel N. Lira. Linda. Suceso en 3 Actos...Editorial Fábula, México', 1942." (26 ejs. nums. y 255 s.n.)

5)-- "Miguel N. Lira. Vuelta a la tierra. Suceso en 4 Actos...Editorial Fábula, México, 1940". (26 ejs. nums. y 500 s.n.)

Datos sobre la obra de Miguel N. Lira (continuación)

5)-- Enrique Díez-Canedo.- Miguel N. Lira y su "Vuelta a la tierra".
México, 1940,(8 págs.): p.7.

6)-- Enrique Díez-Canedo: folleto citado,p.7.

7)-- "FABULA".- Revista Literaria.- nueve números publicados.- Enero a
Septiembre de 1934.- Edit. "Fabula"

8)-- Rafael Alberti.- "Verte y no Verte" .- Edit. "Fábula" 1935.-- Pedro
Salinas.- "Error de Cálculo" 1938.-- Javier Villaurrutia.- "Noctur-
nos" 1933.- "Nocturno de los Angeles" 1936.- "Nocturno Mar" 1937
Alfonso Reyes.- "Otra Voz" 1936. "Villa de Unión" 1940.--Enrique
González Rojo.- "Romance de José Conde" 1939.-- Octavio G. Barreda.
"Sonetos a la Virgen" 1937.-- Vicente Aleixandre.- "Pasión de la Tie-
rra".-- Eduardo Colín.- "Mujeres" 1934.

9)-- Francisco Monterde, en "El Universal", con ocasión del estreno
de "Vuelta a la tierra".

10)-- Rubén Salazar Mallén.- Poesía de Siluetas.- México,1942,(8 págs.)
Se refiere, en especial,a "Linda".

G. M. P.

Datos sobre la obra de Miguel N. Lira (continuación)

MIGUEL N LIRA, POETA.
por GABRIEL MÉNDEZ PLANCARTE.

"No folk1orismo superficial, para consumo de turistas _hollywoodianos_; hondo y veraz nacionalismo que sabe extraer, del moreno barro autóctono, substancia viva de belleza". Así escribíamos en 1937 –(_Ábside_, I-6)–, al presentar "_Tlaxcala ida y vuelta_", bello poema de Miguel N. Lira. Y hoy, después de seis años, no podemos sintetizar mejor que en esas palabras nuestra emoción y nuestro juicio sobre 1a poesía y el teatro de Lira, que recientemente se ha enriquecido con dos nuevas obras: "_La Muñeca Pastillita_" y "_El Camino y el Árbol_".

La producción de este noble poeta –hasta donde alcanzan mis noticias y sin pretender una bibliografía exhaustiva– consta ya de una media docena de volúmenes o "plaquettes", impresos con exquisito gusto por su autor, pues ya es sabido que Lira –buen padre de sus hijos y enamorado del arte tipográfico– se complace en ataviarlos por su propia mano con la más bella y sobria elegancia.

Además de "_Tlaxcala ida y vuelta_", precioso romance en que Lira dice su pasión por su tierra natal con voces perdurables y limpias, el poeta nos ha dado las siguientes obras:

"_Música para baile_", pequeño libro en que reunió tres poemas, inspirados en sendas modalidades típicas del baile y de la música hispanoamericana: la _rumba_ cubana, el _tango_ ríoplatense y el _mariachi_ de México (1);

"_En el aire de olvido_", poema de amor juvenil, en octavas reales de exquisita factura y de insospechada modernidad estilística, que es – a mi juicio- una de las más bellas realizaciones de Lira. (2);

"_Corrido de Domingo Arenas y México Pregón_", rico volumen que, además de los que le dan título, contiene una opulenta galería de "corridos", inspirados en motivos y figura de la Revolución y del campo mexicanos (3);

"_Linda_" y "_Vuelta a la tierra_", poderosas tragedias de raíz y ambiente popular a las que su autor ha dado el modesto título de "sucesos dramáticos", y en las que vibra y sangra –noblemente estilizada por el poeta– el alma de nuestro pueblo (4);

"_La Muñeca Pastillita_", dramatización de un delicioso cuento genuinamente infantil, estrenada en la reciente temporada del Palacio de las Bellas Artes;

y "El Camino y el Árbol", pieza dramática de alcance social y de patriótica inspiración, realizada en las tablas por la Compañía de María Teresa Montoya y estrenada en junio pasado.

Estas dos últimas obras no han sido aún impresas, pero sin duda pronto lo serán, permitiéndonos así estudiarlas y saborearlas en toda su belleza.

"*Vuelta a la tierra*", podría ser el título, no de un libro solo, sino de la obra entera de Miguel N. Lira. Tal es, quizás su más hondo sentido y su más fecundo mensaje. Vuelta a la tierra maternal y prolífica que es carne de nuestra carne y hueso de nuestros huesos; retorno cordial –tras de la amarga experiencia que el Pródigo apuró en "lejanas regiones"– a esta tierra entrañable que es para nosotros madre y hermana, novia y esposa dulcísima, libre de toda rústica estrechez, sin absurdas y anacrónicas "murallas chinas" que pretendan aislarlo del mundo, con los ojos bien abiertos a todas las audacias y a todas las exquisiteces de la moderna poesía universal, el poeta ha sabido -y ha logrado- lo que muy pocos logran: ser fiel a sí mismo –como "la suave Patria" de López Velarde–, y darnos "el íntimo canto del alma y de la tierra, tales como las custodian viejos lazos de tradición mexicana". (5)

¿Influencias de López Velarde y de García Lorca? Sí, influencias de López Velarde y de García Lorca; pero asimiladas vitalmente, pero transfiguradas a través de la propia alma y de la propia sensibilidad. ¿Y es, acaso, un delito el tener aire de familia y aun parentesco filial con grandes artistas de nuestra raza como López Velarde y García Lorca, en vez de oler a perfumes del "boudoir" de Gide o del laboratorio químico de Proust? ¿Es, por ventura un crimen vibrar con los dolores de nuestro pueblo y con su honda tragedia secular, en vez de contrahacer ficticiamente las "angustias" nórdicas de Kierkegaard o de Heidegger?

Poeta sin profundidad,–sentencian, desdeñosamente. los "snobs". Poeta sin vacuas pretensiones, diría yo; poeta sin "poses" sibilinas; poeta, sin adjetivos. Pero poeta que ama verazmente la belleza, y la goza con ardor de enamorado, y la comunica con generosidad de ruiseñor que canta, o de fuente que mana, o de estrella que esplende en el azul profundo de la noche.

"No rehuye el poeta comparaciones posibles; ni pretende, en su noble sencillez, vehículo de emociones muy hondas, descubrir continentes: le basta con labrar sus propias milpas" (6). Y en sus milpas mexicanas, maduradas al beso del sol y de la lluvia, no se dan flores de invernadero enfermizas y aristocráticas, sino rubias mazorcas virgilianas que se convierten en pan y sangrientas amapolas para adornar el pecho de las muchachas campesinas...

Lira, "que lleva en su nombre mismo su condición de poeta" – como ha dicho, con frase feliz, Don Enrique Díez Canedo–, no ha tenido hasta ahora la fama que merece: su nombre no figura en algunas antologías de la moderna poesía hispanoamericana en que lucen jovencitos imberbes que apenas están haciendo "pininos"... ¿Cuál es la razón de tal injusto silencio? La razón –o sin razón– es muy sencilla: Lira no pertenece a esas "cooperativas de elogios mutuos" que suelen ser los cenáculos o escuelas literarias. Siempre refractario al "rebañismo" poético, ha hecho suyo –con hechos, si no con palabras– el verso humildemente orgulloso de Musset:

Oui, mon verre est pétit, mais je bois dans mon verre.
(Sí, mi vaso es pequeño, mas yo bebo en mi vaso.)

De ahí el aislamiento en que se le ha dejado; de ahí el silencio con que ciertos grupos de literatos han pretendido ignorar su obra.

No así en otros países, donde su labor ha encontrado fecundas y honrosísimas resonancias: en La Plata, por no citar sino un ejemplo, durante varios años publicó el poeta Marcos Fingerit una revista de alta calidad, totalmente consagrada a la poesía, y que era, por su título y por su presentación toda, una hija o hermana menor –como noblemente lo proclamaban sus editores argentinos– de aquella "*Fábula*" bajo cuyo signo editó Lira en México una revista (7) y ha seguido publicando, posteriormente, una espléndida serie de obras poéticas de diversos autores (8).

Mas tampoco entre nosotros ha sido unánime el silencio. Fuera de numerosos artículos periodísticos, publicados con ocasión del estreno de sus obras teatrales, no han faltado críticos autorizados como el ilustre español Díez Canedo y los mexicanos Francisco Monterde (9) y Rubén Salazar Mallén (10), que han elogiado con justicia la obra de Lira.
Y recientemente, con ocasión del estreno de "*La Muñeca Pastillita*", el Seminario de Cultura Mexicana ofreció al poeta un banquete, presidido por el Sr. Lic. Octavio Véjar Vázquez, Secretario de Educación Pública, y en el que nuestro gran poeta Enrique González Martínez, Presidente del Seminario, tomó la palabra a nombre de esa nueva y ya prestigiosa institución cultural, rindiendo a Miguel N. Lira un justo y bello homenaje de admiración y de estima.

A esas voces justicieras he querido hoy unir la mía, porque siempre he pensado que sigue en vigor –a despecho del brutal egoísmo que parece reinar en esta nueva edad férrea– aquel nobilísimo precepto de los antiguos caballeros cristianos: "No dejes de loar las hazañas de tus hermanos de armas, porque tu silencio sería hurto de su gloria".

GABRIEL MÉNDEZ PLANCARTE.

1)– "*Música para baile*, por Miguel N. Lira. Ilustr. de Julio Prieto. Bajo el signo de Fábula, 1936."(100 ejs. numerados).

2)– "Miguel N. Lira. *En el aire de olvido*. Fábula, .México, 1937." (100 ejs. numerados).

3)– "Miguel N. Lira. *Corrido de Domingo Arenas.- México Pregón*." Tercera edición, Botas, México, 1938. (Mil ejs.)

4)– "Miguel N. Lira. *Linda*. Suceso en 3 Actos…Editorial Fábula, México, 1942." (26 ejs. nums. y 255 s.n.)

"Miguel N. Lira. *Vuelta a la tierra*. Suceso en 4 Actos… Editorial Fábula, México, 1940". (26 ejs. nums. y 500 s.n.)

5)–Enrique Díez – Canedo.- *Miguel N. Lira y su "Vuelta a la tierra"* México, 1940, (8 págs.): p.7.

6)–Enrique Díez- Canedo: folleto citado, p.7.

7) – "FÁBULA".- Revista Literaria.- nueve números publicados.- Enero a Septiembre de 1934.- Edit. "Fábula"

8)–Rafael Alberti.- "*Verte y no Verte*".- Edit. "Fábula" 1935. – Pedro Salinas.- "*Error de Cálculo*"1938 –Javier Villaurrutia.- "*Nocturnos*" 1933.- "*Nocturno de los Angeles*" 1936.- "*Nocturno Mar*"1937 Alfonso Reyes.- "*Otra Voz*" 1936."*Villa de Unión*"1940. – Enrique González Rojo.- "*Romance de José Conde*" 1939.- - Octavio G. Barreda. "Sonetos a la Virgen" 1937. – Vicente Aleixandre.- "*Pasión de la Tierra*" – Eduardo Colín.- "*Mujeres*" 1934.

9) –Francisco Monterde, en "El Universal", con ocasión del estreno de "Vuelta a la Tierra".

10) –Rubén Salazar Mallén.- *Poesía de Silueta* .- México, 1942, (8 págs.)

Se refiere, en especial, a "*Linda*".

G. M. P.

Don Alfonso Reyes, una de las glorias literarias de México, valoraba tanto a Miguel N. Lira que algunas veces le pidió que corrigiera sus obras; alguna vez Miguel lo hizo, con humildad.

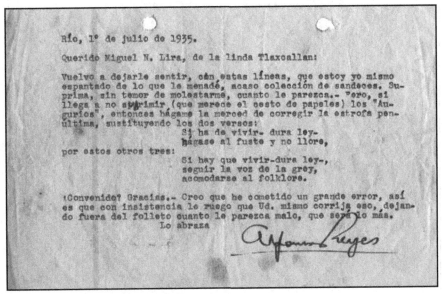

Carta de Alfonso Reyes a Miguel N. Lira (Río, 1° de julio de 1935)

Rio, 1° de julio de 1935.

Querido Miguel N. Lira, de la linda Tlaxcallan:

Vuelvo a dejarle sentir, con estas líneas, que estoy yo mismo espantado de lo que le mandé, acaso colección de sandeces. Suprima, sin temor de molestarme, cuanto le parezca.- Pero, si llega a no suprimir (que merece el cesto de papeles) los "Augurios", entonces hágame la merced de corregir la estrofa penúltima, sustituyendo 1os dos versos:

Si ha de vivir- dura ley-

hágase al fuste y no llore,

por estos otros tres:

Si hay que vivir-dura ley-,

seguir la voz de la grey,
acomodarse al folklore.

¿Convenido? Gracias.- Creo que he cometido un grande error, así es que
con insistencia le ruego que Ud. mismo corrija eso, dejando fuera del folleto cuanto le parezca malo, que será lo más.
Lo abraza
Alfonso Reyes.

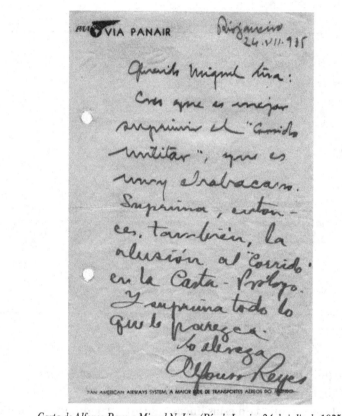

Carta de Alfonso Reyes a Miguel N. Lira(Río de Janeiro 24 de julio de 1935)

Riojaneiro
24.VII.935
Querido Miguel Lira:

Creo que es mejor suprimir el "Corrido militar", que es muy chabacano. Suprima, entonces, también, la alusión al "Corrido" en la Carta Prólogo. Y suprima todo lo que le parezca. Lo abraza Alfonso Reyes.

Carta de Alfonso Reyes a Miguel N. Lira (Buenos Aires, 6 de agosto de 1936)

Buenos Aires, 6 de agosto de 1936.

Mi querido y heroico Miguel N. Lira: Acaba de llegarme el n° 10 de mi OTRA VOZ, de nuestra Otra Voz, donde los versos están tan envidiosos de la edición. ¡Qué maravilla! Estoy de veras sorprendido, y no lo están menos los pocos amigos de elección que ya han visto el ej (Pedro Enríquez, Díez- Canedo, etc.). Comprendo y plenamente justifico las tardanzas, bien compensadas en la perfección de la obra. Le estoy agradecidísimo, y quedo muy orgulloso y contento. Ya me imagino sus luchas y esfuerzos, y más cuando se le vino a atravesar esa grave pena doméstica que de veras lamento y en cuyo sentimiento lo acompaño de corazón. Su librito MÚSICA PARA BAILE es una joyita encantadora por todos conceptos, y me deleito leyéndolo en voz alta y dejando que cada poema tome sólo el ritmo y la música que parece crear por sí mismo en cuanto se le declama. Espero los

200 ejs, por valija, pues espero que no nos niegue ese pequeño servicio Alfono Teja Zabre, que es tan gentil y atento en todo.- En recibiendo el n° 13, lo firmaré para Ud. y se lo devolveré como desea. ¡Curioso que yo también tengo esa inclinación a los 13 en las ediciones a que me suscribo! Le mando por correo ordinario unas líneas y un retrato para su álbum de FÁBULA, a quien los dioses prosperen.- Y no le escribo más de momento, porque ya no tengo tiempo para más.- Un fuerte abrazo.

Alfonso Reyes

Por favor, si ha habido gastos extra, hágamelo saber, se lo ruego. Veo que salió un tomo demasiado nutrido. Ud. ha perdido mucho tiempo en ello. No pierda otra cosa también.-

José Vasconcelos, arquitecto de la cultura iberoamericana –autor del lema de la Universidad Nacional Autónoma de México, "Por mi raza hablará el espíritu"–, maestro, amigo y admirador del poeta de México, Miguel N. Lira, opinaba de él:

Carta de José Vasconcelos a Miguel N. Lira (15 de abril de 1947)

Sr. Dn. Miguel N. Lira
P r e s e n t e.

Mí querido amigo Lira:-

Muchas gracias por el envío de su novela "Donde Crecen los Tepozanes".
La he leído con sorpresa y agrado. Sorpresa, porque es muy raro que el
tema indigenista despierte interés verdadero, y usted ha logrado dárselo.
Agrado porque está muy bien escrito, se lee de corrido con el más vivo
interés. No conozco, en la literatura de tema aborígen, nada mejor que
su libro, con la ventaja de que no se ensalza la barbarie ni se la combate;
nada más nos es presentada para confesar al final que el Dios Malo quedó
enterrado con la Conquista y en su lugar quedó bien puesto el símbolo
del Dios de Bondad.

Por lo menos para mí, que tanto ignoro de esas cosas, el tema del nahual
era un tanto misterioso y vago. Libros llenos de tonterías como el de Fra-
zer sobre la Magia, dan de él si mal no recuerdo, (lo leí hace treinta años),
informaciones inexactas y fantasiosas. Usted lo presenta con verdad y con
gran sentido de poesía que lo hace tragadero para la sensibilidad nuestra.
Es un extraño mundo ese que usted descubre y no sabría yo separar en su
obra, lo que haya de fantasía arqueológica de lo que en realidad exista en
ese submundo del campo nuestro. Me inclino a creer que el campesino de
nuestra patria es sencillo y fuerte por su cristianización que fue profunda.
No es como lo pintan los novelistas de la intervención nueva que preten-
den ignorar todo lo que en nuestro pueblo es sólidamente europeo, por
ser español y cristiano, para fabricarnos unos indios dedicados a ritos an-
cestrales que ni ellos ni los novelistas extranjeros conocen.
Su obra es muy equilibrada en el sentido de dar su lugar a las dos tenden-
cias, limitando sabiamente la vieja influencia bárbara a un grupo de no
más de dos o tres brujas, tales como podrían encontrarse en cualquiera
otra parte, y sin que pueda ser argumento para la tesis de la perduración
del alma precortesiana, bien enterrada por usted y por la Historia. Y por
encima de todo, y esto es lo que vale más, porque al fin y al cabo el poeta es
el vidente supremo, la obra de usted es de poeta. Su libro enriquece la literatura mexicana con una obra que llegará a ser uno de nuestros clásicos.
Con un abrazo, quedo suyo, Afmo. Atto. y S. S.
José Vasconcelos

La Candidatura de Miguel N. Lira
Por José Vasconcelos

En la mediocridad de nuestro ambiente político contemporáneo, el anuncio de la candidatura de un hombre como Miguel N. Lira, causa impresión de que el ambiente se despeja y la cordura se impone.

Constantemente escuchamos de labios de necios, que parecen querer librarse de la responsabilidad de haber apoyado una candidatura mal vista por los poderosos de la hora, la afirmación de que el intelectual no tiene nada que hacer en política; como si la política fuese privilegio de los analfabetas y como si hacer política tuviese algo que ver con el mangoneo y la dedicación al fraude de los que entre nosotros han venido usurpando el poder para enriquecerse con sus productos.

En todo el mundo civilizado, se sabe que es esencial de la democracia, otorgar el poder a los más inteligentes, los más bien preparados y los más honestos.

Esto excluye, naturalmente, a todos los rufiancillos que han hecho de la política un compromiso partidista, un lío de complicidades, una vergüenza de la época.

La única manera de salir de esta ignominia, es mover a los votantes para que sigan con energía el instinto popular, que por encima de partidos y de engaños, entrega su confianza a los mejores, a los que están acostumbrados a obrar según su conciencia, libres de pactos y componendas que violan la moral pero complacen a las pandillas que hacen de los puestos públicos un motivo de explotación y de abuso.

El pueblo de Tlaxcala, tiene ahora la oportunidad de darse un gobernante ejemplar, votando por Miguel N. Lira.

La trayectoria de Lira, como hombre y como político, es limpia y es eficaz. El hecho de ser un distinguido poeta, un literato de nota, un dramaturgo de éxito, no le ha impedido, antes bien, le sirvió para cumplir con decoro, los diferentes cargos públicos que hasta ahora ha desempeñado. Es idiota suponer que se va a gobernar mal porque se supo escribir una buena novela. Dislate tal, sólo puede sostenerlo toda esa conjunción del crimen, la mentira y el atropello que ha venido dominando por largos años la política nacional.

Toda una etapa de caciquismo inepto y perverso, tendría que venirse abajo con el triunfo de un ciudadano como Miguel N. Lira.

De sus calidades, el candidato Lira ha dado ya pruebas suficientes. Buen colaborador de la Secretaría de Educación, en la época de patriotismo esclarecido de Octavio Véjar Vázquez; buen auxiliar jurídico en la Suprema Corte de la Nación, y últimamente, probo y competente juez de Distrito, sus antecedentes no puede mejorarlos ningún rival.

Para los tlaxcaltecas, además, Miguel N. Lira representa el caso de uno que habiendo tenido éxito en la metrópoli, en el teatro y en la novela, en las más altas esferas de la inteligencia, prefirió, sin embargo, volver a su provincia para radicarse en ella y comunicarle todas las luces que captara en la capital. De esta suerte, Lira ha puesto un ejemplo a los hombres todos del país, que han solido olvidar a su provincia tan pronto como triunfan en la metrópoli.

El panorama actual de la política de Tlaxcala, es favorable al triunfo de un hombre de primera como Miguel N. Lira.

El Gobierno y los partidos, se han comprometido públicamente a mejorar la calidad de los hombres que han servido como Gobernadores de los Estados, en los últimos tiempos. Puesto que se anda en busca de ciudadanos honestos y cultos, que son los únicos que pueden responder a las exigencias del patriotismo, allí tiene Tlaxcala a Miguel N. Lira.

Si el pueblo se decide a ejercer sus derechos, votando con entusiasmo por Miguel N. Lira, nadie podrá oponerse a su triunfo. Y Tlaxcala habrá dado una lección al resto de los electores del país.

Recorte de periódico sobre la candidatura de Miguel N. Lira
(El Sol de Puebla y El Sol de Tlaxcala. *10 de marzo de 1956*)

La Candidatura de Miguel N. Lira
Por José Vasconcelos

En la mediocridad de nuestro ambiente político, contemporáneo, el anuncio de la candidatura de un hombre como Miguel N. Lira, causa impresión de que el ambiente se despeja y la cordura se impone.

Constantemente escuchamos de labios de necios, que parecen querer librarse de la responsabilidad de haber apoyado una candidatura mal vista por los poderosos de la hora, la afirmación de que el intelectual no tiene nada que hacer en política; como si la política fuese privilegio de los analfabetas y como si hacer política tuviese algo que ver con el mangoneo y la dedicación al fraude de los que entre nosotros han venido usurpando el poder para enriquecerse con sus productos.

En todo el mundo civilizado, se sabe que es esencial de la democracia, otorgar el poder a los más inteligentes, los más bien preparados y los más honestos.

Esto excluye, naturalmente, a todos los rufiancillos que han hecho de la política un compromiso partidista, un lío de complicidades, una vergüenza de la época.

La única manera de salir de esta ignominia, es mover a los votantes para que sigan con energía el instinto popular, que por encima de partidos y de engaños, entrega su confianza a los mejores, a los que están acostumbrados a obrar según su conciencia, libres de pactos y componendas que violan la moral pero complacen a las pandillas que hacen de los puestos públicos un motivo de explotación y de abuso.

El pueblo de Tlaxcala, tiene ahora la oportunidad de darse un gobernante ejemplar, votando por Miguel N. Lira.

La trayectoria de Lira, como hombre y como político, es limpia y es eficaz. El hecho de ser un distinguido poeta, un literato de nota, un dramaturgo de éxito, no le ha impedido, antes bien, le sirvió para cumplir con decoro, los diferentes cargos públicos que hasta ahora ha desempeñado. Es idiota suponer que se va a gobernar mal porque se supo escribir una buena novela. Dislate tal, sólo puede sostenerlo toda esa conjunción del crimen, la mentira y el atropello que ha venido dominando por largos años en la política nacional.

Toda una etapa de caciquismo inepto y perverso, tendría que venirse abajo con el triunfo de un ciudadano como Miguel N. Lira.

De sus calidades, el candidato Lira ha dado ya pruebas suficientes. Buen colaborador de la Secretaria de Educación, en la época de patriotismo esclarecido de Octavio Véjar Vázquez; buen auxiliar jurídico en la Suprema

Corte de la Nación, y últimamente, probo y competente juez de Distrito, sus antecedentes no puede mejorarlos ningún rival.

Para los tlaxcaltecas, además, Miguel N. Lira representa: el caso de uno que habiendo tenido éxito en la metrópoli, en el teatro y en la novela, en las más altas esferas de la inteligencia, prefirió, sin embargo, volver a su provincia para radicarse en ella y comunicarle todas las luces que captara en la capital. De esta suerte, Lira ha puesto un ejemplo a los hombres todos del país, que han solido olvidar a su provincia tan pronto como triunfan en la metrópoli.

El panorama actual de la política de Tlaxcala es favorable al triunfo de un hombre de primera como Miguel N. Lira.

El Gobierno y los partidos, se han comprometido públicamente a mejorar la calidad de los hombres que han servido como Gobernadores de los Estados, en los últimos tiempos. Puesto que se anda en busca de ciudadanos honestos y cultos, que son los únicos que pueden responder a las exigencias del patriotismo allí tiene Tlaxcala a Miguel N. Lira.

Si el pueblo se decide a ejercer sus derechos votando con entusiasmo por Miguel N. Lira, nadie podrá oponerse a su triunfo. Y Tlaxcala habrá dado una lección al resto de los electores del país.

LAMINA II

La Escuela de Pintura de Miguel N. Lira
Frieda Kahlo, 1928
Acuarela y tinta china sobre papel, 26.5 x 20 cm.
Colección R.G.B. Tlaxcala, México.

CAPÍTULO II

La pintura en Miguel N. Lira

Miguel Lira y Ortega, abuelo de Miguel N. Lira

CUANDO DIA CONOCER EL HECHO de que Miguel N. Lira fue quien enseñó a Frieda Kahlo a dibujar y a pintar, en la misma Tlaxcala, entre sus familiares y amigos más cercanos, tanto sus sobrinos carnales como el famoso muralista Desiderio Hernández Xochitiotzin, mi compadre de fe, dijeron los primeros: "el padre Rubén es un mentiroso", y el segundo: "tonterías, Miguel N. Lira no sabía pintar, yo lo conocí perfectamente; el padre Rubén sólo quiere hacerse famoso y salir en los periódicos". A estas voces se sumó también la rectora de la Universidad del Altiplano: "¿Qué hadas inspiran la afirmación de que Miguel pintaba y Frieda firmaba? Definitivamente no existe ninguna prueba, nadie de su familia atestiguaría que lo vio dibujar o pintar" (*El Sol de Tlaxcala*, sección "Cultura", 9 de junio de 2005). Y el escritor tlaxcalteca Willebaldo Herrera fue aún más cruel y grosero: "...Los creadores y verdaderamente talentosos, que sí los hay, están obligados a contribuir a que don Miguel N. Lira no permanezca solitario en el limbo del olvido y que mucho menos continúe siendo amenazado por la sombra siniestra de un buitre sacerdotal cuya gula económica no tiene límites, cuya codicia antibíblica no podrá ser perdonada ni por sus demonios internos..." (*Síntesis*, 10 Región, martes 18 de octubre de 2005).

Sin embargo, en los archivos encuentro el antecedente de que el abuelo de Miguel, el Benemérito del Estado de Tlaxcala, coronel Miguel Lira y Ortega, ejercitó las mismas cualidades artísticas que su nieto, aunque en menor grado. Fue pintor, poeta, dramaturgo, escritor y tipógrafo autodidacto.

Lira y Ortega, uno de los Padres del Estado de Tlaxcala, y cuatro veces gobernador, ayudó a elaborar la primera Constitución del Estado, que aprobó el Congreso el 30 de septiembre de 1857. Él mismo

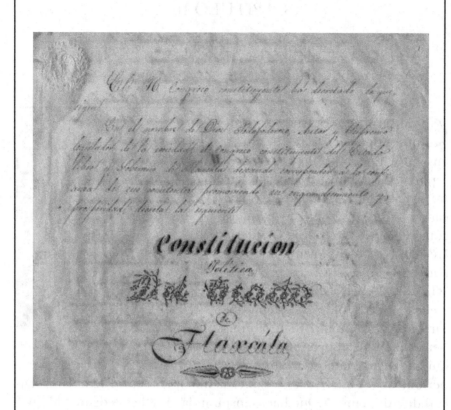

Primera Constitución Política del Estado de Tlaxcala, *de 1857,*
escrita y dibujada por Miguel Lira y Ortega

escribió una copia y la adornó con el título: *Constitución Política del Estado de Tlaxcala.*

La heroína de Granada. En 1870, Lira y Ortega escribió una de sus obras teatrales y dibujó el comienzo de su obra. Ésta es una prueba más de sus habilidades pictóricas.

El padre de Miguel N. Lira, Guillermo Lira, sí fue a la Escuela de San Carlos, y fue un pintor. Miguel, su hijo, publicó algunos dibujos y pinturas de su padre.

Miguel N. Lira y Crisanto Cuéllar Abaroa comenzaron a publicar la revista *Huytlale* en abril de 1953. En cada una de las revistas iba una lámina suelta con algún personaje o algún símbolo histórico. El número uno de la revista llevó la fotografía del primer *Autorretrato de Frieda Kahlo,* pintado por Miguel; el número dos llevaba *Cabeza de viejo,* dibujo hecho por su padre, Guillermo Lira.

Heroína de Granada

Cabeza de viejo
GUILLERMO LIRA

Para Guillermo Lira -mi padre- el dibujo fué un pretexto, como lo fueron también la cirugía, que practicaba día a día, en su Hospital de provincia, y las actividades teatrales que le placía fomentar en escenarios de aficionados pueblerinos.

Siendo alumno de la Academia de San Carlos, aprendió en ella el dibujo clásico, meramente académico, frío, sereno y tranquilo, que más tarde habría de aprovechar en las ilustraciones de sus trabajos anatómicos, y en las escenografías de las zarzuelas y operetas que iluminó con gracia de retablos anónimos.

Mas donde su arte esencialmente ceñido a la forma destaca con perfiles propios, es en sus naturalezas muertas, en sus dibujos de objetos, de torsos y escorzos juveniles, de rostros y semi rostros de hombres vencidos por los años. La línea, entonces, se torna y surge minuciosa, sensiblemente definida, dentro de una composición precisa y una atmósfera elemental, casi nativa, no con tropiezos ni cercos, sino con la ágil facilidad y la soltura opulenta de quien sabe el oficio y lo practica con amor y pasión. Su muerte, a los setenta y seis años de edad, dejó trunca una serie de dibujos en los que alentaba -raro en él- el más marcado primitivismo. M. N. L.

Cabeza de viejo　　　　　　　*Reverso de Cabeza de viejo*

La tortillera

(Acuarela hecha por Guillermo Lira)

Seguramente los antecedentes artísticos y, en especial de pintura, provienen de su abuelo, el coronel Lira y Ortega, y de su padre, el pintor Guillermo Lira. El hermano de Miguel, Alfonso Lira Álvarez, también pintó hermosos cuadros.

Entre las pinturas y dibujos hechos por Miguel, encontramos el siguiente al que he llamado Cupido.

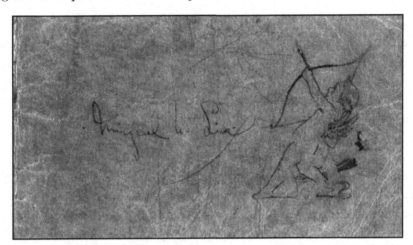

Cupido, *1913. Lápiz sobre cartón. Firmado por el niño Miguel N. Lira*

Niño Miguel N. Lira con su familia, en Puebla, año 1914. "Estuvo en esa ciudad por las persecuciones de que era víctima su padre, a cubierto de toda luz y sin asomarse a la calle, durante ocho largos meses" [Autobiografía de Miguel]

Estridentismo

En diciembre de 1921, Manuel Maples Arce, por la noche, salió a las calles de Puebla a imprimir su primer manifiesto rebelde (*Actual*, Núm. 1, Hoja de Vanguardia). Luis Ramón Bustos, en la página de Internet www.etcetera.com.mx/1998/275/blr0275.htm, dice:

> A partir de *Actual*, Núm. 1, se sumaron al movimiento estridentista Pedro Echeverría (el primero en acudir al llamado), Alfonso Muñoz Orozco, Miguel N. Lira, Luis Felipe Mena, Miguel Aguillón Guzmán, Luis Kin Tanilla, Ignacio Millán, Salvador Gallardo, Alva de la Canal, Leopoldo Méndez, Jean Charlot, Rafael Sala, Germán Cueto, Emilio Amero, Fermín Revueltas, Xavier González, Máximo Pacheco, List Arzubide y Arqueles Vela.

El segundo manifiesto estridentista, en donde participó Miguel N. Lira, apareció en Puebla el 1 de enero de 1923. Con este grupo participaron los pintores Ramón Alva de la Canal, Leopoldo Méndez, Jean Charlot y el escultor Germán Cueto, de quienes N. Lira aprende la pintura estridentista, que luego le enseñará a su "hermana" Frieda.

En este movimiento estridentista Miguel aumenta sus conocimientos de pintura, y es lo primero que, después, transmitirá a Frieda en la enseñanza del Primer autorretrato de octubre de 1924

De 1925 a 1926 no hace nada. Se contenta con ir al cine, leer libros y enorgullecerse del suyo. Empieza a dibujar, a triángulos y cubos.

Fragmento de la autobiografía de Miguel

Triángulos y cubos, los mismos del movimiento y que él manifiesta también en un fragmento de su autobiografía, escrita en tercera persona. Estas obras de triángulos y cubos que pinta Miguel N. Lira, y junto con él Frieda, los mostraré en el Inventario Kahlo-Lira, más adelante.

Cristo estridentista
(Miguel N. Lira, 1925)

Hoy 1° de octubre de 2009, revisando el diseño editorial del libro, se expone en el Museo Estudio Diego Rivera-Frida Kahlo el ESTRIDEN-TISMO. El símbolo de ese movimiento que implantó el arte mexicano, es un dibujo que tengo en el archivo Miguel N. Lira-Frida Kahlo.

La Lic. María Estela Duarte, investigadora del Museo Nacional de Arte me comunicó que es todo un éxito, y me ha pedido autorización, que con gusto concedí para presentarlo en Veracruz.

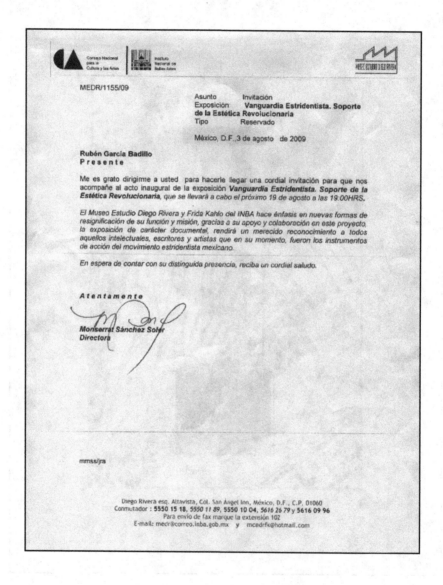

La directora Nacional de CONACULTA presenta agradecimiento al padre Rubén García Badillo
por colaboración en Estridentismo

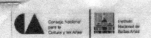

No. Of. MEDR/86009
México D.F. a 11 de junio de 2009
Tipo: Reservado
Asunto: Solicitud de apoyo para exposición
Exposición: Vanguardia estridentista,
Soporte de la plástica revolucionaria

PADRE RUBÉN GARCÍA BADILLO

PRESENTE

Me dirijo a usted con el propósito de compartir el interés del Museo Estudio Diego Rivera, así como del Instituto Nacional de Bellas Artes y el Consejo Nacional para la Cultura y las Artes, de presentar una exposición sobre el Estridentismo mexicano.

La exposición planea mostrar los distintos soportes de los que se apropió el arte en México a partir del movimiento de vanguardia estridentista. Por medio de la resignificación de espacios urbanos y públicos, como el Café de Nadie, la proyección de una utopía urbana, como Estridentópolis, plasmada en distintas ediciones, y muy importante, las redes de artistas que se formaron alrededor de la revistas (*Irradiador* y *Horizonte*) el proyecto planea mostrar el trabajo de los más importantes creadores del movimiento. La exposición busca, tiene, además, el objetivo de demostrar las implicaciones que los medios impresos tienen en la producción de las artistas plásticas, principalmente dentro del ambiente de las agrupaciones vanguardistas, y que llegan a convertirse en los nuevos soportes de las ideas y obras de todos los artistas participantes de la vanguardia.

La exposición *Vanguardia estridentista. Soporte de estética revolucionaria*, será un recorrido sobre los artistas que participaron en el movimiento, como: Fermín Revueltas, Diego Rivera, José Clemente Orozco, David Alfaro Siqueiros, Jean Charlott, Pagú, Cícero Dias, Ramón Alva de la Canal, entre otros, por medio de sus colaboraciones en los nuevos soportes de vanguardia.

La exposición está proyectada para ser presentada del 20 de agosto al 25 de octubre del año en curso. La curaduría está a cargo de Rocío Guerrero Mondoño.

Diego Rivera esq. Altavista, Col. San Ángel Inn, México, D.F., C.P. 01060
Conmutador: 5550 15 18, 5550 11 89, 5550 10 04, 5616 26 79 y 5616 09 96
Para envío de fax marque la extensión 102
E-mail: medr@correo.inba.gob.mx   y   mcedrfk@hotmail.com

Solicitud del Museo Estudio Diego Rivera al padre Rubén García Badillo para colaborar con la exposición de Estridentismo

Como usted sabe, un proyecto de tal magnitud requiere la unión de fuerzas de voluntades de diversas instituciones y coleccionistas privados. En este sentido, me dirijo a usted con el propósito de solicitar en préstamo algunas obras de su colección –información anexa- vital para el éxito de este proyecto.

Tenga la seguridad que este préstamo contará con un contrato que incluye el aseguramiento de las obras en la modalidad de clavo a clavo.

De contar con su valiosa colaboración, anexo los formularios de préstamo de obra. Cada uno de ellos es individual para cada obra y deberá ser llenado en su totalidad; a su vez éste se firmará por duplicado y una de las hojas es para usted. En caso de que exista algún error en los datos, anexo un formulario en blanco para que se corrija.

Con estos formatos inician los trámites para la elaboración de un convenio de comodato y el aseguramiento de la obra correspondiente. Para tramitar dicho documento le pedimos nos faculte una copia de su credencial de elector y una copia de un comprobante de domicilio, si requieren una mayor información al respecto, le pedimos nos contacte a los teléfonos 56162879, 55501189 y 55501004 con Mariana Sainz Pacheco (mariana.sainzp@gmail.com), asistente curatorial de la exhibición y que junto conmigo (jose_finar@hotmail.com), estamos a sus órdenes para cualquier aclaración al respecto.

Agradezco de antemano su apoyo, sin el cual será imposible llevar a buen fin este innovador proyecto.

Sin más por el momento, reciba un cordial saludo

Atentamente

Josefina Ramírez de Arellano
Encargada del Museo Estudio Diego Rivera

JRA/msp

C.c.p. Consecutivo

Diego Rivera esq. Altavista, Col. San Ángel Inn, México, D.F., C.P. 01060
Conmutador : 5550 15 18, 5550 11 89, 5550 10 04, 5616 26 79 y 5616 09 96
Para envío de fax marque la extensión 102
E-mail: medr@correo.inba.gob.mx y mcedrfk@hotmail.com

Solicitud del Museo Estudio Diego Rivera al padre Rubén García Badillo para colaborar con la exposición de Estridentismo (continuación)

Dibujo "oPiciaPía de partes"

Otro bello dibujo de Miguel es: *"oPiciaPía de partes"*. Dibujo a lápiz de color sobre papel. Original de Miguel N. Lira. La firma en color rojo que aparece al calce es la firma que usó de 1936 a 1937, cuando desempeñaba el cargo de jefe del Servicio Editorial de la Universidad Nacional Autónoma de México (él fundó la Imprenta Universitaria).

En este dibujo vemos otra prueba de que él fue un gran pintor. Fue crítico de arte en las revistas *América* y *Tribuna Israelita.*

Las siguientes cartas muestran la misma firma que aparece en el dibujo anterior de Miguel N. Lira.

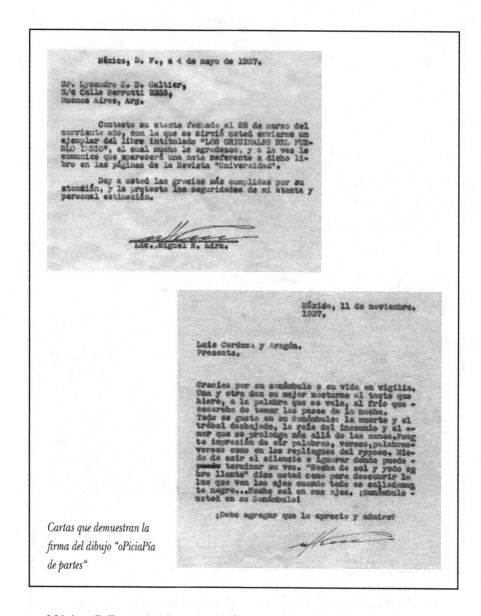

Cartas que demuestran la firma del dibujo "oPiciaPía de partes"

México, D.F., a 4 de Mayo de 1937.

Sr. Lysandro Z. D. Galtier,
S/c Calle Berrutti 2333,
Buenos Aires, Arg.

Contesto su atenta fechada el 25 de marzo del corriente año, con la que se sirvió usted enviarme un ejemplar del libro intitulado "LOS ORIGINALES DEL PUEBLO INDIO", el cual mucho le agradezco, y a la vez le comunico aparecerá una nota referente a dicho libro en las páginas de la Revista "Universidad".

Doy a usted las gracias más cumplidas por su atención, y le protesto las seguridades de mi atenta y personal estimación.
Lic. Miguel N. Lira

México, 11 de noviembre.
1937.

Luis Cardoza y Aragón
Presente

Gracias por su sonámbulo o su vida en vigilia.
Una y otra dan su mejor nocturno al tacto que hiere a la palabra que se vela. Al frío que escarcha de temor los pasos de la noche.
Todos se gustan en su Sonámbulo: la muerte y el trébol deshojado, la raíz del insomnio y el mar que se prolonga más allá de las manos. Fuerte impresión de oír palabras, versos, palabras versos como en los repliegues del reposo. Miedo de asir el silencio e ignorar dónde puede terminar su voz. "Noche de sol y yodo sobre llanto" dice usted como para descubrir la luz que ven los ojos cuando todo es calladamente negro… Noche sol en sus ojos. ¡Sonámbulo usted en su Sonámbulo!

¿Debo agregar que lo aprecio y admiro?

Cuando me sumerjo en el mar inmenso de los archivos del poeta –que incluyen varios subarchivos, como el de su abuelo, Benemérito del Estado, coronel Miguel Lira y Ortega, también pintor, poeta, dramaturgo y político; el de su papá, el doctor y pintor Guillermo Lira; el secreto de Frieda Kahlo en su obra pictórica; el de Alejandro Gómez Arias, y el de Manuel González Ramírez–, comienzo a buscar sin ningún orden, imposible hacerlo de otro modo, pues era un caos. Ahí llama mi atención una revista: *Publishers Weekly*, Volumen 144, Números 1, 3 de julio de 1943.

En la portada aparece, en color azul: "see page 58"; allí leí que Edward Larocque Tinker, del *New York Times*, dio una lectura en la Biblioteca Central de Nueva York, donde presentaron los bellísimos libros

Revista Publishers Weekly

hechos bajo la dirección de nuestro amado Miguel N. Lira.

En la famosa revista Chapulín, dirigida por Miguel N. Lira, colaboraban varios pintores, entre ellos, Angelina Beloff y Frieda Kahlo, como se puede ver en la serie de cuadros: La muñeca pastillita, pintados por ella para la obra teatral de su "cuate" Miguel N. Lira, y que mostraré en el Inventario Kahlo-Lira.

University presses and government departments use distinguished printing

The sparrow and the frog are heroes of colorful children's books

July 8, 1943

A gay inexpensive magazine issued by the Department of Education of Mexico

Education, and has the most ingenious ideas for interesting girls and boys, and teaching them how to make various gadgets—even an entire puppet show, complete with theater and marionettes.

It has also launched an ambitious project of publishing a series called *El Pensamiento de America* which will include works of eminent authors of this continent. Each volume, devoted to a single writer, will contain together with the significant portions of his work, a long biographical and critical preface by a competent authority. Five volumes are already issued; "Vasconcelos," the Mexican philosopher; "Martí," the Cuban poet; "Rodo," the Uruguayan essayist; "Montalvo," the Ecuadorian stylist and democratic protagonist, and our own beloved "Emerson."

It would be difficult to imagine a more effective gesture of reciprocal understanding in Pan America.

The National University, too, shows distinction in its publications. Under the intelligent direction of Professor Francisco Monterde, whose taste is conservative and neo-classic, the problem of designing books in an attractive format, at the lowest possible cost, has been solved. The University

July 3, 1943

Revista Publishers Weekly (continuación)

Traducción del artículo de la revista Publishers Weekly, elaborado por la Secretaría de Educación Pública

LA TIPOGRAFÍA POPULAR EN MÉXICO
EDWARD LAROCQUE TINKER

Edward Larocque Tinker durante el último viaje cultural que hizo en México como miembro del grupo que por encargo del Instituto Carnegie lleva a cabo la campaña pro Paz Internacional, reunió una colección de ejemplares de la moderna tipografía mexicana que ha expuesto. Esta exposición, patrocinada por el Secretario de Educación Pública, fue inaugurada el 16 de Junio en la Biblioteca Pública de New York. Tinker habló en la ceremonia de apertura. El material expuesto lo estará desde el 17 de junio al 6 de septiembre en el salón 322. El Dr. Tinker, articulista del departamento del New York Times Review conocido con el nombre de "New Editions Fine and Otherwise", ha escrito el siguiente artículo sobre la significación de la exposición mencionada para el P.W.

En 1920 ocurrió en México un renacimiento del arte en todas sus manifestaciones. La Revolución engendró un nuevo orgullo nacional en el pueblo apartando su atención del Viejo Mundo para concentrarla en su propia tierra y en la apreciación de la cultura indígena. Ya no más trabajaron los pintores bajo las normas españolas o francesas; ya no más produjeron los escritores imitaciones de las novelas europeas. En lugar de ello se dieron a la creación artística en sus formas autóctonas, mexicana en espíritu y en inspiración.

Fué así como el humilde corrido la canción popular cantada por todo el país por cancioneros errantes, vino a jugar un papel importantísimo. Sus versos, expresión de las esperanzas, alegrías y tragedias del pueblo, pusieron de manifiesto el valor incalculable de la vida indígena como tema literario, y hasta poetas tan distinguidos y experimentados como su Excelencia, Dr. Francisco Castillo Nájera se enorgullecieron de adoptar como lo hizo él en poema épico "El Gavilán", la forma popular del corrido, en tanto que novelistas como el Dr. Azuela ensalzaban en sus obras los hechos de los peones y de los soldados de la revolución.

En el campo de la pintura, Orozco y Rivera tuvieron como fuente de Inspiración las ilustraciones que un obscuro artista comercial hacía para corridos y calaveras. Su nombre fue José Guadalupe Posada, que murió en 1913 dejando más de 15,000 producciones que si bien pecan de crudeza tienen mucho de la vitalidad y poder gráfico de Daumier. Posada logró una fama póstuma y se le considera actualmente como padre del moderno arte mexicano.

Esta nueva corriente artística debía influenciar forzosamente las artes tipográficas. Que se haya producido fruto de tal excelencia no debe extrañar si se tiene en consideración que la primera imprenta se fundó en México en el año de 1539, lo que significa que ese país tiene un siglo más de experiencia tipográfica que el nuestro.

Durante los últimos años y bajo la amplia visión directriz del Secretario de Educación Pública, general Véjar Vázquez, la Secretaría de su cargo ha fundado una escuela de tipografía en la que se cultiva este arte. Hasta los ornamentos de menor importancia son diseñados con gusto y ejecutados con maestría tal, que los más competentes publicistas de New York han calificado los libros y folletos publicados, superiores a los producidos por cualquier institución similar en los Estados Unidos.

El hombre a quien debe considerarse como autor directo de esta obra excelente, es el señor Miguel Nicolás Lira, poeta, abogado, editor y tipógrafo quien elige a los ilustradores de entre los artistas más reputados, dispone los formatos con impecable acierto y supervisa toda la producción. La rama más relevante de ésta, son los libros infantiles que en dibujo, color, atractivo y vivacidad pueden competir con los mejores. Una de las producciones más divertidas es el viejo cuento español sobre una rata y una rana llamado "Rin-Rin Renacuajo" ilustrado atractivamente, pero la más notable es el cuento llamado "Un Gorrión en la Guerra de las Fieras", basado en la afirmación hecha por Hitler cuando México declaró la guerra respecto a que el hecho era similar al pleito de un gorrión con un elefante. El texto se debe a Antoniorrobles y las ilustraciones a Gabriel Fernández Ledesma. Estas se hallan dibujadas en forma tan festiva y son de un colorido tan en balance con el texto que no sólo hacen del cuento una delicia para la juventud sino que lo elevan a la categoría de material apreciable por todos los amantes de la tipográfica artística.

También se edita una revista atrayente y llena de colorido llamada Chapulín, y que se vende por unos cuantos centavos. Su contenido es ingenioso e interesante tanto para niñas como para niños a quienes enseña diversiones instructivas entre las que se encuentra un teatrito completo con todo y sus marionetas.

Asimismo se ha propuesto la ambiciosa tarea de editar una serie de obras tituladas "El Pensamiento en América" en las que se presentarán trabajos de eminentes autores de este Continente. Cada volumen dedicado a un solo autor contendrá además de su significativo trabajo un extenso prefacio crítico y biográfico encomendado a autoridades en la materia. De esta serie ya se hallan editados seis volúmenes: "Vasconcelos", filósofo mexicano; "Martí", el poeta cubano. "Rodó", ensayista uruguayo. "Montalvo" esstilista y demócrata ecuatoriano y nuestro amado "Emerson".

Difícilmente podría superarse este gesto de recíproco entendimiento Pan Americano.

También la Universidad Nacional ha presentado destacados trabajos tipográficos, bajo la dirección del profesor Francisco Monterde, de gusto conservador y amante del neo-clasicismo, quien ha resuelto el problema de obtener a bajos precios libros de bello formato.

La Universidad de Guadalajara ha producido algunos volúmenes bien proyectados e impresos y entre los trabajos de las numerosas imprentas privadas hay muchos dignos de mención y que pueden considerarse como ejemplos de excelentes ediciones.

Que los trabajos en color han llegado a ocupar lugar prominente, lo prueba la serie de carteles artísticos y vigorosos producidos por la Secretaría de Educación, y la producción de carteles humorísticos y satíricos debidos a Arias Bernal y enderezados contra la política nazi.

La tipografía artística mexicana", se halla influenciada por dos corrientes. El formato y la parte tipográfica por los más brillantes y clásicos modelos franceses y las ilustraciones por una inspiración más autóctona que se nutre en el moderno Arte mexicano, de gran vitalidad y amplio plastisismo que harmoniza muy bien con las características tipográficas; la mezcla de estas dos corrientes tiende a producir libros de diseño original y tan indígenas como el tequila.

El renacimiento mexicano no es un mera "llamarada de petate". Se trata de un desarrollo gradual que ya ha logrado mucho y promete aún más para el futuro. Su fruto debiera ser estudiado por los publicistas y tipógrafos americanos quienes obtendrían de él un beneficio considerable.

elm.

Biblioteca Pública de Nueva York
Quinta Avenida y Calle 42
ciudad de Nueva York

Invitación de una exposición tipográfica

Los directivos de la Biblioteca Pública de Nueva York invitan a usted
a la inauguración de una exposición
de Tipografía Mexicana Moderna el
miércoles por la tarde, 16 de junio de
1943, a las 4:30. El Dr. Edward Larocque Tinker hablará acerca del renacimiento de la tipografía en México.
Un cancionero mexicano cantará algunos de los corridos representados
en la exposición mediante folletos
populares.
Eventos de inauguración en la sala 213
Exhibición en la sala 322

My dear Lic. Lira:
You would be proud of your
handiwork if you could see
how well the books and pamphlets
look in the show cases.
Many of our printers and publishers say that the printing done
by the Department of Education
far surpasses in design and
craftsmanship the work of any
Federal or State department in
the United States.
Sincerely,
Edward Larocque Tinker

Carta de Edward Larocque a Miguel

Mi querido Lic. Lira
Usted estaría orgulloso de su trabajo si
pudiera ver cuán bien lucen los libros
y folletos en las vitrinas de exhibición.
Muchos de nuestros tipógrafos y
editores dicen que las obras elabo-
radas por la Secretaría de Educación
sobrepasan por mucho en diseño y
maestría los trabajos de cualquier
Departamento Federal o Estatal en
los Estados Unidos.
Afectuosamente
Edward Larocque Tinker

Después supe, y valoré, que fue el tiempo en que Miguel N. Lira
desempeñó una tarea patriótica para México. Colaboró con el presidente
de la república don Manuel Ávila Camacho y con el patriota general

Octavio Véjar Vázquez, en la Secretaría de Educación, quienes le encomendaron la tarea más importante en esa época de guerra mundial, y de unidad nacional, para quitar de la mente no sólo el socialismo del anterior presidente, el general Lázaro Cárdenas, sino también el comunismo que ya promovían algunas personas dentro de la Secretaría de Educación, y que fue la causa por la que el presidente, el 16 de septiembre de 1941 nombrara como nuevos secretario de Educación y director del Departamento de Divulgación, a los ya nombrados Véjar y Lira. Una semana antes, el anterior secretario había presentado su renuncia.

Nombramiento a favor de Miguel N. Lira (frente)

En la Ciudad de México, D.F. - - - - a los 16 días del mes de septiembre de 1941 al aceptar el puesto a que se refiere el nombramiento que consta en el anverso, PROTESTE, conforme a lo dispuesto por el artículo 128 de la Constitución Política de la República, guardar ésta y las leyes que de ella emanen. Asimismo, declaré que no desempeño otro empleo, tener 35 años de edad y ser de Nacionalidad mexicana Estado Civil casado. Sexo Masculino y no estar inhabilitado para desempeñarlo.

TOMA DE POSESION

El subscrito hace constar que con esta fecha y previa protesta de Ley, tomó posesión del puesto a que se refiere este nombramiento, la persona a cuyo favor fué expedido.

México, D.F., a 16 sept. de 1941
EL JEFE DEL DEPTO. CONTROL DE PERSONAL

LIO. MARIO VEJAR VAZQUEZ

OBSERVACIONES: En el caso de que el empleado haya sido promovido de otro puesto, se darán los siguientes datos; de lo contrario crúcense los casilleros.

RAMO	OFICINA	EMPLEO

Clave: XL.1120-09.23/1144 $ 640.00

Empleos que desempeño:
$
$
$
$

Edad declarada con anterioridad para los efectos de la Ley de Pensiones.

23 años.

Nombre del padre,
DR. GUILLERMO LIRA

Nombre de la madre,
DOLORES ALVAREZ DE LIRA.

El Otorgante,

ABOG. MIGUEL NICOLAS LIRA ALVAREZ.

Domicilio:

Original para el interesado.

Nombramiento a favor de Miguel N. Lira (vuelta)

El C. PRESIDENTE DE LA REPÚBLICA, en ejercicio de la facultad que le concede el Art. 89 de la Constitución Política, en su fracción II, ha tenido a bien nombrar a usted a partir de esta fecha, JEFE DE DEPARTAMENTO. con adscripción al DEPTO. EDITORIAL Y DE PUBLICIDAD. con el sueldo que fija a ese empleo la partida respectiva del Presupuesto de Egresos. Lo digo a usted para su conocimiento y fines consiguientes.

SUFRAGIO EFECTIVO. NO REELECCIÓN.
México, D.F., a 16 septiembre de 1941

P.O. DEL SECRETARIO
EL OFICIAL MAYOR
ARNULFO PEREZ H.

En la Ciudad de México, D.F. — a los 16 días del mes de septiembre de 1941 al aceptar el puesto a que se refiere el nombramiento que consta en el anverso, PROTESTE, conforme a lo dispuesto por el artículo 128 de la Constitución Política de la República, guardar ésta y las leyes que de ella emanen. Asimismo, declaré que no desempeño otro empleo, tener 35 años de edad y ser de Nacionalidad mexicana Estado Civil casado. Sexo Masculino y no estar inhabilitado para desempeñarlo.

TOMA DE POSESIÓN

México, D.F., a 16 sept. de 1941
EL JEFE DEL DEPTO. CONTROL DE PERSONAL
LIC. MARIO VEJAR VAZQUEZ

Después descubrí que fue cuando Lira presentó como sus ayudantes a Frieda, a Diego Rivera, a Chávez Morado, a Roberto Montenegro, a Gabriel Fernández Ledesma, a Angelina Beloff, a Julio Prieto, a Antonio Acevedo Escobedo, a Francisco Díaz de León y a otros pintores y escritores, quienes bajo su dirección logran una gran tarea para México, y llevan a la Secretaría a la fama internacional, como antes lo hiciera Lira con la Universidad Nacional, donde fundó el departamento editorial y, con la revista *Universidad*, la Universidad se proyectó también internacionalmente. Con el apoyo del presidente de la república y del secretario de Educación, elaboró un proyecto de reestructuración del Departamento Editorial y de Publicidad, así como un presupuesto bastante elevado, los cuales fueron aprobados, y así estructuró y animó la fundación del Seminario de Cultura Mexicano, el Instituto de la Creación del Libro; reestructuró también la Escuela de Pintura La Esmeralda, y encaminó la creación de El Colegio de México.

En esa época, termina de convertir a Julio Prieto, en lo que también colaboró Frieda, en un artista y el escenógrafo más grande que ha producido México.

Cuando leí el artículo de Edward Larocque Tinker y, poco después, encontré que grandes artistas plásticos le rindieron homenaje a su maestro Miguel N. Lira, comencé a pensar: "¡Él es un maestro pintor!", lo cual comprobé más tarde.

Corrido de un día de su santo de don Miguel N Lira
Homenaje que le rinden amigos a su maestro

Vamos a cantar, señores,
no canten por el ombligo;
vamos a cantar finito
en honor de un gran amigo.

Ai´ viene Máximo Tépal
con su escolta de malditos,
y en medio de todos ellos
Linda con lindos ojitos.

Vengan aquí, Faroleros,
con sus luces y fandangos;
que el que no sepa bailar
se vaya poniendo chango.

Todos beberemos gordo
y echaremos harta bala,
porque la fecha de hoy
celebra todo Tlaxcala.

Escritores y poetas,
aunque se mueran de ira,
tendrán que hacer el saludo
a don Miguel Ene Lira.

Veintinueve de septiembre
del año cuarenta y dos
es fecha que quita el hipo
y hasta el catarro y la tos.

Olviden los cuadratines,
cierren el componedor,
rompan ejes de las prensas,
tomen del vacilador.

Compadre, no sea tan sucio
y no me ponga en un brete:
el tipómetro lo limpia
para medirnos el cuete.

Chapulín y Pastillita
amanecerán bien crudos,
porque de ésta no los salvan
ni veinte Zorros Picudos.

Vuela, vuela, palomita,
con listón en el piquito,
y échale un canto trinchón
al gran cuate Miguelito.

En ese corrido le rindieron homenaje a don Miguel N. Lira, en el día de su santo, el 29 de septiembre de 1942, algunos de sus colaboradores: Frida Kahlo (la paloma), Antonio Acevedo Escobedo, escritor y periodista; Julio Prieto, pintor, grabador y escenógrafo; Manuel Álvarez Bravo, fotógrafo; Jesús Escobedo, pintor; Angelina Beloff, pintora y maestra de técnicas de hechuras de muñecos para teatro; Francisco Díaz de León, pintor, grabador y escritor; José Chávez Morado, pintor.

Por lo que conozco, en este dibujo participaron Julio Prieto con el dibujo del Guitarrón que echa balazos; Francisco Díaz de León con el Grillo con el tequila y el farolero; Angelina Beloff con La Muñeca Pastillita que duerme borrachita; Chávez Morado con el Bigotón que bebe pulque en la catrina; Frieda Kahlo y Antonio Acevedo Escobedo con la redacción del corrido, y Frieda Kahlo con el dibujo del listón en forma de viborita, en el que escribió: "Corrido de un día de su santo de don Miguel N. Lira", así como también dibujó El lobo picudo, La palomita y La etiqueta "Fin". Las partes con tinta roja las hizo también Frieda. El lobo lo pintó Frieda en 1942 en los cuadros que hizo para enseñarle a Julio Prieto cómo hacer la escenografía, y para darle una idea a Angelina Beloff de cómo hacer la propaganda para vestir a La Muñeca Pastillita cuando se estrenó la obra en el Palacio de Bellas Artes el 4 de junio de 1942.

También Francisco González Guerrero (1887-1963), que fue periodista, dirigió varias revistas, fue director de Educación Pública Especial en Jalisco; diputado en el Congreso de la Unión de la XXXIV Legislatura; diplomático en España, Panamá, Colombia, Portugal, Guatemala e Italia; secretario particular de la Rectoría de la UNAM y crítico literario. Él reprodujo en *El Universal Gráfico* el 5 de diciembre de 1952, el siguiente artículo que el crítico de arte Miguel N. Lira había escrito en *Tribuna Israelita* (núm. 3, julio-agosto de 1952).

Miguel N. Lira era un profundo crítico de arte y un excelente pintor; no desempeñó su arte pictórico porque se enamoró de la literatura y de los libros, y porque se consagró en la pintura sólo para Frieda, como lo vemos en su autobiografía.

A continuación muestro el artículo que reprodujo Francisco González Guerrero: "El desnudo en el arte", de Miguel N. Lira.

Recorte de periódico sobre
"El desnudo en el arte"

de la desnudez, pués que si bien su **Muerte de Lucrecia** tiene un verdadero vigor y fuerza en el trazo, también es que el busto pequeño, el talle apenas insinuado, el vientre sin elegancia, quitan armonía y hermosura a su cuerpo desnudo.

En este mismo aspecto, su contemporáneo Lucas Cranach, entra al dominio de la fantasía en sus concepciones cándidas, intuitivas, del cuerpo femenino. ¡Qué muslos tan entristecedores, qué brazos tan raquíticos! Pero, en cambio, ¡qué rostros tan bien estudiados, qué facciones tan naturales! Toda su concepción artística, toda su estética de la mujer, resalta en el dibujo de las bocas, en el brillo lánguido de las miradas, en las frentes amplias y altas de su Diana y de su Eva.

Algunos, influenciados por la tradición de los primitivos—pese a los renovadores Miguel Angel y Leonardo de Vinci, que estudiaron la fuerza de las líneas del cuerpo, su elasticidad, su armonía—fueron partidarios de las formas pueriles y desmañadas. Así Pietro de Cosimo en su **Venus, el Amor y Marte**, y Romano en su **Pan y Olimpia**. En uno y otro, se nota ya el afán de volver a la interpretación exacta del cuerpo de

la mujer bella. Díganlo si no, la Venus flexible, lánguida, voluptuosa del primero; y la morbidez marmórea, la exacta naturalidad de la Linfa, del segundo.

Pero es con Rubens con el que se llega al apogeo de la plástica, femenina, no importa que se le critiquen sus mujeres carrilludas, de muslos enormes, de cuerpos obesos, tipos de flamencas, gruesas, sólidas sobre la base y en el completo desarrollo de una madurez espléndida: Su **Andromedes** parece concebir todas las estéticas. Las formas son admirables, el talle bien proporcionado, las caderas anchas sin ser desagradables, el dibujo de los brazos es puro, los muslos bien marcados.

Mas en fin—y dejando para otra ocasión la glosa de la desnudez a través de los pintores modernos—detengámonos en el cuadro **Venus y el Amor**, del holandés Van der Werff, en el que se realiza una de las mejores concepciones de la belleza femenina, en ese cuerpo de Venus tan de líneas armónicas, de perfectos muslos y brazos, de bien dibujado talle y vientre. Pero es que entonces era la época de los Watteau, de los Lancret, de los Chardin, de los pintores galantes que renovaron los antiguos modelos, David y Gros. Es sabido que David dibujaba todos sus personajes desnudos y los vestía después. Su cuadro inacabado del **Juramento del Juego de Pelota** es ejemplo palpable de este método de trabajo. Y ello demuestra, por lo menos, la necesidad para el artista de "tener un conocimiento perfecto de la desnudez y de la anatomía humana—para citar a Nass—fuera de las cuales no puede existir arte plástico, y la verdad queda inaccesible a los artistas.

Recorte de periódico sobre
"El desnudo en el arte" (continuación)

Enciclopedia Mínima
Por F. GONZÁLEZ GUERRERO
EL DESNUDO EN EL ARTE

Artículo del poeta y novelista Miguel N. Lira, publicado en "Tribuna Israelita" (No. 3, julio-agosto de 1952).

Si se admite, como lo afirma Gastón Cougny "que los pueblos más artistas fueron los que cultivaron la desnudez", tendrá entonces que aceptarse también, como corolario explicativo, la superioridad de los griegos y la insuficiencia de los asiáticos en este aspecto.

Maestros incomparables de la desnudez, los griegos realizan —muy particularmente en sus Afroditas— la concepción estética más perfecta. Símbolo de esa suprema belleza femenina es la Venus de Médicis (del grupo de las obras de Praxiteles y de Scopas), tanto por las facciones delicadas de su rostro, como por la armonía de las formas del cuerpo.

A muchos siglos de distancia, no puede concebirse mezcla más pura — en la clásica mujer de la estatuaria griega— de fuerza y de gracia, de curvas y de líneas, de idealizaciones y belleza.

Mas esta belleza, intocable e inmanchable por ojos perversos, como que pierde fuerza en la extraña, estética de los primitivos alemanes, holandeses e Italianos, por no otra causa que por la decadencia provocada, en la estética de la desnudez, por la moral cristiana que no atendía a la materia y que no concebía lo bello sino a través del alma virtuosa. Reflejándose el alma en las facciones del rostro, es en ese embellecimiento en el que el artista pondrá todo su arte, es allí donde manifestará su fe, su entusiasmo, su candor. El cuerpo —sólo instrumento de perdición y pecado—le será secundario. Ejemplo de esta afirmación es El Pecado Original, de Memling. Si las miradas de Adán y de Eva son tiernas, candorosas; si hay en las líneas que dibujan sus rostros una ingenua armonía y noble sencillez; en cambio sus cuerpos se antojan desfigurados: lo mismo en la delgadez de las piernas y brazos de él, de su cuello ancho y de su talle inexistente, que en los muslos enormes, en las piernas desmedidas y en el vientre caído de Eva. Este alejamiento de la pureza estética (que pudiera considerarse como herejía por los que profesan. culto por los primitivos y los pintores modernos), se nota en la Escuela Alemana. El mismo Alberto Durer se aparta mucho de la verdad y la belleza de la desnudez, pues que si bien su Muerte de Lucrecia tiene un verdadero vigor y fuerza en el trazo, también es que el busto pequeño, el talle apenas insinuado, el vientre sin elegancia, quitan armonía y hermosura a su cuerpo desnudo.

En este mismo aspecto, su contemporáneo Lucas Cranach, entra al dominio de la fantasía en sus concepciones cándidas, intuitivas, del cuerpo femenino. ¡Qué muslos tan entristecedores, que brazos tan raquíticos! Pero, en cambio, ¡qué rostros tan bien estudiados, qué facciones tan naturales! Toda su concepción artística, toda su estética de la mujer, resalta en el dibujo de las bocas, en el brillo lánguido de las miradas, en las frentes amplias y altas de su Diana y de su Eva.

Algunos, influenciados por la tradición de los primitivos — pese a los renovadores. Miguel Angel y Leonardo Da Vinci, que estudiaron la fuerza de las líneas del cuerpo, su elasticidad, su armonía— fueron partidarios de las formas pueriles y desmañadas. Así Pietro de Cosimo en su Venus, el Amor y Marte, y Romano en su Pan y Olimpia. En uno y otro, se nota ya el- afán de volver a la interpretación exacta del cuerpo de la mujer bella. Díganlo si no, la Venus flexible, láguida, voluptuosa del primero; y la morbidez marmórea, la exacta naturalidad de la Linfa, del segundo.

Pero es con Rubens con el que se llega al apogeo de la plástica, femenina, no importa que se le critiquen sus mujeres carrilludas, de muslos enormes, de cuerpos obesos, tipos de flamencas, gruesas, sólidas sobre la base y en el completo desarrollo de una madurez espléndida. Su Andrómedes parece concebir todas las estéticas. Las formas son admirables, el tallo bien proporcionado, las caderas anchas sin ser desagradables, el dibujo de los brazos es puro, los muslos bien marcados.

Mas en fin —y dejando para otra ocasión la glosa de la desnudez a través de los pintores modernos—detengámonos en el cuadro Venus y el Amor, del holandés Van der Werff, en el que se realiza una de las mejores concepciones de la belleza femenina, en ese cuerpo de Venus tan de líneas armónicas, de perfectos muslos y brazos, de bien dibujado talle y vientre. Pero es que entonces era la época de los Watteau, de los Lancret, de los Chardin, de los pintores galantes que renovaron los antiguos modelos, David y Gros. Es sabido que David dibujaba todos sus personajes desnudos y los vestía después. Su cuadro inacabado del Juramento del Juego de Pelota es ejemplo palpable de este método de trabajo. Y ello demuestra, por lo menos, la necesidad para el artista de "tener un conocimiento perfecto de la desnudez y de la anatomía humana —para citar a Nass— fuera de las cuales no puede existir arte plástico, y la verdad queda inaccesible a los artistas.

Otro de los grandes pintores de México, David Alfaro Siqueiros, apreció mucho al maestro Lira y tuvieron una gran amistad, así como hubo una amistad muy especial de Frieda y Miguel con la esposa del muralista, Blanca Luz Brum, la cual está plasmada en una obra hermosa que escribió Frieda, y de lo que ya trataremos en mi próximo libro: *Frida se confiesa*.

Siqueiros ilustró con una pintura original una de las poesías de Miguel N. Lira: "Niña pensativa". Lira, como pintor, fue maestro para algunos; para otros, poetas y escritores que llegaron a triunfar, impulsor y amigo que los protegió de la sombra siniestra de los Contemporáneos.

"La niña pensativa"

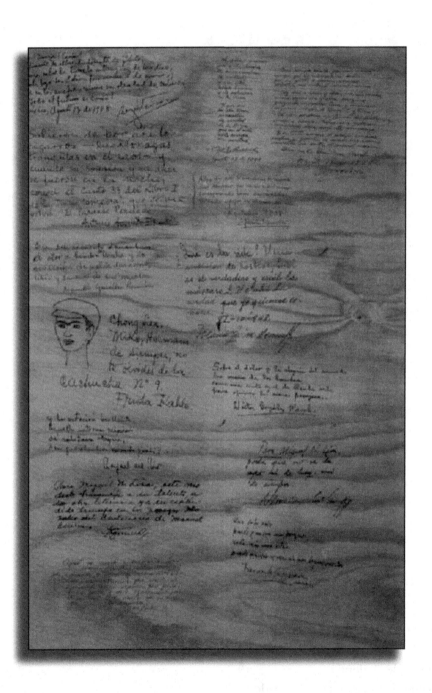

LAMINA III

Tabla de Madera
Tinta china sobre tabla de madera.
Colección Rubén García Badillo. México
(Lo resguarda el ITC)

CAPÍTULO III

Los Cachuchas

Imperativo de vivir

LA SEÑORA RUTH ALVARADO RIVERA, mi gran amiga, nieta de Diego Rivera, me mostró el manustrito que estaba escribiendo sobre Frieda, dentro del cual trataba el tema de los Cachuchas. Estuvimos de acuerdo que nuestros dos libros mostraban un estudio, profundo, que nos podría llevar a entender la vida de Frieda Kahlo, la gran pintora, la de Miguel N. Lira, la de Alejandro Gómez Arias y, también, la vida de la Autonomía de la Universidad Nacional; sin los Cachuchas no hubiese existido esa vida universitaria tal como sucedió.

Los nombres de los Cachuchas son variables. En el libro que voy a citar, Manuel González Ramírez menciona a nueve. Indudablemente también lo fueron: Ángel Salas Bonilla, Enrique Morales Pardavé, Octavio N. Bustamante, César Garizurieta, *el Tlacuache*, y el Enanote (a quien no he identificado), así también algunas mujeres, como Ernestina Marín.

Reproduzco ahora parte de ese libro que escribió Manuel González Ramírez, uno de los Cachuchas, en el homenaje que Miguel le indicó que escribiera a la muerte de Frieda.

En dos extremos se movió su vida.

Entre esos dos extremos deseo escribir lo que a ella se refiere y de lo que fuí testigo, pues la vi camino del cementerio, seguidos sus despojos mortales por solemne procesión, bajo una lluvia tenue, como que la lluvia lavaba el escándalo político que había provocado Diego Rivera; así la vi por última vez, mejor dicho, de ese modo la adiviné por definitiva ocasión, camino del fuego que en cenizas convertiría su cuerpo mutilado y dolorido.

Y si ese fué el fin, el principio lo tengo presente cuando cierta ocasión la encontré en la escalera central de la Escuela Preparatoria. Entonces era una niña que desbordaba la alegría de vivir. Una pregunta intrascendente fué el protexto para que nos detuviéramos en ese lugar impropio para las charlas, pero que a nosotros fué propicio para que naciera la amistad. Pues bien, entre el Colegio de San Ildefonso y su muerte están los dos extremos de Frida que me servirán para enmarcar una existencia que se movió de norte a sur, ésto es, de la razón al sentimiento, del dolor a la voluntad, de la salud a la entrega cotidiana, que era entrega exigida por la enfermedad. Y como resultado final, un ejemplo de lo que puede el imperativo del vivir y de lo que engendra el sufrimiento.

☆ ☆ ☆

Fueron las arcadas de San Ildefonso donde recogimos las inquietudes juveniles. Insensiblemente nos fuimos constituyen-

—7—

Imperativo de vivir

...do en grupo, unido por los afectos y por el modo rebelde de encarar estudios, problemas e inclinaciones. Como sucedía con buen número de nuestra generación, nosotros, "Los Cachuchas", éramos originarios de las provincias. La vorágine revolucionaria había arrojado hasta la ciudad capital a nuestras familias. Y como fué corriente en los estudiantes de la época, fuimos estudiantes pobres, con exigencia tal, que nuestra situación lindaba con la miseria. Las afinidades fueron las aglutinantes de la amistad; y las diferencias en los caracteres sólo sirvieron para complementar a nueve gentes, que acabaron por tener en común la tendencia anarquista de ir contra el poderoso y de sublevarse ante la injusticia. Claro que no fuimos apóstoles sino simples rebeldes que nos acostumbramos a mirar el éxito en la vida como una contingencia que no merecía el sacrificio de nuestra ambición.

Ácratas y despreocupados, hallamos en el mundo de las letras y del espíritu el solo mundo posible. Literatos y oradores por inclinación, y afinados por el ejercicio, empezamos en aquellos días, para acabar en nuestros tiempos, a formar el único tesoro que hemos logrado, esto es, el tesoro de nuestras bibliotecas particulares. Nos conformamos con envidiar a los que murieron en la gesta y por detentar a los que alcanzaron el poder, pues siempre nos pareció que se abría un hondo abismo entre los ideales y los sacrificios, entre la realidad y los principios, hondura sensible por cuanto la realidad era mácula y el ideal linfa de limpieza. Por lo demás, la libertad, nuestra insobornable libertad, nos preservó de cometer el pecado de la adulación; y nos ayudó a entender que todo lo que piensan los hombres, cualesquiera que sean las filiaciones, merece acatamiento. Nada de lo que es humano nos fué ajeno, y este giro que en otros se queda en la categoría de frase, en nosotros se instituyó como segunda naturaleza, que a su vez nos apartó de los sectarismos.

"Los Cachuchas" fuimos nueve, conviene a saber: Alejandro Gómez Arias, Miguel N. Lira, Manuel González Ramírez, José Gómez Robleda, Agustín Lira, Alfonso Villa, Jesús Ríos y Valles, Carmen Jaime y Frida Kahlo. De ellos, el universal

—8—

por excelencia, Gómez Arias; el provinciano hasta la exageración, Miguel N. Lira; la sabiduría que acumula datos científicos, siempre estuvo a cargo de Gómez Robleda; el sentido práctico que los llevó al campo de las matemáticas para después aplicarlas al aprovechamiento municipal del agua, correspondía a Agustín Lira y a Alfonso Villa; Ríos y Valles gravitaba entre Gómez Arias y Frida; mientras que Carmen Jaime iniciaba su conocimiento del español del Siglo de Oro, base auténtica del idioma balbuciente y raro que ahora le es peculiar; González Ramírez no fué mejor ni peor que los demás "Cachuchas". Y todos ellos, cuando estuvieron unidos, parecían una gavilla que merodeaba entre el bien y el mal, con la exagerada preocupación de cubrirse las retiradas.

☆ ☆ ☆

Imperativo de vivir

*"…..éstas cosas son parte de ese tesoro que he
guardado con lo que me queda y me quedará
siempre de niña"*

FRIDA

En dos extremos se movió su vida.

Entre esos dos extremos deseo escribir lo que a ella se refiere y de lo que
fui testigo, pues la vi camino del cementerio, seguidos sus despojos mortales por solemne procesión, bajo una lluvia tenue, como que la lluvia lavaba
el escándalo político que había provocado Diego Rivera; así la vi por última vez, mejor dicho, de ese modo la adiviné por definitiva ocasión, camino del fuego que en cenizas convertiría su cuerpo mutilado y dolorido.
Y si ese fué el fin, el principio lo tengo presente cuando cierta ocasión la
encontré en la escalera central de la Escuela Preparatoria. Entonces era
una niña que desbordaba la alegría de vivir. Una pregunta intrascendente
fué el pretexto para que nos detuviéramos en ese lugar impropio para las
charlas, pero que a nosotros fué propicio para que naciera la amistad. Pues
bien, entre el Colegio de San Ildefonso y su muerte están los dos extremos
de Frida que me servirán para enmarcar una existencia que se movió de
norte a sur, ésto es, de la razón al sentimiento, del dolor a la voluntad, de
la salud a la entrega cotidiana, que era entrega exigida por la enfermedad.
Y como resultado final, un ejemplo de lo que puede el imperativo del vivir
y de lo que engendra el sufrimiento.
Fueron las arcadas de San Idelfonso donde recogimos las inquietudes juveniles. Insensiblemente nos fuimos constituyendo en grupo, unido por
los afectos y por el modo rebelde de encarar estudios, problemas e inclinaciones. Como sucedía con buen número de nuestra generación, nosotros, "Los Cachuchas", éramos originarios de las provincias. La vorágine
revolucionaria había arrojado hasta la ciudad capital a nuestras familias. Y
como fué corriente en los estudiantes de la época, fuimos estudiantes pobres, con exigencia tal, que nuestra situación lindaba con la miseria. Las
afinidades fueron las aglutinantes de la amistad; y las diferencias en los caracteres sólo sirvieron para complementar a nueve gentes, que acabaron
por tener en común la tendencia anarquista de ir contra el poderoso y de
sublevarse ante la injusticia. Claro que no fuímos apóstoles sino simples
rebeldes que nos acostumbramos a mirar el éxito en la vida como una
contingencia que no merecía el sacrificio de nuestra ambición.
Ácratas y despreocupados, hallamos en el mundo de las letras y del espíritu el solo mundo posible. Literatos y oradores por inclinación, y afina-

dos por el ejercicio, empezamos en aquellos días, para acabar en nuestros tiempos, a formar el único tesoro que hemos logrado, esto es, el tesoro de nuestras bibliotecas particulares. Nos conformamos con envidiar a los que murieron en la gesta y por deturpar a los que alcanzaron el poder, pues siempre nos pareció que se abría un hondo abismo entre los ideales y los sacrificios, entre la realidad y los principios, hondura sensible por cuanto la realidad era mácula y el ideal linfa de limpieza. Por lo demás, la libertad, nuestra insobornable libertad, nos preservó de cometer el pecado de la adulación; y nos ayudó a entender que todo lo que piensan los hombres, cualesquiera que sean las filiaciones, merece acatamiento. Nada de lo que es humano nos fué ajeno, y este giro que en otros se queda en la categoría de frase, en nosotros se instituyó como segunda naturaleza, que a su vez nos apartó de los sectarismos.

"Los Cachuchas" fuimos nueve, conviene a saber: Alejandro Gómez Arias, Miguel N. Lira, Manuel González Ramírez, José Gómez Robleda, Agustín Lira, Alfonso Villa, Jesús Ríos y Valles, Carmen Jaime y Frida Kahlo. De ellos, el universal por excelencia, Gómez Arias; el provinciano hasta la exageración, Miguel N. Lira; la sabiduría que acumula datos científicos, siempre estuvo a cargo de Gómez Robleda; el sentido práctico que los llevó al campo de las matemáticas para después aplicarlas al aprovechamiento municipal del agua, correspondía a Agustín Lira y a Alfonso Villa; Ríos y Valles gravitaba entre Gómez Arias y Frida; mientras que Carmen Jaime iniciaba su conocimiento del español del Siglo de Oro, base auténtica del idioma balbuciente y raro que ahora le es peculiar; González Ramírez no fué mejor ni peor que los demás "Cachuchas". Y todos ellos, cuando estuvieron unidos, parecían una gavilla que merodeaba entre el bien y el mal, con la exagerada preocupación de cubrirse las retiradas.

A la izquierda, véase un fragmento de la Tabla de madera donde Frieda se dibuja y firma con la siguiente inscripción: "Chong Lee, Mike, Hermano de siempre, no te olvides de la Cachucha N° 9. Frida Kahlo". A la derecha, véase nuevamente a Frieda (la Cachucha N° 9) en el cabello, del dibujo "La Bella Tianguista"

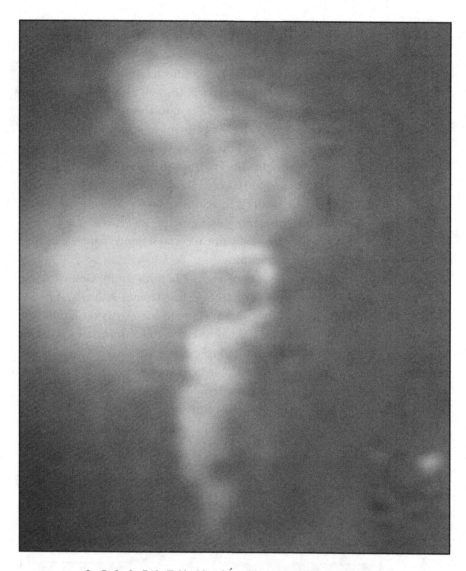

La Cachucha Frida Kahlo, Miguel Ángel, y el padre Rubén García Badillo
Autor: Cristo en la Creación; La partícula Divina o Bosón de Higgs.
Hiperespacio

El pensamiento se genera con información y dibujo. La información es: "Hagamos a Frida", el dibujo es éste. La enseñanza de Albert Einstein a Frida y David Alfaro Siqueiros es: "No estoy interesado en tal o cuál fenómeno. Quiero saber cómo creó Dios este mundo, quiero conocer sus pensamientos, lo demás son detalles". Esta imagen se dibujó en el vidrio de la ventana de la casa del padre Rubén. Muestra lo que sucedió hace millones de años en la dimensión de Dios, según la teoría del Hiperespacio.

EX·LIBRIS·M.N.L.

LAMINA IV

Ex Libris, 1924. Frieda Kahlo.
Tinta china sobre cartulina, 7.1 x 7.5 cm.
Colección Rubén García Badillo. Tlaxcala, México

CAPÍTULO IV

Mi primer encuentro con Frieda en Tlaxcala

Conocí a Miguel N. Lira en 1955, cuando él era juez federal de Distrito, y yo trabajaba en Obras Públicas del Gobierno del Estado de Tlaxcala, y en el CAPFCE federal.

Quise incursionar en la política. Acepté competir por la candidatura a presidente municipal de mi municipio, por el Partido Revolucionario Institucional, y el señor juez Lira me dio una recomendación para el licenciado Raúl Juárez Carro, presidente estatal del partido, el cual me proveyó de la documentación necesaria.

Después lo volví a ver y a platicar con él en noviembre de 1959, pues yo era miembro de la Comisión Organizadora para la Erección de la Nueva Diócesis de Tlaxcala, el 11 de noviembre, y de la consagración del nuevo obispo, don Luis Munive Escobar, el 12 de noviembre, de quien yo fui "el familiar" (algo así como secretario particular). El laureado poeta Lira, ese día 12 de noviembre, leyó el bellísimo: "Corrido que dice VIVA EL OBISPO MUNIVE", escrito y dedicado al obispo de Tlaxcala, una joya de la literatura mexicana, en el entonces patio de la Colegiata de Ocotlán.

Comencé a conocer a Frieda por medio de sus cuadros, el 3 de marzo de 1960. Visité la casa de Miguel N. Lira, quien entonces vivía en el Barrio de San Buenaventura Atempan, en Tlaxcala, en la casa conocida como Huytlale (que significa en náhuatl "tierra grande").

Era el día de mi cumpleaños, y la esposa del poeta, Rebeca Torres Ortega, quiso celebrarlo en su casa con una comida, a la cual asistió también el señor obispo. El poeta me mostró algunos cuadros pintados por Frieda Kahlo, la miembro número 9 de esa pandilla de los Cachuchas, según leí en una de las pinturas colgadas a la entrada de la biblioteca del maestro Lira. Contemplé algunos cuadros de Frieda Kahlo, que tiempo después pasaron a ser de mi propiedad. El que más me gustó fue *La pulquería "Tu Suegra"*, por los recuerdos que me trajo de mi niñez en la ciudad de Puebla, donde había una pulquería, "La bella Elena", la cual permanece hasta hoy en la calle 5 Oriente, casi esquina con la 4 Norte. Ese cuadro comenzó a identificarnos al poeta y a mí: hambre, dolor, sufrimiento, en la ciudad de Puebla, en la niñez de ambos.

Miguel Nicolás Lira, miembro del grupo los Cachuchas, ese 3 de marzo de 1960 se sentía muy solo, abandonado; creía que su familia no lo quería. Su esposa Rebeca, compañera y amiga de Frieda, fue también mi gran amiga y me amó como al hijo que ella y Miguel nunca pudieron tener. Ese día ella se alegró mucho de que hubiese yo aceptado y llegado desde temprano para charlar con su esposo, y también de que mi obispo, tan querido por Miguel y ella, hubiese llegado al mediodía para la comida, y el pastel especial que ella horneó para mí.

Ese día Miguel escribió en su diario sobre la tristeza y soledad que sentía. A continuación les muestro la hoja del diario, que está en una agenda bellísima del Rotary International, en el archivo que guardo.

Diario de Miguel N. Lira, miembro de los Cachuchas
jueves 3 de marzo 1960

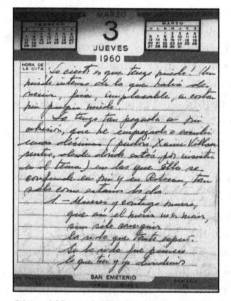

Página del Diario de Miguel N. Lira

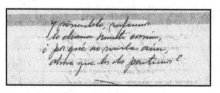

Reverso de la misma página

¡Lo cierto es que tengo miedo! Un miedo intenso de la que habrá de venir, fría, implacable, a cortar mi propio miedo.

La tengo tan pegada a mi obsesión, que he empezado a escribir unas décimas (Perdón Xavier Villaurrutia, desde donde estés, por insistir en el tema) en las que Ella se confunde en mí y en Rebeca, tan solos como estamos los dos.

1. Mueres y contigo muero,
   que así el morir no es morir,
   sino sólo conseguir
   la vida que tanto espero.
   Si la vida fue primero,
   lo que tú y yo dividimos
   y viviéndola, sufrimos
   la diaria muerte común,
   ¿por qué no vivirla aún,
   ahora que los dos partimos?

Al siguiente día, 4 de marzo, aún se sentía deprimido, y así lo muestra al criticar negativamente lo que el muralista Desiderio Hernández

Xochitiotzin estaba realizando. Miguel era un pintor y un crítico de arte. Es lo siguiente que les muestro.

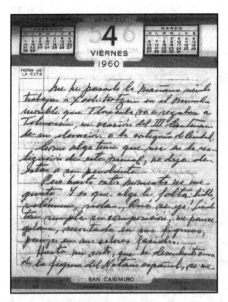

Página del diario de Miguel N. Lira

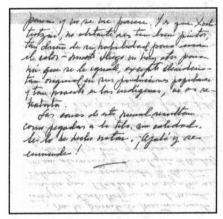

Reverso de la misma página

Me he pasado la mañana viendo trabajar a Xochitiotzin en el mural movible que Tlaxcala va a regalar a Tehuacán, en ocasión del III Centenario de su elevación a la categoría de ciudad.

Como algo tuve que ver en la realización de este mural, no dejo de estar a su pendiente.

Pero hasta estos momentos no me gusta. Y es que algo le falta: brillo, volumen, vida. ¡Qué se^2 yo! Siendo tan simple su composición, me parece golana, recortada en sus figuras, pareja en sus colores faciales.

Hasta mi rostro, que he descubierto como de la figura del notario español, se me parece y no se me parece. Y es que Xochitiotzin, no obstante ser tan buen pintor, tan dueño de su habilidad para usar el color –muerto Diego no hay otro para mí que se le iguale, excepto Desiderio– tan original en sus producciones populares y tan maestro en las indígenas, no es retratista.

Las caras de este mural resultan como pegadas a la tela, sin calidad. Se lo he hecho notar. ¡Ojalá y se enmiende!

Poco tiempo después, regresé a esa casa de Miguel, pues empezaba, como loco "visionario" –como me decían algunos–, a planear la construcción del seminario de Tlaxcala, algo increíble y "loco". La esposa de Miguel fue una de las personas que más colaboraron conmigo en la realización de ese proyecto que comencé, junto con la señora Dolores Fernández de Cisneros, esposa del gobernador en ese tiempo. Miguel vio a Rebeca por primera vez con nuevos ojos el 20 de agosto de 1921, en la Escuela Nacional Preparatoria, y se casó con ella el 28 de diciembre de 1928. Esas dos personas, Dolores Fernández de Cisneros y Rebeca Torres de Lira, fueron dos pilares de la Iglesia de Tlaxcala, y mis grandísimas colaboradoras y amigas.

Recuerdo de la visita a Tlaxcala del maestro Julián Carrillo. Al centro, Rebeca Torres Ortega, esposa de Miguel N. Lira, y amiga y compañera de escuela de Frieda Kahlo. A su izquierda, el maestro Julián Carrillo y el gobernador Lic. Joaquín Cisneros Molina. Todos ellos al pie de la escalera principal en el Palacio de Gobierno de Tlaxcala

Miguel describe en su diario lo que le sucedió el domingo 6 de marzo, motivo por el cual decide donar su finca Huytlale para el Seminario de Tlaxcala que yo planeaba construir.

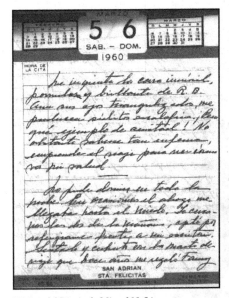

Página del Diario de Miguel N. Lira

No pude dormir en toda la noche. En ocasiones el ahogo me llegaba hasta el miedo. Ya cercanas las dos de la mañana, opté por refugiarme frente a mi escritorio. Sentado y cubierto con la manta de viaje que hace años me regaló Fanny Anitúa, me siento mejor y sin frío.

A cada momento se oyen cohetes y repiques de campanas. Es que se les ha ocurrido llevar a la Virgen de Ocotlán, desde su Basílica hasta Ocotoxco, por la carretera. ¡Lo que nunca había sucedido! Y todo para conseguir dinero para levantar el Seminario. ¿Es esto debido?

Durante la mañana del domingo, cabeceo de continuo. Las nebulizaciones me vuelven a hacer bien. Un tubo de escape estaba obstruido y no dejaba pasar el Abendium que me dilata los bronquios: ¿Podré dormir esta noche?… Se lo pedí a la Virgen, cuando regresaba a su altar, después de su viaje de un día. Estacionado en la entrada de *Huytlale*, la vi pasar. ¡Qué delicada y divina!

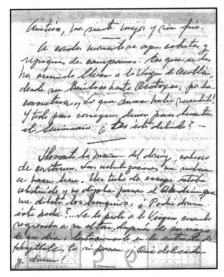

Reverso de la misma página

Según me dijo su esposa Rebeca, Miguel durmió muy bien esa noche, y al día siguiente, 7 de marzo, tomó la determinación de regalar la finca Huytlale para ese seminario, que yo, "el loco padre Rubén", iba a construir, y lo estipuló en el testamento que ella dictó por orden de su esposo. Miguel siempre soñó: "ser seminarista, sacerdote o monje".

El pueblo de Santa María Atlihuetzian, Tlaxcala, al cumplir yo 21 años,
me lanzó como su candidato del Partido Revolucionario Institucional, para
presidente municipal, a lo que renuncié. En 1960, el mismo pueblo me
regaló diez hectáreas de terreno para construir allí el Seminario, que es donde
se encuentra actualmente
En esta fotografía de 1961, el primer Cardenal de México, Arzobispo
de Guadalajara, José Garibi Rivera, bendice los terrenos. Lo acompaño
vistiendo mi banda azul de seminarista. Tenía yo 28 años de edad

Rebeca Torres Ortega fue la primera mujer presidenta municipal, y lo fue de Tlaxcala. El presidente Adolfo Ruiz Cortines promovió el voto para la mujer en 1953. Rebeca también fue de las primeras mujeres a quienes la Escuela Nacional Preparatoria autorizó estudiar en ese nivel, junto con Frieda, y unas pocas más. En el tiempo de los Cachuchas, en la Preparatoria Nacional había aproximadamente dos mil alumnos hombres, y sólo treinta mujeres (el número de alumnos era variable, pues algunos eran expulsados y readmitidos, como lo fueron, entre otros, Miguel, Alejandro y Frieda).

El presidente Adolfo Ruiz Cortines ayuda a la Sra. Rebeca Torres de Lira, primera mujer presidenta municipal de Tlaxcala, a subir al coche presidencial

Sra. Dolores Fernández, esposa del gobernador Cisneros. Presidenta de las damas tlaxcaltecas, colaboradoras de la construcción del seminario

Nueva opinión del pintor y crítico de arte Miguel N. Lira, sobre el mural terminado de Xochitiotzin como regalo a Tehuacán.

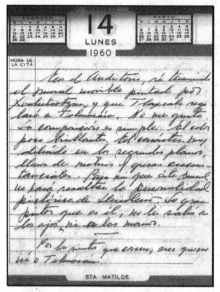

En el auditorio, vi terminado el mural movible pintado por Xochitiotzin, y que Tlaxcala regalará a Tehuacán. No me gusta.

La composición es simple. El color poco brillante. El carácter muy diluido en los segundos planos, llenos de motivos y grecas circunstanciales. Para mí que este mural no hará resaltar la personalidad pictórica de Desiderio. Lo gran pintor que es él, no le salió a los ojos ni a las manos.

Por los vientos que corren, creo que no iré a Tehuacán.

Página del diario de Miguel N. Lira

Por el mes de junio de ese 1960, visité a Lira nuevamente, pues me dio un pequeño donativo, 500 pesos, para la construcción del Seminario.

Esa tercera vez en su casa, fue cuando vi a Miguel N. Lira totalmente derrotado, con una depresión tremenda. El Cachucha Miguel pensaba que su familia no lo quería, y no confiaba en sus sobrinos. Desde joven tuvo problemas con sus hermanos, y hacía poco tiempo, una tía le había escrito una carta diciéndole: "No sabes lo que siento, que tu mamá y demás familia no te estimen, y no sólo ellos, sino también todos los que se dicen tus amigos que radican en ésta tu Tlaxcala".

Un poco antes, otro familiar muy querido para él, también le había escrito: "Nos da mucha pena tu soledad, y deseamos vivamente que pronto haya tiempos mejores en Tlaxcala, donde tus coterráneos tan mal te pagaron". Los "Janos" lo habían apaleado, lo malhirieron hasta la muerte; fueron enemigos políticos. Se trataba de algunos hacendados ricos y politiquillos corruptos de segunda, "hipócritas", "dos caras", a quienes Lira, juez federal de Distrito, se enfrentó, y ellos lograron sacarlo del Estado de Tlaxcala.

Dos de sus sobrinos le guardaban mucho rencor, tal vez de manera inconsciente, heredado de sus padres contra él, y ahora lo han lanzado en contra mía. Celos, envidias, rencores. ¡Qué feo! Dos de esos sobrinos dicen que soy un "ladrón", que a la familia, el escritor y poeta "no le dejó nada"; que soy, además, un "mentiroso", "que su tío Miguel N. Lira no sabía dibujar y menos pintar".

Llevo treinta y tres años de ataques y calumnias de estos familiares, porque a ellos no les tuvo confianza nuestro amado Cachucha. Y me he preguntado muchas veces: "¿por qué yo? ¿Por qué a mí?".

Al escuchar el nombre de Frieda Kahlo y empezar a conocerla, ese 3 de marzo de 1960, cuando Lira me mostró los cuadros, y vi uno, que me conmovió profundamente: *La pulquería "Tu Suegra"*. Él lo advirtió, y yo le manifesté el sufrimiento y hambre que pasé cuando tenía yo seis años: en el departamento de mujeres y de uniformados de la pulquería "La bella Elena", una vendedora miserable, con una niñita sentada a su lado, cocinaba tripas fritas y memelitas con salsa de chile piquín en un anafre con carbón encendido; alguna vez, al ver mi hambre, me ofreció una memela con tripas, tal vez notó que en ese mercado de los "sapos", en alguna ocasión, del montón de basura sacaba yo alguna fruta no tan podrida, que me sabía deliciosa y calmaba mi hambre. La acuarela de Frieda mostraba para mí esa experiencia. Estaba yo llorando ante el cuadro de Frieda por ese sentimiento, y entonces Miguel me dijo algo que no entendí en ese momento, y que creí haber escuchado mal: "Será de usted".

Después de esas tres veces, volví a estar con él en otras ocasiones, pues el donativo para la construcción del seminario me lo iba dando en "abonitos".

Rubén García Badillo dirigiendo la construcción del seminario, 1962

A continuación, reproduzco algunas cartas que muestran la animadversión de algunos familiares de Miguel N. Lira. La primera, es de su padre, quien le hace saber lo que siente su hermano Pepe, papá de Germán Lira Andriano (quien dice que soy un "mentiroso", "que su tío no sabía dibujar y menos pintar". *La Jornada de Oriente*, Tlaxcala, "Cultura", miércoles 6 de julio de 2005, pág. 9, por Fabián Robles y Víctor Varela: "¡Mi tío no sabía dibujar y menos pintar!, respondió ofuscado Germán F. Lira Andriano, a la pregunta de si es verídico el dicho del sacerdote Rubén García Badillo, quién afirma que el literato tlaxcalteca Miguel N. Lira no sólo enseñó el manejo de técnicas,

Carta de Guillermo Lira a Miguel N. Lira

Tlaxcala, 9 de Agosto de 1932.

Señor Lic.
Miguel N. Lira.
General Anaya. D. F.

Queridísimo hijito:

De lo que me dices de Pepe, le escribí también y le doy consejos acerca
de lo que me dices; éste siempre me ha hecho caso y es obediente con lo
que le digo; espero que en adelante se reportará con ustedes y no buscará
motivo para que haya disgustos en la familia. El gran cariño que le tiene
a su madre, hace que muchas veces se acuerde que hereda algo de su tío
Arturito y se le suelte la lengua. Tengo confianza en que oirá mis consejos
y se calmarán sus ánimos. Tu genio siendo tan diferente del suyo, ve que al
parecer, no quieres a tu mamá como él; yo que te conozco comprendo que
eres más serio, menos meloso y esto le hace pensar que tu amor filial es
muy ligero. Cada uno piensa a su modo y esto no tiene remedio. Además
la falta de dinero en él, lo pone de mal humor y contribuye a que vea la
vida bajo otro prisma. Sé prudente y perdona todo lo que es debido a la
diferencia de caracteres.
El retrato de Domingo Arenas, quedaron de conseguirmelo con los de
Zacatelco cuando me lo dén, te lo mandaré luego. He visto a varias personas y entre ellas a Juan Espinoza de los Monteros.
Por aquí estamos sin novedad esperando que Rebe se encuentre bien, así
como tu mamá y demás. Saludalos de parte de todos y recibe mis bendiciones.

Tu papá
Guillermo Lira

---

pinceles y colores a Frida Kahlo, sino que fue el autor de varias obras
de esta mujer con la que tuvo una gran amistad en la primera mitad
del siglo XX". "¡En mi vida lo vi pintar, ni siquiera dibujar! Cuando él
tenía alguna idea de algún grabado o viñeta para algún libro, daba la
idea con rasgos demasiados sencillos que no eran de un dibujante o
de alguien que sabía pintar", sostuvo el ahijado y sobrino del autor de
la novela *La Escondida.*

Radicado desde hace años en la ciudad de Garza García, Nuevo
León, Germán F. Lira aceptó platicar con *La Jornada de Oriente* y aña-

dió: "Los familiares del editor de la revista *Huytlale* están molestos "por tanta mentira del cura. ¿Acaso la mentira no se contempla en el octavo mandamiento de la religión católica, de la que el padre Rubén es representante?".)

La siguiente carta, de la señora María Andriano, madre del dicho sobrino de Miguel, Germán Lira Andriano, donde le hace saber a Miguel N. Lira las "irresponsabilidades" de su hijo.

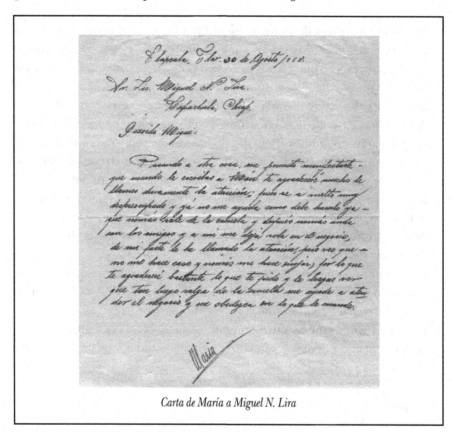

Carta de María a Miguel N. Lira

Querido Miguel:

Pasando a otra cosa, me permito manifestarte que cuando le escribas a Man te agradeceré mucho le llames duramente la atención; pues se a vuelto muy despreocupado y ya no me ayuda como debe hacerlo ya que nomás sale de la escuela y después nomás anda con los amigos y a mí me deja sola en el negocio, de mi parte le he llamado la atención, pero veo que no me hace caso y nomás me hace enojar; por lo que te agradeceré bastante lo que te pido y le hagas ver que tan luego salga de la escuela me ayude a atender el negocio y me obedezca en lo que le mande.

María

Contestación de la carta anterior de Miguel N. Lira, a Germán Lira Andriano, reprendiéndolo duramente por su actitud con su madre.

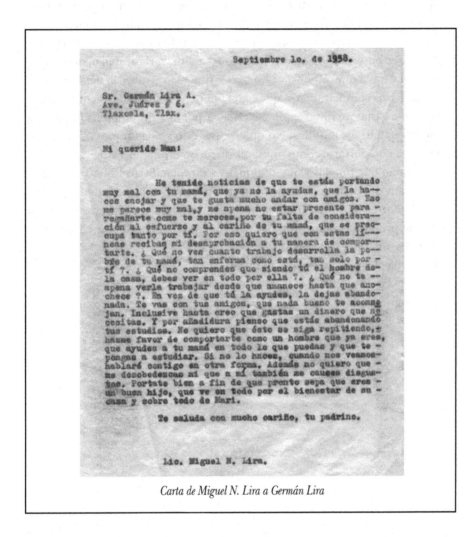

Carta de Miguel N. Lira a Germán Lira

Septiembre 1o de 1958
Sr. Germán Lira A.
Ave. Juárez # 6.
Tlaxcala, Tlax.

Mi querido Man:

He tenido noticias de que te estás portando muy mal con tu mamá, que ya no la ayudas, que la haces enojar y que te gusta mucho andar con amigos. Eso me parece muy mal, y me apena no estar presente para regañarte como te mereces, por tu falta de consideración al esfuerzo y al cariño de tu mamá, que se preocupa tanto por tí. Por eso quiero que con estas líneas recibas mi desaprobación a tu manera de comportarte. ¿Qué no ves cuanto trabajo desarrolla la pobre de tu mamá, tan enferma como está, tan solo por ti?. ¿Qué no comprendes que siendo tú el hombre de la casa, debes ver en todo por ella?. ¿Qué no te apena verla trabajar desde que amanece hasta que anochece? En vez de que tú la ayudes, la dejas abandonada. Te vas con tus amigos, que nada bueno te aconsejan. Inclusive hasta creo que gastas un dinero que necesitas. Y por añadidura pienso que estás abandonando tus estudios. No quiero que ésto se siga repitiendo, hazme favor de comportarte como un hombre que ya eres, que ayudes a tu mamá en todo lo que puedas y que te pongas a estudiar. Si no lo haces, cuando nos veamos hablaré contigo en otra forma. Además no quiero que me desobedezcas ni que a mí también me causes disgustos. Pórtate bien a fin de que pronto sepa que eres un buen hijo que ve en todo por el bienestar de su casa y sobre todo de Mari.

Te saluda con mucho cariño, tu padrino.

Lic. Miguel N. Lira

LAMINA V

El demonio de las botas negras. Frieda Kahlo
Detalle del dibujo: *El último rincón del patio de mi casa*
Colección R. G. B. Tlaxcala, México.

CAPÍTULO V

Miguel N. Lira, intestado

MIGUEL MURIÓ EL 26 DE FEBRERO DE 1961, intestado. ¿Cómo entender que un jurisconsulto, un ejemplo en la Suprema Corte de Justicia de la Nación, muriera así? ¿Cómo un hombre tan importante, con tantas obras literarias en poesía, narrativa y teatro, con una biblioteca importantísima y de gran valor, donde se guardaban los archivos de su abuelo, el Benemérito del Estado, coronel Miguel Lira y Ortega, que contenía varias obras originales, tan importantes para la historia de México, muriera así, intestado? El poseedor de los cuadros de Frieda Kahlo y del archivo secreto de ella referente a su obra pictórica, ¿dejaría en el aire todo: los derechos de autor tanto de obras publicadas como inéditas?

Para mí fue un misterio por muchos años, hasta 2006, cuando por las circunstancias (entre ellas, algunos dibujos de Frieda Kahlo), entendí que debería ser yo el representante y poseedor de todo ello, por deseo y manifestación de la misma Frieda y Miguel. Esto se descifra en los dibujos de Frieda Kahlo explicados en mi otro libro: *Frida se confiesa.*

Al morir Miguel, su esposa mantuvo su profunda amistad conmigo; en 1963 me fui a la Universidad de Washington, D.C., a seguir mis estudios sacerdotales, pero ella y la señora Fernández de Cisneros continuaron en la Comisión del Seminario; yo venía varias veces al año a supervisar los trabajos. Cuando me ordené sacerdote, el 25 de junio de 1967, ellas prepararon y costearon el banquete con que me homenajearon, servido en Huytlale, la casa de Miguel N. Lira. Ese día, la señora Lira me dijo muy emocionada: "Mi esposo está muy feliz con Dios en el cielo, y lo siento entre nosotros agradeciendo a usted su presencia, porque él lo quiso en el poco tiempo que lo conoció".

En 1971, Rebeca enfermó de gravedad, y el día 3 de marzo (mismo día y mes cuando visité a Miguel, mismo día y mes cuando empecé a conocer a Frieda, mismo día y mes de mi cumpleaños), ante notario público, hizo su testamento para cumplir el mandato de su esposo.

En ese testamento –que se hizo efectivo por estar registrado legalmente–, Rebeca Torres de Lira ordenaba que la biblioteca de su esposo se entregara a la Casa de la Cultura; pero como ella comprobó que los "Janos" seguían activos en contra de Miguel –así como los políticos mentirosos–, decidió que no se entregara a la Casa de la Cultura de Tlaxcala, sino que yo decidiera sobre ella. El 17 de enero de 1974, comenzó a escribir de su puño y letra otro nuevo testamento donde ya no se incluía esa biblioteca. Lo escribió en su oficina en la escuela donde laboraba como directora, el Centro de Acción Social Educativa Núm. 46, dependiente de la Secretaría de Educación Pública en la ciudad de Tlaxcala.

Cuando te pregunte el señor Lima de nuevo, quienes son los Janos, dile que es un personaje mítico con dos caras. Que esta acepción lo tomo yo para aludir a ciertas personas, que diciéndose mis amigos, eran en realidad mis enemigos o lo que es lo mismo,–unos dos caras.

Lic. Miguel N. Lira.

Fragmento de una carta que Miguel N. Lira escribe a su sobrina Carmina Toriz Lira, diciéndole qué significan "Los Janos"

Instrucciones para que no entregara yo la biblioteca de Miguel a la Casa de la Cultura de Tlaxcala.

Efectivamente mi esposo donó su biblioteca a la ciudad de Tlaxcala y me recomendó la entregara cuando viera el lugar donde la pudieran colocar, pero desgraciadamente el gobierno no ha tenido los medios suficientes para instalarla, y si esta situación se alarga y yo muero, ya la prometí al Club de Leones de Apizaco donde sí tendrá un local adecuado.

Instrucciones

El presidente de la república Luis Echeverría Álvarez quería inaugurar la biblioteca de su maestro "Miguel N. Lira" antes de terminar su periodo de gobierno. Le encomendó al entonces diputado federal Lic. Tulio Hernández Gómez que se apresurara, "tal vez con recursos de la comisión del Balsas, u otros que busques", pero que necesitaba dejar inaugurada la biblioteca que recordara a su amado maestro, y que quería hacer lo mismo con la de su otro maestro, Jaime Torres Bodet.

Los "Janos" boicotearon al presidente de la república Luis Echeverría Álvarez y al licenciado Tulio Hernández Gómez. Esta carta siguiente lo demuestra. El diputado federal Hernández Gómez había trabajado y programado, de acuerdo con las indicaciones del presidente de la república, la colocación de la primera piedra para la construcción de la Biblioteca Miguel N. Lira.

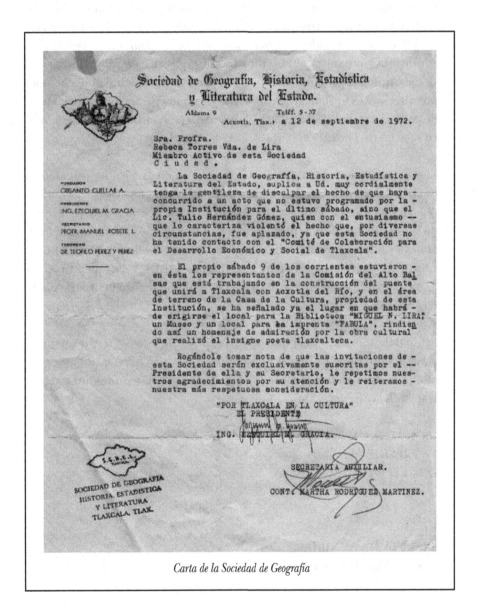

Carta de la Sociedad de Geografía

Sociedad de Geografía, Historia, Estadística y Literatura del Estado.

Acxotla, Tlax., a 12 de septiembre de 1972.

Sra. Profra.
Rebeca Torres Vda. de Lira
Miembro Activo de esta Sociedad
C i u d a d.

La Sociedad de Geografía, Historia, Estadística y Literatura del Estado, suplica a Ud. muy cordialmente tenga la gentileza de disculpar el hecho de que haya concurrido a un acto que no estuvo programado por la propia Institución para el último sábado, sino que el Lic. Tulio Hernández Gómez, quien con el entusiasmo que lo caracteriza violentó el hecho que, por diversas circunstancias, fue aplazado, ya que esta Sociedad no ha tenido contacto con el "Comité de Colaboración para el Desarrollo Económico y Social de Tlaxcala".

El propio sábado 9 de los corrientes estuvieron en ésta los representantes de la Comisión del Alto Balsas que está trabajando en la construcción del puente que unirá a Tlaxcala con Acxotla del Río, y en el área de terreno de la Casa de la Cultura, propiedad de esta Institución, se ha señalado ya el lugar en que habrá de erigirse el local para la Biblioteca "MIGUEL N. LIRA", un Museo y un local para la imprenta "FABULA" , rindiendo así un homenaje de admiración por la obra cultural que realizó el insigne poeta tlaxcalteca.

Rogándole tomar nota de que las invitaciones de esta Sociedad serán exclusivamente suscritas por el Presidente de ella y su Secretario, le repetimos nuestros agradecimientos por su atención y le reiteramos nuestra más respetuosa consideración.

"POR TLAXCALA EN LA CULTURA"
EL PRESIDENTE
ING. EZEQUIEL M. GRACIA.

SECRETARIA AUXILIAR.
CONT. MARTHA RODRÍGUEZ MARTÍNEZ

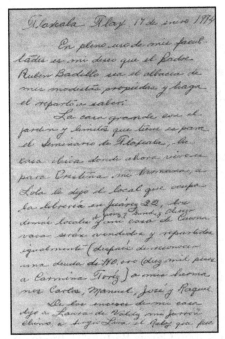

Nuevo testamento escrito por la viuda de Miguel N. Lira

"En pleno uso de mis facultades es mi deseo que el Padre Rubén Badillo sea mi albacea de mis modestas propiedades y haga el reparto a saber". Fue enlistando, pero a medida que iba escribiendo, se nota que en la segunda página comienza a cambiar su letra haciéndola más torpe, y sólo alcanza a escribir: "…a mis cuñadas, mi plata del comedor". En ese momento se desvanece y sufre un ataque. Antes, alcanza a tomar el testamento, se lo da a su fiel chofer, Arnulfo Juárez Alfaro, y le dice con voz apagada: "dáselo al Padre Rubén".

Tlaxcala Tlax. 17 de enero de 1974

En pleno uso de mis facultades es mi deseo que el Padre Rubén Badillo sea el albacea de mis modestas propiedades y haga el reparto a saber:
La casa grande con el jardín y limites que tiene es para el Seminario de Tlaxcala, la casa chica donde ahora vivo es para Cristina mi hermana, a Lola le dejo el local que ocupa la librería en Juárez 22, los demás locales de Juárez y Guridi y Alcocer y mi casa de Cuernavaca serán vendidos y repartidos igualmente (después de reconocer una deuda de $10.000 (diez mil pesos a Carmina Toríz) a mis hermanos Carlos, Manuel, José y Raquel.
De los enceres de mi casa dejo a Laura de Valdez mi jarrón chino, a Sergio Lira mi reloj que fue de su bisabuelo, a Gloria Moreno el cuadro "Los títeres" de Antonio Ruíz, a Lupe mi cuñada mi vajilla de flores rosa y mis ropas de casa sabanas y manteles.
A María mi sirvienta mi máquina de coser y el ropero donde guarda sus cosas, a Arnulfo el refrigerador, y mi consola; a la Chencha mi estufa y despensa; los muebles de mi recámara y los del comedor son para Cristina mi hermana; a mis cuñadas mi plata del comedor.

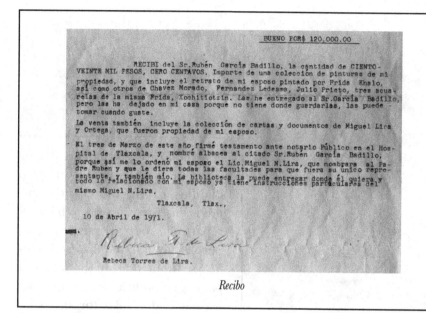

Recibo

En el testamento oficial, en la cláusula VII dice: "Que designa como su albacea testamentario al señor don Rubén García Badillo". Y luego en la cláusula XXII dice: "Y que todo lo demás que existe en su domicilio y no ha sido nombrado; así como los derechos de autor y regalías que corresponden a su esposo el Lic. Miguel N. Lira, quedan a cargo de su albacea, para que le dé la aplicación que en lo particular tiene dada".

En ese testamento dejaba a mi cargo todos los cuadros, pinturas y archivos que fueron de su esposo don Miguel N. Lira, para que yo dispusiera de ellos. El 10 de abril de 1971, Rebeca, previendo que sus familiares pudiesen impedir que se cumpliera la voluntad de su esposo, me entregó un recibo firmado por ella, que expresa:

Recibí del Sr. Rubén García Badillo, la cantidad de CIENTO VEINTE MIL PESOS, CERO CENTAVOS. Importe de una colección de pinturas de mi propiedad, y que incluye el retrato de mi esposo pintado por Frieda Kahlo, así como otros de Chavez Morado, Fernandez Ledesma, Julio Prieto, tres acuarelas de la misma Frieda, Xochitiotzin. Las he entregado al Sr. García Badillo, pero las ha dejado en mi casa porque no tiene donde guardarlas, las puede tomar cuando guste.

La venta también incluye la colección de cartas y documentos de Miguel Lira y Ortega, que fueron propiedad de mi esposo.

El tres de Marzo de este año firmé testamento ante notario Público en el Hospital de Tlaxcala, y nombré albacea al citado Sr. Rubén García Badillo, porque así me lo ordenó mi esposo el Lic. Miguel N. Lira, que nombrara al Padre Rubén y que le diera todas las facultades para que fuera su único representante, y también mío. La biblioteca la puede entregar donde él quiera y todo lo relacionado con mi esposo ya tiene instrucciones particulares del mismo Miguel N. Lira. Tlaxcala, Tlax., 10 de Abril de 1971. Rebeca Torres de Lira. Firma.

Hasta esa fecha yo le había prestado alguna cantidad de dinero, y continué ocasionalmente prestándole más. De esa fecha en adelante aumentó el gran cariño de la señora Rebeca para mí, de una madre a su hijo. Casi todos los domingos yo la recogía en la mañana para llevarla a misa y comíamos juntos. Me habló de muchas cosas; que Miguel me quiso, y que le había expresado que yo era un seminarista rebelde, que estaba rompiendo las normas de la gente y de la Iglesia, como él junto con los Cachuchas lo hicieron en su tiempo; me contó de la relación de Miguel con Frieda Kahlo, Ofelia Guilmain, Julieta Olvido Tapia, Teresa Salazar Mallén, etc. Platicábamos de muchos temas: ¿por qué decidieron no ponerse en tratamiento para tener un hijo?, ¿por qué Miguel no confiaba en sus sobrinos?, ¿por qué decidió desheredar a Carmina Toriz Lira (su sobrina), cuando ella abandonó la casa y se fue con su amante?; y muchas cosas hermosas y amargas tanto de su vida como de la de Miguel. De los años compartidos con su esposo desde el 20 de agosto de 1921.

Una vez, cuando fuimos a su casa de Cuernavaca, me contó que en varias ocasiones fue con Miguel a Taxco, a la casa de Siqueiros y Blanca Luz Brum, su esposa, cuando el pintor había salido de la penitenciaría y lo recluyeron en Taxco como cárcel. Allí se reunían con Frieda Kahlo, Diego Rivera, Chávez Morado y otros pintores; y me dijo que de esa época eran las dos acuarelas que ahora yo tengo, y que Frieda pintó en esa casa.

De Carmina Toriz Lira conservo unas cien cartas originales, donde se advierte que su tío, el poeta Miguel N. Lira, no podía confiar en ella, pues era dada a tener novios de a montón, algunos muy perversos, y que tenía una "memoria de los diablos"; además la librería Fábula a su cargo estaba "quebrada". También está registrado en los archivos que tengo el escándalo causado en la ciudad, y la vergüenza que arrojó sobre la familia Lira [todo esto he callado].

En los hijos de su hermano Alfonso tampoco podía confiar. Poseo información escrita acerca de ellos y de su conducta en la escuela y con su padre, guardada por Miguel.

A continuación muestro dos cartas, la primera, de Carmina Toriz Lira, explicando el porqué abandonó la casa Huytlale para irse con su amante; la segunda, de su padrino Miguel N. Lira a Carmina, haciéndole ver el disgusto que le causa que ande de noviera sin sentar cabeza.

En cada oportunidad que se le presenta o busca, ella dice: "mi tío no le dejó nada a la familia", "el padre Rubén es un ladrón".

Carta de Carmina a su madrina explicando el porqué abandonó la casa Huytlale

Madrina:

Como te fuiste no me pude despedir de tí, porque quería darte las gracias por todo lo que hiciste por mí.

Perdóname pero lo quiero mucho a él, y él con el tiempo te demostrará que es lo contrario, que piensas de él. Creo que para ustedes acabé ahora, pero siempre mi recuerdo los acompañará. Aunque no quieras, algún día espero tu bendición.

Carmina

Agosto 19 de 1958.

Srita. Carmina Toriz Lira.
Ave. Juárez # 8.
Tlaxcala, Tlax.

Mi querida Carmencita:

Recibí el paquete con la medicina. No la he -
comprado aquí porque no la hay, pero ya la solicité, ---
pues es muy util al igual que el Mercodol, que también
no lo había y tuve que encargar.

No te imaginas que gusto me da que hayas roto
tu compromiso con el señor que te proponía matrimonio.-
Si ya ahora entiendes que estabas premeditando tu desgracia, mañana te afirmarás en esa seguridad. Vuelvo a
repetir que por tu edad no estás en tiempo de agarrarte
de un clavo ardiendo. Puedes escoger aún a alguien que
te haga feliz. Tú sabes que ni tu madrina ni yo nos opo
nemos a esto. Lo que nos disgusta es que andes de novia
ra, sin sentar la cabeza y pensar con seriedad. Pero el
día que te encuentres un hombre que te respete y te ---
quiera, ese día tendrás de nosotros, tus mejores aliados.
No me explico porqué no te haya llegado el bulto con mi
libro el Itinerario. Ve al Correo pues el Editor me dijo que lo había mandado a nombre de Carmina Torres Lira.
Quien sabe si esa sea la causa por la que no lo hayas -
recibido. Cuando te llegue ponlo al precio de $9.00. Sa
lúdame a Martitha y a tu tia Tey, a Elia, Lupe y Abrahán
y tu Carmencita, recibe muchos besos de tu padrino que -
te quiere mucho.

Carta a Carmina Toriz Lira en la cual sus padrinos le hacen ver el disgusto
que les causa que ande de noviera, sin sentar cabeza y no pensar con seriedad

Agosto 19 de 1958

Srita. Carmina Toríz Lira.
Ave. Juárez #8.
Tlaxcala, Tlax.

Mi querida Carmencita:

Recibí el paquete con la medicina. No la he comprado aquí porque no
lo hay, pero ya la solicité, pues es muy útil al igual que el Mercodol, que

también no lo había y lo tuve que encargar.

No te imaginas qué gusto me da que hayas roto tu compromiso con el señor que te proponía matrimonio. Si ya ahora entiendes que estabas premeditando tu desgracia, mañana te afirmarás en esa seguridad. Vuelvo a repetir que por tu edad no estás en tiempo de agarrarte de un clavo ardiendo. Puedes escoger aún a alguien que te haga feliz. Tú sabes que ni tu madrina ni yo nos oponemos a esto. Lo que nos disgusta es que andes de noviera, sin sentar la cabeza y pensar con seriedad. Pero el día que te encuentres un hombre que te respete y te quiera, ese día tendrás en nosotros tus mejores aliados. No me explico por qué no te haya llegado el bulto con mi libro el Itinerario. Ve al Correo pues el Editor me dijo que lo había mandado a nombre de Carmina Torres Lira. Quién sabe si esa sea la causa por la que no lo hayas recibido. Cuando te llegue ponlo al precio de $9.00. Salúdame a Martitha y a tu tía Tey, a Elia, Lupe y Abraham y tu Carmencita, recibe muchos besos de tu padrino que te quiere mucho.

<hr />

En el mes de marzo de 1974 murió la señora Rebeca Torres, viuda de Lira y, por lo tanto, pasé a tomar posesión de lo mío, y de lo que quedaba a mi cargo, incluyendo las ocho pinturas de Frieda, o que se pensaba eran de ella; así como del archivo de Miguel, en donde se incluían archivos menores de otras personas, como el archivo secreto de Frieda Kahlo, especialmente del arte pictórico. En ese archivo estaba el recado escrito y firmado por Frieda, y que Manuel González Ramírez reprodujo al comenzar *Frida Kahlo o el imperativo de vivir*.

> Mike, Chong Lee, estas cosas son parte de ese tesoro que he guardado con lo que me queda y me quedará siempre de niña, Frieda. [Ese "tesoro" son los dibujos y documentos de la verdadera historia del arte pictórico de Frieda, y que yo conservo.]

Al principio, fue un verdadero problema, pues aparecieron los enemigos de Miguel, y las ambiciones y robos de varias personas. Me di cuenta de que la pintura de Frieda, (La Tabla de Madera donde aparece Frida la Cachucha número 9) en la puerta de la biblioteca, ya había sido arrancada. Después supe que ese delito lo había hecho la sobrina de Miguel, la doctora Carmina Toriz Lira, furiosa porque la desheredaron y su tío "no le había dejado nada", pero para protegerse de una demanda penal, se la entregó al licenciado Tulio Hernández Gómez, entonces gobernador de Tlaxcala. Hoy, junto con otras seis pinturas, incluido el retrato de Lira, y que fueron propiedad mía, están en la

Sala Frida Kahlo, en el Museo de Arte de Tlaxcala. La Tabla de Madera sólo la resguarda el ITC, pertenece a mi colección. Por iniciativa del gobernador Tulio Hernández Gómez, el doctor Sabino Yano Bretón y yo fundamos la Pinacoteca del Estado de Tlaxcala, establecida en mi casa, Guerrero #15, y yo entregué 151 cuadros propiedad mía, entre los cuales estaban unas 80 pinturas que pertenecieron a Miguel N. Lira de autores famosos. Entregué también 51 obras del muralista tlaxcalteca Desiderio Hernández Xochitiotzin, algunas de las cuales me había obsequiado el mismo autor, y otras me había vendido; yo tenía la mejor obra de caballete de este gran pintor. Otros cuadros de distintos artistas tlaxcaltecas del siglo XX y algunos del siglo XIX los fui adquiriendo para mi colección; la mayoría me fueron obsequiados por sus autores. No entregué ni la Tabla de Madera donde se autorretrata Frida como la Cachucha número 9, ni el boceto de Pablo Picasso, regalo del mismo a Frieda en 1939, de ella a Miguel N. Lira y esposa, y de ellos a mí en 1970. Tanto la Tabla de Frida como el boceto de Pablo Picasso son de mi propiedad, que por equivocación resguarda el ITC. La Pinacoteca se transformó con el nombre de Museo de Arte de Tlaxcala (MAT), y la que fue mi casa, Calle Guerrero número 15, sigue siendo parte de ese museo.

A mediados de 1974 comencé a organizar el archivo, que era un desastre; me prestaron ayuda personas tan valiosas como Silvia Nava Nava y Mercedes Meade de Angulo, con ayuda del Archivo General de la Nación; del gobernador José Antonio Álvarez Lima y su esposa Verónica Rascón. La Universidad de Los Ángeles, California, becó a los doctores Jeanine Gaucher Morales y Alfredo Morales, todos ellos para ayudarme a organizar el archivo; y también los jóvenes del equipo de Liturgia de mi parroquia que me ayudan en mi tarea pastoral también colaboraron conmigo en la organización. Pero ha sido muy difícil, pues mientras no me asentaba en mi casa de Tlaxcala, tenía que llevar conmigo ese tesoro a los lugares donde me asignaban como párroco. Yo mismo he trabajado cientos de días y parte de las noches, en leer y clasificar tantos hermosos documentos originales, miles, en donde se encuentran Frieda Kahlo y los Cachuchas. Debido a eso, cuarenta cartas originales de Frieda se destruyeron, las que yo había apartado como especiales para estudiarlas, en una de las cuales Frieda, ya casada con Diego Rivera, le decía a Miguel: "venga quien venga en mi vida, mi amor hasta la muerte sólo será Alejandro Gómez Arias". En ese desorden también perdí el Picasso que, según me contó Rebe, el pintor surrealista había obsequiado a Frieda Kahlo en París, cuando se conocieron, y Picasso, admirado por el genio de Frieda, se arrodilló ante ella al contemplar el autorretrato de Frieda que compró el Louvre de París y que se conserva allí. Miguel había ayudado a Frieda a componer esa pintura, porque estaba muy fea; y ya arreglada por los dos, conmovió a Picasso. En agradecimiento, Frieda le obsequió a Miguel el boceto de Picasso, que me parece era el retrato de Dora Maar en cuarta dimensión, y pasó a mí como un regalo. Como yo poseía más de 200 obras de arte, ni recordaba esa pintura, hasta que un día, mi amiga, la señora Dolores Fernández de Cisneros, me preguntó: "Padre ¿dónde está su Picasso que le dio Rebe?". Intenté recordarlo, pero no supe dónde había quedado, no lo volví a ver ni me acuerdo bien cómo era. Cuando al Gobierno de Tlaxcala entregué 151 cuadros, en mi colección sí estaba el dibujo de Picasso. En la entrega fue un desorden de parte del Gobierno, pienso que seguramente allí se llevaron el dicho Picasso, sin intensión de robo o abuso, sólo por equivocación. Los periodistas de la Jornada de Oriente, realizaron la investigación, y escribieron que les aseguraron del ITC (Instituto Tlaxcalteca de Cultura) que lo tienen documentado como obra de arte que ellos conservan. Solicitaré al Gobierno del Estado de Tlaxcala la devolución de dos obras que tienen y que yo no les entregué como propiedad de ellos, sino por distintos errores: La Tabla de Madera de Frida y el Picasso. Espero reconozcan mi labor cultural por Tlaxcala de varios millones de dólares, y me devuelvan lo que en justicia me pertenece y que yo no les entregué.

Comencé a ocuparme del archivo de Frieda hace treinta años: a estudiar, a resolver, a decidir, a leer, no sólo a ella, porque si no conocemos a los Cachuchas, lo que pensaban, lo que sentían, lo que hacían, no podemos conocer a Frieda; ella era uno de ellos, pensaba como ellos, actuaba como ellos. Eran anarquistas y se burlaban de los intelectuales y petulantes: pintores, escritores, críticos y poetas.

Para ellos, los Contemporáneos siempre fueron una barrera, y forzaron a Miguel, a quien apoyaron los Cachuchas, a comprar una prensa de mesa y a aprender en la preparatoria el oficio de encuadernador, para poder así impulsar a los inteligentes, pero económicamente pobres estudiantes, preparatorianos y universitarios. Tal fue el caso de muchos, entre ellos, Octavio Paz.

Ha sido necesario caminar en la historia de Frieda y los Cachuchas, y seguirlos desde febrero de 1919, en la Escuela Nacional Preparatoria, hasta hoy, entendiendo y oyendo a cada uno de ellos. Pero no sólo a ellos personalmente, sino a su mundo; llevo una parte caminada, no he llegado aún. Muchas personas y cosas forman el mundo de Frieda y los Cachuchas; el básico, el elemental, el más importante, lo tengo junto a mí, duermo rodeado de él, en mi casa, en mis archivos.

He tenido que trabajar arduamente y, también, gastar mucho dinero mío, en sostener este mundo que ahora también es mío; es parte de mi vida, y alguna vez pensé que podía perderla, porque los "Janos" viven, viven los hijos, los nietos; viven, incluso, algunos de los sobrinos de Miguel, que son verdaderos "Janos", y también una que otra "Jana" despistada por la ciudad, como Susana Fernández, rectora de la Universidad del Altiplano, a quien yo consideraba mi amiga y apreciaba con afecto.

El Gobernador de Estado, Emilio Sánchez Piedras, fue de las principales personas que me atacaron para terminar con Lira, para enterrarlo, olvidarlo. Me comentó el gobernador, doctor Luciano Huerta, compañero de Lira como becarios de la Fundación Torres Adalid, que en Los Pinos, su sucesor, el gobernador electo Sánchez Piedras, le decía al presidente de la república Luis Echeverría Álvarez: "Tomando yo posesión como gobernador, voy a quitar al padre Rubén de albacea de Lira porque está violando la Constitución, tiene las cartas de Benito Juárez". Aclaro que nunca he sido albacea de Miguel N. Lira, lo fui de su esposa, a quien él ordenó cómo debería dictar su testamento, y que "su único representante de todas sus obras lo fuera el padre Rubén García Badillo". Emilio Sánchez Piedras, quien en una elección de gobernador se enfrentó fuertemente con el precandidato Miguel N. Lira, me atacó duro, y como al mismo tiempo estaba el problema político de la catedral de Tlaxcala, que yo defendía, pensé incluso que me podría mandar a matar, días que viví muy temeroso. Supe que el presidente envió un capitán a hablar con el juez y notario, Lic. José Luis Macías Rivera, muy capaz y con una rectitud intachable, que llevaba la sucesión testamentaria, para revisar el expediente, y el resultado fue que todo estaba en orden. El licenciado José Rivera Pérez Campos, ex ministro de la Suprema Corte de Justicia de la Nación y compañero de Lira en la preparatoria, me ayudó; él también había ayudado a Lira en la Corte. En ese entonces era subsecretario de Gobernación, y habló con el ministro, profesor Olivares Santana, quien detuvo al gobernador en sus arrebatos en contra mía. Intentaba, eliminando documentos de mi expediente, encarcelarme por desacato.

Este mundo en donde encuentro a Frieda y a los Cachuchas está en veinte mil páginas de cartas, periódicos y libros, donde me sumerjo siguiendo los pasos de Frieda Kahlo y Miguel N. Lira.

Este mar de investigación lo encuentro en mi archivo, pero también algunos como en la Universidad Nacional Autónoma de México y en el Archivo General de la Nación

Pero debo ir con cuidado, hasta donde pueda. Me encontré con que, en 1982, la UNAM publicó el libro *Recuerdos de un preparatoria-no de siempre*, de Manuel González Ramírez, con una introducción de Alejandro González Prieto (hijo de Manuel González Ramírez); en la página 77, en el capítulo IV, "Un pincel y dos plumas", reproduce *Frida Kahlo* o *El imperativo de vivir*. Al leerlo me di cuenta de que están excluidos algunos de los datos más importantes de Frieda, que fueron escritos y aparecieron en la edición original de Huytlale, en 1954. Hablé con Alejandro González y le pregunté por qué habían omitido datos tan importantes, y me contestó que eso era todo lo que su papá había dejado al morir. Creo que esto merece una investigación para entender el *Código Frieda*. La primera y la última firma. ¿Por qué González Ramírez sustrajo del manuscrito original los datos sobre la verdad del arte pictórico de Frieda Kahlo?

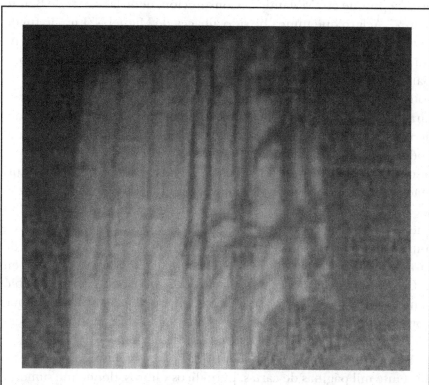

El 11 de septiembre de 2007, apareció en las cortinas de la recámara del padre Rubén, sombras que formaron el bello rostro de la señora Rebeca Torres y varios personajes, en cuarta dimensión; Hiperespacio

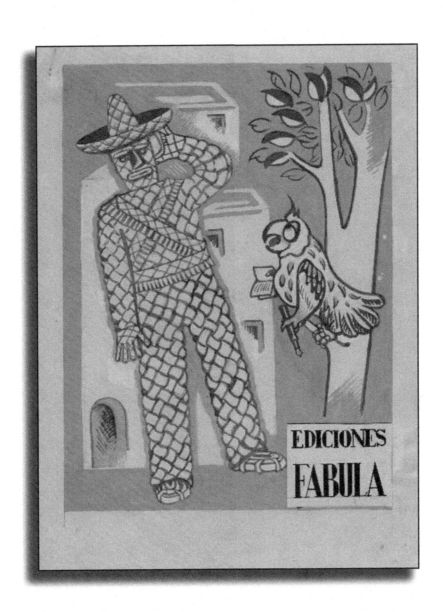

EDICIONES
FABULA

LAMINA VI

El hombre de petate y el perico, 1940. Frieda Kahlo.
Acuarela a color sobre cartulina, 23.5 x 17.5 cm.
Colección R.G.B. Tlaxcala, México.

CAPÍTULO VI

Inventario Kahlo-Lira

DESPUÉS DE LA MUERTE DE REBECA TORRES, viuda de Lira, habiendo pasado la primera tempestad, comencé a ver lo que tenía de Frieda; un largo y difícil proceso que comenzó en 1974, y que aún hoy, 2007, no he podido completar; treinta y tres años de lectura, paso a paso, de investigación, de hilar una punta con la siguiente raíz, como hacen las dendritas con el axón para que pueda correr el impulso que lleve la información al cerebro, y éste pueda ordenar la acción. En este ejemplo, yo he sido el neurotransmisor que conecta un enlace con el siguiente. A partir del 11 de mayo de 2005 empecé, con la ayuda de la misma Frieda, a tomar un impulso tremendo y pude lograr en un año lo que no pude hacer en los treinta y un años pasados.

En este intento de elaborar el inventario Kahlo-Lira, pensé comenzar por fechas y por temas. Doy comienzo:

1. Autobiografía de Miguel N. Lira. Original. Abarca de su niñez temprana a 1928. Esta autobiografía completa la presenté en el capítulo: "Miguel Nicolás Lira Álvarez", de este libro. Aquí, sólo hago notar los puntos relativos a la vida de Frieda Kahlo Calderón y los Cachuchas involucrados:

1919. En febrero, ingresó en la preparatoria.

1920. Ese año conoció a un grupo de muchachos crueles y sanguinarios, dinamiteros y anarquistas, inteligentes y románticos, artistas y pobres. Se asoció con ellos y estuvo en todas las comisarías de la ciudad. Lo expulsaron de la escuela cada vez que les dio la gana y tuvo, a manera de corolario, su primer lance sentimental (Frieda Kahlo: "la teutona").

1925 a 1926. En esta etapa no hace nada, se contenta con ir al cine, leer libros y enorgullecerse del suyo. Empieza a dibujar con triángulos y cubos[3].

1927. Aparece su segundo libro, lo edita, como el primero, en Tlaxcala... Tiene discípulos pero sólo a uno se consagra, por su talento[4].

2. Carta del Cachucha Alejandro Gómez Arias a Miguel N. Lira:

1921. Esta carta la reproduciré íntegra en el capítulo de este libro: "¡Uno en tres y tres en uno!", aquí sólo señalo la relación de Frieda, Miguel y Alejandro:

Señor Prefecto del Dto de Señoritas de la E.N.P. –Amado Teutón:[5]
...He visto a la teutona,[6] está más pálida y amarilla que en sobre fut. Algo le falta y me temo, que si esto sigue, habrá, mi generosidad y la galantería de mi estirpe que concedérselo. Pues si tú no estás quedo yo, y a falta de pan son suaves las cemitas...[7]

3. Carta de Frieda a Chong Lee (Miguel N. Lira), 1922. Original de Frieda Kahlo. Finales de año. En esta época Miguel N. Lira estaba muy confuso –creo que por problemas emocionales cuando, siendo novio de Frieda, a partir del 21 de agosto de 1921, comenzó a enamorarse de Rebeca Torres Ortega, a quien hizo su novia también–; misteriosamente, se va a China a tratar de despejar su mente y a vivir parte de su mundo subconsciente; experimentaba Universos Paralelos, el Hiperespacio. Creía que había vivido en China en generaciones pasadas, que había sido un mago, guerrero o un príncipe de Manchuria, y por eso Frieda así lo llamaba: "Sólo tú, príncipe de la Manchuria + y yo".

Al final de esta carta aparecen dos dibujos de Frieda, una alegre y otra llorando. En varios dibujos que tengo de la pintora también aparecen dobles, dos mujeres, dos Fridas. Vean el peinado de Frieda en estos dibujos, pues luego van a aparecer también dos Friedas con el mismo peinado, en *El dibujo verde* o *El dibujo China* que mostraré más adelante. En ambos dibujos Frieda se dibuja con moda de "pelona", de la época del decenio de 1920: pelo corto y el cuerpo con Chemisse.

Fragmento de la carta de Frieda a Chong Lee

A través del archivo que tengo de Frieda, en donde se incluyen aproximadamente 90 dibujos y acuarelas originales, sólo la veo segura y contenta cuando está al lado de Miguel, como se advierte en esta carta; apartada de Miguel se siente insegura, triste, sufriendo, tal como lo describe. Para Frieda, este antes y después va a tener un profundo significado, y así lo manifiesta a partir del año 1926, con la realización del fatídico *Autorretrato con traje de terciopelo*, que ella "destruyó a filo de navaja", y Miguel N. Lira lo volvió a pintar.

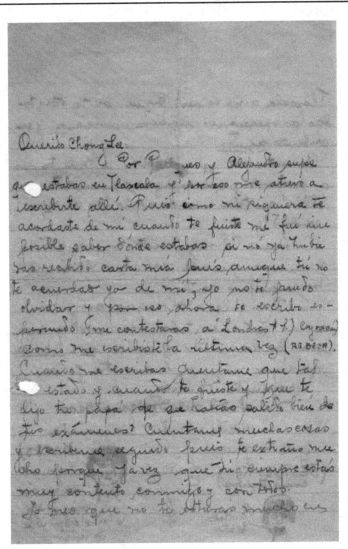

[3]   *Carta de Frieda a Chong Lee*

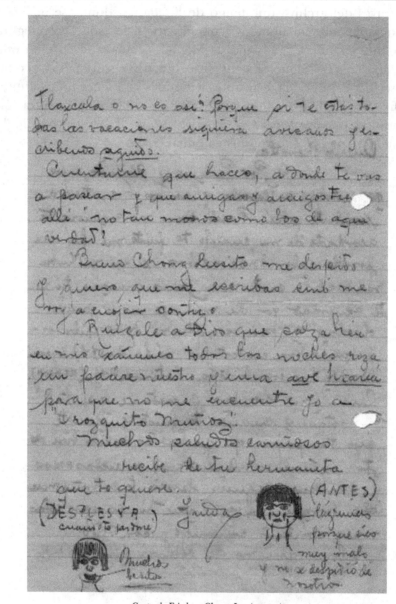

Carta de Frieda a Chong Lee (reverso)

Querido Chong Lee:

Por Pulques y Alejandro supe que estabas en Tlaxcala y por eso me atrevo a escribirte allí. Pués como ni siquiera te acordaste de mí cuando te fuiste me fué imposible saber dónde estabas si nó ya hubieras recibido carta mía pués aunque tú no te acuerdas ya de mí, yo no te puedo olvidar y por eso, ahora te escribo esperando, me contestaras a "Londres # 1.) Coyoacán) como me escribiste la última vez (REBECA).

Cuando me escribas cuentame que tal has estado y cuando te fuiste y que te dijo tu papá de que habías salido bien de tus exámenes? Cuentame muchas cosas y escribeme seguido pués te extraño mucho porque ya vez que tú siempre estás muy contento, conmigo y con todos.

Yo creo que no te estarás mucho en Tlaxcala o no es así? Porque si te estás todas las vacaciones siquiera avisanos y escribenos seguido.

Cuentame que haces, a donde te vas a pasear y que amigas y amigos tienes allí ¿No tan monos como los de aqui verdad?

Bueno Chong Leesito me despido y quiero que me escribas sinó me voy a enojar contigo.

Ruegale a Dios que salga bien en mis exámenes todas las noches reza un padre nuestro y una ave María para que no me encuentre yo a "Orozquito Muñoz".

Muchos saludos cariñosos recibe de tu hermanita que te quiere. Frieda.

(ANTES) lágrimas porque éres muy malo y no se despidió de nosotros.

[Aquí una carita llorando]

(DESPUES YA cuando te perdoné) Muchos besitos. [Aquí una carita feliz]

---

4. *El dibujo verde* o *El dibujo China*, 1922. Original de Frieda Kahlo. Tinta china sobre papel de china muy fino, 23.2 x 13.9 cm.

Este dibujo recibe dos nombres, el primero: *El dibujo verde*, al que titulé así sólo porque lo vi de ese color; el otro, *El dibujo China*, nombre dado por Frieda la noche del primero de diciembre de 2005, en un sueño que tuve con ella. [Esto lo trataré más adelante, en este mismo capítulo, donde encontraremos: La viborita, 1927-1928.]

Un día antes de que el sueño ocurriera, había buscado y escogido una fotografía donde aparece un número grande de estudiantes de la Escuela Libre de Derecho, donde están Miguel y los Cachuchas, pero no aparece ninguna alumna mujer. Quería incluirla en el libro para dar alguna idea surrealista del porqué en esa época se enamoraban hombres de otros hombres y mujeres de otras mujeres como algo normal.

Al comenzar el día, llegó el diseñador del libro para que empezáramos a trabajar, entonces busqué la fotografía que pensaba incluir, pero no la pude encontrar; misteriosamente desapareció, y apenas hace unos días, después de dos años, 2005-2007, me la ha devuelto Frieda. Al no encontrarla esa vez me enojé mucho y, contra mi voluntad, para salir del apuro, pensé poner *El dibujo verde* o *El dibujo China* y furioso grité: "¡Me lleva la chingada!, ¡chingada Frieda!, ¡chingados Cachuchas!, ¡ya se salieron con la suya, voy a tener que poner 'a huevo' *El dibujo verde*!, ¡Cabrones Cachuchas!". A partir de ese día le llamo *El dibujo verde* o *El dibujo China*. Yo no acostumbro vocabulario de cargadores ni de albañiles, sólo digo palabras soeces cuando quiero mucho a una persona, y como ahora quiero mucho a Frieda y a los Cachuchas, y como Frieda sí tenía vocabulario de cargadores, pues se aguanta, le encanta y se "aliviana" de todo y "con todo".

Teresa del Conde en el libro *Frida Kahlo. La pintora y el mito*, pág. 31, dice:

> A los 11 años se enredaba en todo tipo de conversaciones con los papeleros de La Merced, de los cuales aprendió "mucha sabiduría callejera y la más nutrida colección de palabras soeces que se haya visto en posesión de una persona del sexo femenino".

Este *dibujo verde* ha sido, y sigue siendo, "un dolor de cabeza" para mí: la fecha del comienzo de su elaboración, sus autores, los rostros escondidos en surrealismo, la alta técnica pictórica, la fecha 1922, los caracteres chinos, la paloma, el elefante, la cachucha al pie del dibujo, el rostro de un bandido chino reproducido en un cuento chino llamado *Condenado a muerte por los bandidos chinos*, que apareció en el periódico *Excélsior* el 23 de enero de 1927: el jefe lleva el sombrero chino, y sobre su espaldilla derecha la firma F, que entiendo significa Frieda, y también se observa una firma: Miguel; la postura del cuerpo de Frieda en el carácter chino COMPETENCIA, que es la postura de Frida en la fotografía que tomó el fotógrafo Víctor Reyes, en el casamiento de Frida Kahlo y Diego Rivera en Coyoacán, 1929.

Hasta el lunes 9 de enero de 2006, no había yo podido averiguar el año en el que se pintó ese dibujo. Ya había logrado ver las firmas de Frida: unida a la L mayúscula, una línea para formar una muñequita con el brazo izquierdo extendido a manera de F, y entendí que era Frieda; así como una paloma que lleva sobre su dorso la palabra Frieda, y que aparece besando el trasero de un joven y enorme elefante. Estos dos detalles, la paloma y el elefante, me llevaron a la conclusión de que eran Frieda y Diego Rivera; al pie del dibujo, una cachucha, que es el apodo de Frieda: la Cachucha N° 9, por voluntad de Dios, desde la Creación. Al principio pensé que al hacer el dibujo pudiesen haber intervenido otros de los Cachuchas, lo cual deseché definitivamente al saber por la misma Frieda que ella era la autora en 1922. Pero tuve la gran duda de que también pudo haber intervenido el famoso pintor japonés Tsuguharo Foujita, porque en el *Libro de mis recuerdos de Frieda Kahlo*, que se extiende de 1921 a principios de 1923, en la página 32 está pegado uno de sus recuerdos: una fotografía, bien lograda, del cuadro del pintor japonés llamado: *Autorretrato con Fernande*, pintado en 1922, perdido, y que la revista francesa *L'Art et les Artistes*, número 20, lo dio a conocer por primera vez al público en París el 20 de octubre de 1931, "en una mala reproducción".

Ese lunes 9 de enero, antes de salir a la ciudad para registrar la ampliación de *Código Frieda*, intrigado por la fecha, comencé a estudiar detalladamente el dibujo. Algo me hacía pensar que había sido hecho en 1922 o 1923, cuando Miguel regresó de China, con enseñanzas y novedades. En ese momento, empecé a sentir en mi cuello, del lado derecho, la respiración de alguien. Inmediatamente pensé que era Frieda y, entonces, en un susurro amoroso escuché su linda voz: "Mira hacia arriba y encontrarás el 1; ahora a la mitad del 1, hacia abajo, mira el 9; alza la vista y observa el 2; baja la vista, a la altura del 9, y mira el otro 2: la fecha es 1922. Lo pinté yo en 1922.

Pequeño fragmento de El dibujo verde

Por treinta años no había prestado atención a *El dibujo verde*, como casi todo, las cosas sucedieron paso a paso. Ese dibujo estaba junto al dibujo solferino con elementos chinos donde Miguel N. Lira y Ángel Salas invitaban a escuchar un concierto de música china, para conmemorar el aniversario de la República China. Está escrito en chino antiguo, según me tradujo un sabio chino. En el centro hay cuatro caracteres chinos, el primero representa Competencia; el segundo, Hielo; el tercero, No importa; el cuarto, Casi hielo. Su traducción al pensamiento occidental podría ser: "No importa que el hielo sea delgado, hay que competir en el hielo" o "Si te encuentras con dificultades, véncelas".

[4] *El dibujo verde o El dibujo China*

Es necesario observar detalladamente cada uno de los cuatro caracteres. En ellos encontramos una letra F. En el carácter No importa vemos FK.

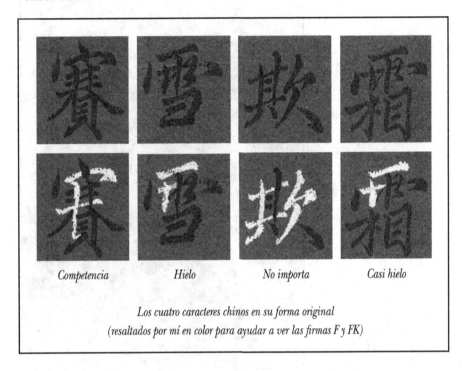

Competencia   Hielo   No importa   Casi hielo

Los cuatro caracteres chinos en su forma original
(resaltados por mí en color para ayudar a ver las firmas F y FK)

En este primer carácter chino competencia, vemos dibujada a Frieda sentada en una silla, y atrás de ella su firma F.

Sentada sobre la silla, apoya el pie izquierdo en el piso, en tanto que la pierna derecha está cruzada sobre la pierna izquierda, para descansar. Su pierna derecha sufría las secuelas de la poliomielitis en su infancia.

A la derecha, fotografía, Diego Rivera y Frieda Kahlo, donde se ve la postura de la pierna derecha de Frieda, igual que en el carácter chino. En 1929, Frieda ya sufría también en su pierna derecha las secuelas que le dejó el accidente de 1925.

Carácter Competencia

Diego Rivera y su novia.
Fotografía de Víctor Reyes.
Coyoacán, México 1929

En la parte superior, en los tres marcos del centro, encontramos de izquierda a derecha, dentro de caracteres chinos; las letras ^F_K; al centro, en la parte superior, $1\frac{93}{2}$; al centro, en la parte inferior, ^F_A, y, por último, a la derecha, el dibujo de las dos Friedas, volteadas al revés.

Cachucha

Carácteres: FK, 1922, FK y dos Friedas

En la parte inferior, viéndolo de frente, al centro, está una cachucha, que significa la Cachucha Frieda o símbolo de la pandilla de los Cachuchas.

Al lado derecho de aquélla, volteando el dibujo 90° a la derecha, vemos la firma: Lira; siguiendo otros 90° a la derecha, vemos una paloma besando a un elefante; una niña haciendo con su brazo izquierdo la letra F, y, en el dorso de la paloma, la palabra "Frieda". Puesto el dibujo en la posición normal, visto de frente, en el decorado del marco derecho, de abajo hacia arriba vemos al elefante, que es el símbolo de Diego Rivera.

Paloma y elefante. Detalles de El dibujo verde

Al final de la trompa del elefante, está la boca de un hombre que tiene dos rostros, uno de frente y otro mirando a la izquierda. El primer rostro, de izquierda a derecha, es de un chino que va a ser reproducido en un cuento chino: *Condenado a M U E R T E por los bandidos C H I N O S*, que aparece en el periódico *Excélsior* el 23 de enero de 1927 (dibujo de la derecha), en donde también se encuentran dos firmas, una F y otra, "Miguel", que entiendo son Frieda y Miguel, y en otro lugar: FK y Miguel. El cuento está firmado con uno de los seudónimos de Miguel N. Lira. En *El Universal Ilustrado*, firmaba como Máximo Bretal; en este cuento chino, es Jesse, tomado de una novela de Ethel Mannin, que expresa en el original manuscrito de su novela: *Una mujer en soledad*, Letras Mexicanas 31, México, D. F., Fondo de Cultura Económica, 1956.

Rostros chinos. Detalles de El dibujo verde

Recorte del periódico Excélsior. Enero 23 de 1927

Siguiendo hacia abajo, llegamos a la altura de la punta del pie derecho de Frieda, sentada sobre la pierna izquierda; en el primer símbolo chino dentro del marco central (carácter Competencia), a la altura de la punta del pie están el bigote y la boca de un rostro masculino con anteojos oscuros.

Rostro con anteojos.
Detalle de El dibujo verde

Si se observa detalladamente, puede uno regocijarse por todo lo que se encuentra en este bello dibujo de Frieda.

Otros rostros y detalles
de El dibujo verde

5. Carta de Frieda Kahlo a Chong Lee (Miguel N. Lira), México, 13 de mayo de 1923. Original de Frieda Kahlo.[9]

(Alejandro y el Chuchito te mandan saludos.
Friedita)
México a 13 de mayo de 1923.
Chong Lee.
Recibí tu tarjetita y no sabes el gusto que me dió el ver que te acuerdas de tu hermanita que nunca te olvida.

Sentí mucho el no haberme despedido de tí pero siquiera supe que ya estabas mejor y que te ibas para curarte, te he extrañado mucho pues ya no hay quien me cuente cuentos ni quien me haga reir tanto como tú, Alejandro ya vez que es muy serio y también el Chuchito todos te hemos

[5] *Carta de Frieda a Chong Lee, Mayo 13 de 1923*

extrañado mucho, ojalá se me conceda lo que le pido a Dios que te alivies y vuelvas pronto a México.

Rebeca ha de estar muy triste por ti y tu lo mismo por ella verdad? pero, cuando vengas le va a dar mucho gusto.

Haces mucha falta entre los muchachos pués tú siempre estabas contento con todos y más, cuando, cantabas Discutían Manolo y su prima Naná… ya no hay quien cante esas canciones que nos divertían tánto.

Carta de Frieda a Chong Lee, Mayo 13 de 1923 (reverso)

Escribeme más largo, cuentame que haces en Tlaxcala que según la tarjeta es muy bonita, Amelia me ha preguntado tu dirección y muchos muchachos pero ni yo la sabía pués no habías escrito.

La vieja Castillo está tan gorda y tan molona como siempre y ni siquiera me ha preguntado por tí por lo que cada vez me choca más.

Lástima que vás a perder tu año, pués es imposible que te presentes en exámenes verdad?

Yo quiero que me hagas el favor de mandarme aquellos versos que me escribiste un día aunque sea sin dedicatoria pués como me los escribiste en un cuaderno se me perdieron, no se te vayan a olvidar.

Le voy a decir a Alejandro que aunque sea mucha molestia para el entregarme tus cartas me haga ese favor pués no hay otra parte a donde me puedas escribir.

Ahora me es más dificil ver a los muchachos por eso digo que siempre es molestia para Alex, pués como casi siempre están ellos en Leyes y yo en la Escuela solo los puedo ver a la 1. y rara vez en la tarde, yo creo que tu haz de estar triste tambien pués ahora solito sin amigos y sin R… siempre ha de ser muy feo pero tiene uno que conformarse con su suerte.

Bueno Chong Lee ojalá que pronto te vuelva yo ha ver por ahora escribeme mucho y recibe muchos recuerdos y saludos de los muchachos y de una de tus hermanitas que nunca te olvida y quiere verte tan contento como el día en que estabas viendo a Delgadillo en El Marinerito.

Mi gatito te manda muchos besitos lo mismo que un perrito muy chulo que tengo.

Aquí te mando mi último retrato:

Estoy cada día más güapa.

Frieda Kahlo (Contestame) [Aquí un dibujo alusivo]

En esta carta, Frieda nos dice que su cuate Lira no ha vuelto a la escuela. Por el contexto del archivo que tengo, en esta ocasión, Miguel N. Lira se escapa a China. Frieda le pide: "…que me hagas el favor de mandarme esos versos que me escribiste un día…". En marzo de 1924, Frieda escribe unos versos imitando la letra de Miguel, y haciendo una firma donde aparece Miguel N. Lira y Frieda Kahlo. Estos versos pasan a formar el "tesoro de Frieda", y antes de morir se lo entrega a Miguel.

Con la misma ufanía
Hermana
déjame ser esclavo de tu lloro
en este feliz advenimiento
de tu amor inefable;
quiero sentir próvido bien
de tus lágrimas santas,
ahora que en el tesoro
de mi vida, no guardo
más que sólo el sufrimiento.

Versos escritos por Frida imitando la letra de Lira
(hay errores de ortografía imperdonable para Lira)

Yo no se si tu llanto me conforte,
o me aumente el minuto capitoso
de mi júbilo esquivo,
pero quiero llevarlo entre mis manos
con la misma ufanía,

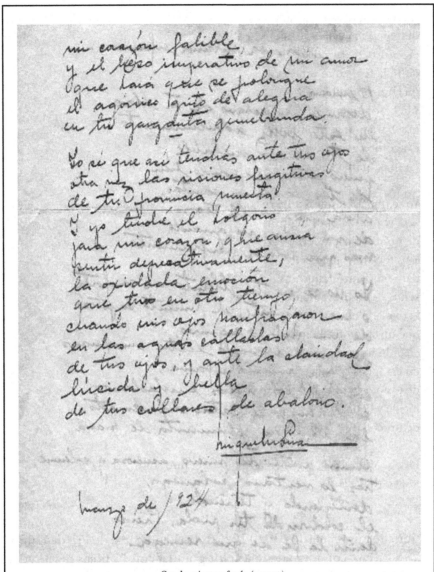

Con la misma ufanía (reverso)
Aquí se puede ver la firma de Miguel N. Lira y Frida Kahlo en honor de Francisco Orozco Muñoz,
maestro de ambos. (La firma significa que, abajo de la firma de Miguel Lira se encuentra la letra F
(Frida) y adelante de Lira es Kahlo). La raya después de Lira la ponía Orozco Muñoz al final de su
firma; estos tres personajes tienen su vida entretejida: Orozco Lira Kahlo

con que los indios ciudadanos
conducen por el patio del curato
la imagen diminuta de María.

Quiero verte de nuevo, acuciosa y solemne,

tras la ventana solariega,
destejiendo y tejiendo
el cordón de tu vida. Pienso
darte la fe de que reniega
mi corazón falible,
y el beso imperativo de mi amor
que hará que se prolongue
el agónico grito de alegría
en tu garganta gemebunda.

Yo sé que así tendrás ante tus ojos
otra vez las visiones fugitivas
de tu provincia muerta.
Y yo tendré el jolgorio
para mi corazón, que ansía
sentir deprecativamente,
la oxidada emoción
que tuvo en otro tiempo,
cuando mis ojos naufragaron
en las aguas calladas
de tus ojos, y ante la claridad
lúcida y bella
de tus collares de abalorio.

Firma: Miguel N. Lira y Frida Kahlo (son uno solo)
Marzo de 1924

6. Libro de mis recuerdos, 1920-1923. Libreta personal de Frieda Kahlo,
   28 x 22 cm, con forro de tela color guinda, con 17 hojas perforadas
   y fijadas a la libreta con una agujeta, y enumeradas las hojas con
   páginas del 1 al 34.

Aquí Frieda pega en las páginas, recortes, como pobre que era, de
fotografías, poesías y dibujos que para ella fueron sus recuerdos, y en
su tiempo formaron parte de su vida.

En la página 1 está pegada una fotografía del rector de la Universidad
Nacional, el doctor Antonio Caso. Fotografía tomada por Miguel N. Lira
y, por el contexto, editada en el periódico estudiantil, con una dedicatoria
original del propio maestro Caso: "28-IX-1920. A Carlos Pellicer Cámara,
al poeta y al amigo. Su adictísimo Antonio Caso (firma)".

[6] *El libro de mis recuerdos*

En la página 34, está pegada la poesía "Recuerdo de Frieda Kahlo" y una fotografía del pintor japonés Tsuguharo Foujita, *Autorretrato con Fernande.* Considero que este cuadro está profundamente relacionado con la vida oculta de Frieda; se relaciona con la Frieda, niña, la de Miguel N. Lira. El cuadro representa a Foujita vestido con traje negro hasta el cuello, como se vestían los sacerdotes católicos; a su lado, Fernande, su esposa, en 1922; al fondo, en la pared, un crucifijo (Cristo crucificado), junto al crucifijo una F, y a la derecha del crucifijo, un gallo, y bajo el gallo un demonio, y abajo de éste, una llave.

Este cuadro es un misterio; la revista *L'Art et les Artistes* lo da a conocer en París, en el número 20, el 20 de octubre de 1931. Sin embargo, Frieda lo pega en el "Libro de mis recuerdos" a finales de 1922 o muy al principio de 1923. La crítica da a conocer ese dato, pero dice que la fotografía aparecida en la revista de París estaba en muy malas condiciones; en la fotografía de Frieda, es una muy buena reproducción.

Finalmente, la F formada a la izquierda del crucifijo no es la firma de Foujita, ésta se encuentra escrita en japonés, arriba de un gato sobre el margen derecho. Esto me hace pensar, otra vez por el contexto del archivo, que la sombra del crucifijo, en el lado derecho, es Frieda, y el personaje central es el hombre vestido de sacerdote Católico, por el crucifijo, único símbolo de la Iglesia Católica; que nacerá en el año

Autorretrato con Fernande

Gallo 1933. Las dos plumas de pavorreal, la cresta del gallo, y el demonio, aplastado por las patas del gallo, significa en el pensamiento oriental, que nacerá el 3 de marzo, cuya suma numeral 3 de marzo de 1933 es: 3+3+1+9+3+3= 22. El nacido en esa fecha es "el iluminado" el hombre más poderoso, el exorcista del cielo, el que aplasta a los demonios, el que tiene la llave para liberar a Frida del más sanguinario demonio tibetano, que oprime a China y a la India, y que poseyó a Frida en 1910 . Esto lo trataré en el libro: Frida se confiesa.

7. Tarjeta de Frieda Kahlo a Chong Leesito (Miguel N. Lira), México,
25 de Noviembre 1923. Original de Frieda Kahlo.

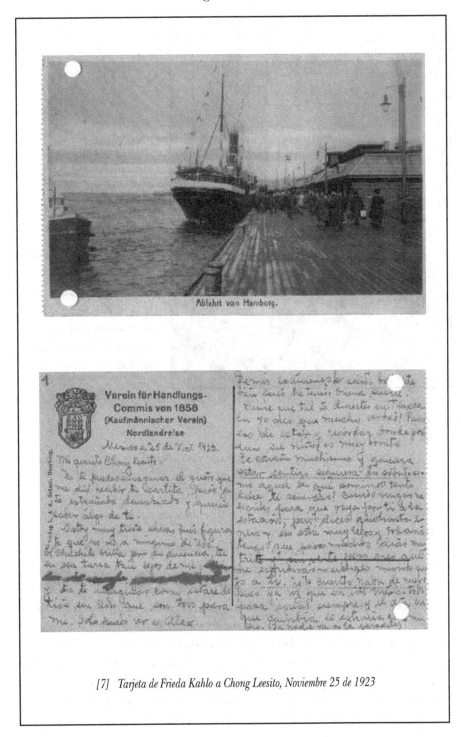

[7]   Tarjeta de Frieda Kahlo a Chong Leesito, Noviembre 25 de 1923

Plaza de toros y catedral de Tlaxcala. *En el cerro, la Basílica de Ocotlán, donde el 25 de junio de 2006 realicé el último exorcismo sobre Frieda. [Esto está dibujado por Frieda y se mostrará en mi próximo libro* Frida se confiesa.*]*

México a 25 de Nov. 1923
Mi Querido Chong Leesito:
No te puedes imaginar el gusto que me dió recibir tu cartita pués ya te extrañaba demasiado y quería saber algo de ti.

Estoy muy triste ahora, pués figurate que no veo a ninguno de Uds. El Chuchito brilla por su ausencia, tu en esa tierra tan lejos de mi... y no te imaginas como estaré de triste sin Uds que son todo para mi. Solo puedo ver a Alex.

De mis exámenes he salido bastante bién pués he tenido buena suerte. Dime que tal te diviertes en Tlaxcala yo creo que mucho verdad? Pues eso de estar y recordar donde pasó uno su niñez es muy bonito.
Te extraño muchisimo y quisiera estar contigo siquiera otro sábado como aquel en que comimos tanto dulce te acuerdas? Cuando vengas me escribes para que vaya por ti a la estación, pero dices que hasta enero y eso está muy lejos y todavía tengo que pasar muchos días muy triste y sin verte, pero creo que me escribirás mucho, lo mismo que yo a tí. No te cuento nada de nuevo pués ya ves que en este México todo pasa igual siempre y el día en que cambia lo extraña uno mucho. (Ya nadie va a la Paradita)

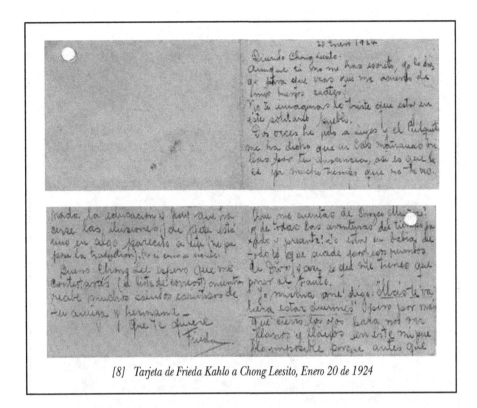

[8] *Tarjeta de Frieda Kahlo a Chong Leesito, Enero 20 de 1924*

8. Tarjeta de Frieda Kahlo a Chong Leesito (Miguel N. Lira), con fecha 20 de enero de 1924. Original de Frieda Kahlo.

20 Enero 1924
Querido Chong Leesito:
Aunque tú no me has escrito, yo lo hago para que veas que me acuerdo de mis buenos cuates.
No te imaginas lo triste que estoy en éste solitario pueblo.
Dos veces he ido a Leyes y el Pulquito me ha dicho que en las mañanas brillas por tu auscencia, asi es que hace ya mucho tiempo que no te veo.
Que me cuentas de Orozco Muñoz? y de todas las aventuras del tiempo pasado y presente? Yo estoy en babia de todo lo que sucede por esos rumbos de Dios y asi es que me tienes que poner al tanto.
Yo misma me digo: "Más te valiera estar duermes" pero por más que cierro los ojos para no ver llanos y llanos en éste mi pueblo imposible porque antes que nada la educación y hay que hacerse las ilusiones de que está uno en algo parecido a un (ne pa posi la traduction). (no sé como se escribe.
Bueno Chong Lee espero que me contestarás (a lista de correos) mientras recibe muchos saludos cariñosos de tu amiga y hermana que te quiere.
Frieda.

[9] Carta de Frieda Kahlo a Chong Lee, Enero 27 de 1924
En la firma, la linea después de Frieda, significa Kahlo (Orozco Muñoz)

9. Carta de Frieda Kahlo a Chong Lee (Miguel N. Lira), de fecha 27 de enero de 1924. Original de Frieda Kahlo.[10]

27 Enero 1924
Chong Lee:
Recibí tu cartita el otro día y estoy encantada.
Dispensa que hasta ahora te escriba, pero es que no he podido salir. Oye Chong Lee a ver cuando vienes al pueblo eh? De veras dime cuando vienes con Alex para ir a dar una vuelta, te traes a Carmen Jaime. Por favor no digas que no vas a venir, pués me querrías decir que ya no me quieres.
También dile al Pulques que venga, en una semana juntan 40 fierros hom-

bre y no les cuesta mucho trabajo.

Bueno ya me voy a misa y voy a rezar por Uds mucho.

Recibe cariñosos recuerdos de tu hermanita.

Frieda.

1924-1926. Éste es un periodo de intensa actividad de Miguel N. Lira con sus amadísimos cuates: Frieda, Alejandro Gómez Arias, Ángel Salas Bonilla, Octavio N. Bustamante y Manuel González Ramírez

10. Libreta de dibujo de Frida Kahlo, 17 x 11.8 cm, con diez hojas útiles unidas a la libreta. [Los títulos que lleva cada dibujo los puse yo.]

En 1924, Miguel comienza a enseñar a Frieda y a Los Cachuchas el arte de dibujar cabezas, sólo por gusto. Lo hacían en la Biblioteca Iberoamericana, muy cerca de su escuela. Esto último me lo platicó la señora Rebeca, esposa de Miguel, y en ese tiempo, ella también participaba en algunas de esas reuniones; me decía que era una capilla cerca de la preparatoria. Miguel lo escribe en su autobiografía.

La primera hoja de la libreta ocupa una firma muy especial que inventó Frida, y consintió Miguel N. Lira, y que sólo he encontrado en

[10] *Libreta de dibujo de Frida Kahlo*

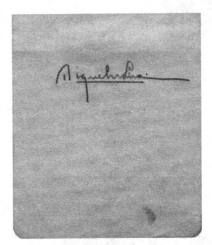

Firma de Frida Kahlo
(en quinta o sexta dimensión. Comparar con
la firma de la carta No [9]).
Lápiz sobre papel, 15.5 x 11.8 cm

papeles de ellos en 1924 y 1954. Esta primera hoja de la libreta de dibujo de Frida reviste características muy especiales; tan especiales que me atrevo a decir que Frida y Miguel manejaron la Física cuántica, y que indudablemente ahora la siguen manejando conmigo en mi casa.

En la Mecánica Cuántica todo puede suceder, todo lo inimaginable sucede. En esta primera hoja en blanco, comencé a ver una figura de mujer llorando, una figura muy tenue comenzaba a aparecer, y me preguntaba a mi mismo: ¿Quién sería?... ¿Cómo sería?

Dentro de todo este mundo cuántico, quiero compartir con ustedes lectores poco de lo mucho que ahora está conmigo: dibujos no hechos por mano humana, entre ellos, grandes personajes de la historia, como lo son: el padre de la cuántica Max Planck, Albert Einstein, Madame Curie, y 220 científicos, la mayoría de ellos Premios Nobel. Algunos de ellos fueron mis amigos, pero nunca llegué a pensar que me querían tanto, como yo también los quiero: Albert Einstein, Frida Kahlo, Juan O' Gorman, David Alfaro, Leonardo Da Vinci, Diego Rivera. Este último me ha dicho: "venimos a ofrecerte un homenaje por lo que estás haciendo por Frida."

En esta pared inesperadamente aparecieron dibujos no hechos por mano humana, y entendí lo que Diego Rivera me había dicho: que se trataba del homenaje que han querido darme grandes artistas y científicos por lo que hacía por Frida

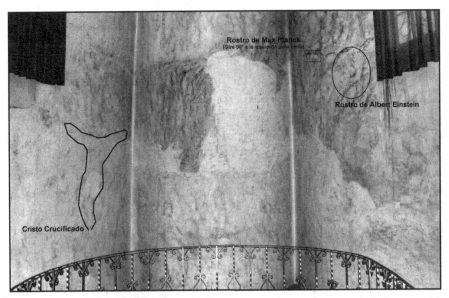

En la primera pared de la izquierda, se encuentra en círculo a Cristo Crucificado; el círculo de la pared del lado derecho está el científico Albert Einstein y Max Planck. Éste último, hay que girarlo 90° a la izquierda para verlo

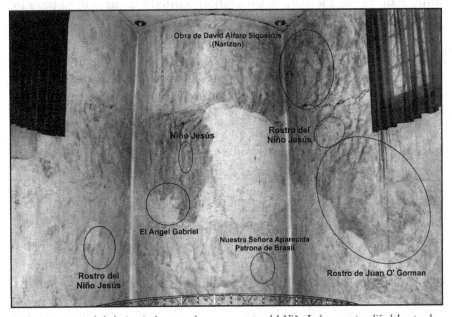

En la primera pared de la izquierda se pueden ver un rostro del Niño Jesús, correspondiéndole esta obra al pintor Pinturicchio. En la pared del centro se aprecian tres círculos: el primero de arriba corresponde al nacimiento del Niño Jesús, el de en medio es el Arcángel Gabriel, y el último le corresponde a Nuestra Señora Aparecida patrona de Brasil. En la pared de la derecha, empezando de arriba hacia abajo, se encuentran dos obras de David Alfaro Siqueiros: El Guerrero y El Narizón. Finalmente el perfil del pintor y arquitecto Juan O'Gorman

Frida Kahlo y Albert Einstein, en los Estados Unidos, se encontraron con frecuencia, y junto con Diego Rivera establecieron una profunda amistad, y encuentro datos precisos que el científico enseñó a Frida la Física y la Teletransportación Cuántica, que intensamente se está manifestando en estos días, en mi casa y en algunos papeles limpios, como es el caso de la primera hoja en la libreta de dibujo de Frida, que ahora se ha teletransportado allí la reina Nefertiti de Egipto, alguna pirámide y el desierto. La enseñanza de Albert Einstein se extendió también a David Alfaro Siqueiros y Juan O' Gorman. La Física Cuántica es de lo subatómico, de lo microscópico. Veo claramente que Frida manejó estos conceptos de los Quantos, y los sigue manejando junto con Einstein para glorificar a Dios, que es el que determina la molécula o la onda en la reacción de los Quantos. En esta ciencia no existe el tiempo. Es también el mundo de lo infinitamente pequeño, del mundo microscópico en el que se deleitaba Frida y que guardaba dentro de su ropero, como su tesoro escondido a los ojos del mundo.

Manuel González Ramírez en la páginas 17 y 18 del Alcance al número 18 de Huytlale – Tomo II. Tlaxcala-1954 en el homenaje a la muerte de Frida, escribe: "Y sin embargo quedaba capacidad para lo íntimo. No solo en el retrato que hizo de Herr Kahlo, con la leyenda que pregonaba el Caballero enfermo de por vida de la garganta, pero que soportó el dolor; ni nada más con la tela que la reprodujo a ella en compañía de su médico; antes bien, lo suyo se hallaba oculto en un ropero, sólo el sigilo de la madera, y fue su casa de muñecas, con las figurillas de cristal, pequeñitas, estupenda y graciosamente hechas; de los muebles también de cristal, que eran de acabado perfecto, pertenecientes a aquel micromundo, que pocos conocieron en Frida, pero que indudablemente tuvo existencia y fue cultivado con pudoroso silencio, porque era débil, trabajado en miniatura, con la perfección increíble con que encontramos a las flores silvestres."

En los años 70 sólo aparecía la página de la libreta impecablemente limpia. A partir del año 1993 comenzaron a aparecer algunas señales dibujadas en dicha página antes limpia. Esto pudo deberse al hecho de que mi casa construida en 1983 casi toda de cristal y a campo abierto se llenó de luz infrarroja y ultravioleta, ya que a través del sol los rayos penetrados en la casa no pueden regresar pues a esa radiación le es difícil atravesar el cristal. Creo que todo esto está controlado por Dios, "que en la creación Dios no juega a los dados" (Albert Einstein).

Ya sucedía el hecho de que cada duda que tenía de algo sobre Frida, ella me lo aclaraba pintando con sombras sobre las cortinas de mi recámara, las alfombras, los vidrios o paredes. Entre las dudas que llegaba a tener estaba: ¿cómo sería el original de mujer en traje de terciopelo?; ¿La amiga imaginaria?; ¿El accidente del tranvía en 1925?; ¿María Félix?; ¿Las orgias sexuales?; ¿Sexo con mujeres?; ¿Sexo con hombres?, y muchas cosas más. Así, también me preguntaba sobre la hoja limpia firmada. Fue entonces cuando el 22 de diciembre de 2007 comencé a soñar con Frida y dirigiéndose a mí me dijo: "traigo con migo a Nefertiti Reina de Egipto, ella te mostrará el contenido de la hoja en blanco". Fue en la madrugada cuando Nefertiti me despertó en voz bajita y tocando mis piernas me dijo: "Rubén, Rubén, Rubén". ¡Padre! ¡Toma tu cámara y retrata!, se va a dibujar lo que quieres, es el rostro pintado en la hoja en blanco, mi rostro en el retrato de Miguel N. Lira de 1927, con el que se autorretrató Frida Kahlo. Entonces Frieda intervino atrás de mi cabeza: "es el rostro de la reina Nefertiti con gruesas lágrimas; fue mi autorretrato en San Miguel que pinté en el retrato de Miguel N. Lira de 1927. No pude pintarlo y quedó desproporcionado en el cuello; lo volví a pintar en 1933, cuando tú ya habías nacido; en él también estás tú. Clemente Orozco y yo te hemos pintado como Quetzalcoatl; yo te pinto tocando el tambor, hay cosas muy bellas".

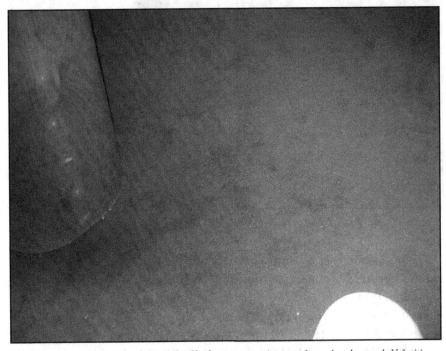

Empezaban a aparecer manchas en la alfombra, que posteriormente formarían el rostro de Nefertiti

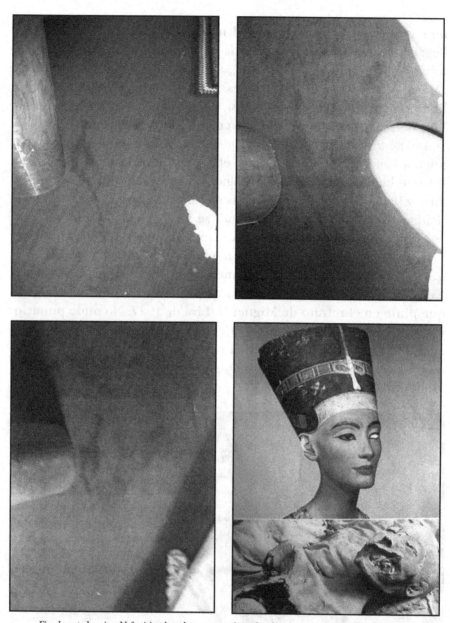

Finalmente la reina Nefertiti se ha teletransportado en la alfombra de la casa del padre Rubén

Tomé la cámara que tenía junto a mí, me senté en la orilla de mi cama y disparé; y comencé a tomar varias fotografías hasta que se hizo la imagen que me fascinó. Vi el rostro de Nefertiti Reina de Egipto con el rostro llorando, como en el retrato de Miguel N. Lira de 1927, que sé, se modificó en 1933. Manuel González Ramírez en la página 18 de FRIDA KAHLO O EL IMPERATIVO DE VIVIR, describe el Retrato de Miguel N. Lira de 1927: " y de acuerdo con su práctica, se dibujó a sí misma con torpes rasgos, de cuyos ojos salían lágrimas desesperadamente gruesas, para que dieran la idea del sufrimiento propio, así como arrancaran una sonrisa a los amigos predilectos".

Una vez más entendí cuánto me ama Frida. Una de esas noches se materializó Albert Einstein y Diego Rivera, jóvenes, sentados en mi cama, y me dijo en esa ocasión Albert: ¡Te queremos padre!

Tengo cantidad de fotografías de cuadros artísticos que han pintado solo para mí grandes artistas: Picasso, Dalí, Da Vinci, Pinturicchio, Miguel Ángel, Frida Kahlo, Juan O' Gorman, Siqueiros, pero el que más muestra su cariño y respeto por mí es mi gran amigo Diego Rivera. Me ha dibujado bastantes retratos míos, muy varonil, recio de personalidad, en tercera y cuarta dimensión, guapo, y lo bello es que forman mi retrato con el rostro de todos ellos, y alrededor del retrato varios de ellos me besan, especialmente Frida. ¡Todo esto es Física Cuántica! ¡Es Dios! ¡Es amor! ¡Tercera, cuarta y quinta dimensión en arte!

Después de esta primera hoja en blanco, siguen siete hojas, en cada una de ellas, el boceto de una cabeza distinta. El primero se trata del boceto donde aparece El Orejón (es Octavio N. Bustamante), quien tenía orejas grandes, era flaco, alto; y le llamaban también "piernas largas" y "El Flaquer"; éste es el boceto que va a utilizar Frieda para hacer *Apuntes para Pancho Villa y Adelita*, y que posteriormente será el boceto para el cuadro Pancho Villa, "en triángulos y cubos", que pintó la traviesa Friedita, dice Miguel, entre 1925-1926.

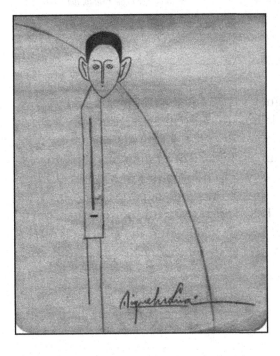

El Orejón (Octavio N. Bustamante). Frieda Kahlo
Lápiz sobre papel, 15.5 x 11.8 cm
Este dibujo es boceto del boceto del cuadro Pancho
Villa, pintado por Frida Kahlo en 1925-1926

Apuntes para Pancho Villa y Adelita.

Lápiz sobre papel, 21 x 28 cm.
Frieda Kahlo

Pancho Villa y Adelita. *Óleo sobre tela, 65 x 45 cm.*
Esta pintura era mía. Es obra temprana de Frieda bajo la tutela de su maestro Miguel N. Lira, que decía: "Una niña que quería jugar a ser pintora". Esta obra la doné al Gobierno del Estado, actualmente se encuentra en el Museo de Arte de Tlaxcala.
[No la presento porque obedezco la orden del Banco de México.]

Lo primero que hizo Miguel N. Lira fue enseñarle a Frieda y a Bustamante, pintar cabezas. En la hoja número nueve aparece una cabeza femenina, con fecha 23 de mayo de 1924, y firmada por Octavio N. Bustamante, a quien Lira también le enseñó a pintar. En la página 10, está un dibujo de la cabeza, ojos y frente de un joven chino (Chong Lee), firmado por Frieda, y con la leyenda en la parte superior: "Para Chong Lee con admiración. F. K."; en la parte inferior escribe: "Es copia del original, hecha por el autor", y también firma F. K. Estas dos leyendas fueron escritas en dos fechas distintas, que después explicaré.

Cabeza narizón con sombrero
(Ángel Salas Bonilla). Frieda Kahlo
Lápiz sobre papel, 15.5 x 11.8 cm

Cabeza de Chong Lee.
Original de Frieda Kahlo. Lápiz sobre papel,
15.5 x 11.8 cm. Retrato de Miguel, práctica.
Firma Frieda en dos fechas distintas y con dos
frases encriptadas en código: la de arriba en
1927, la de abajo en 1926. Esto lo explicaré en
el capítulo "Frieda y Miguel en mi casa"

Cabeza corte cuadrado. Frieda Kahlo
Lápiz sobre papel, 15.5 x 11.8 cm

Cabeza corte abultado. Frieda Kahlo
Lápiz sobre papel, 15.5 x 11.8 cm

Cabeza con cachucha china. Frieda Kahlo
Lápiz sobre papel, 15.5 x 11.8 cm

Cabeza de mujer china. Frieda Kahlo
Lápiz sobre papel, 15.5 x 11.8 cm

Cabeza con tocado español. Lápiz sobre papel,
15.5 x 11.8 cm. Firmado por el Cachucha
Octavio N. Bustamante. Éste pinta la fecha 23
de mayo de 1924, que corresponde a la época
cuando practicaban esos dibujos

Cabeza de la Cachucha Carmen Jaime o James.
Frieda Kahlo. Lápiz sobre papel, 15.5 x 11.8
cm. Este es el boceto del cuadro Si Adelita... o
Los Cachuchas, que pintó Frieda; creo que su
nombre correcto debe ser Invitación al dancing,
pero ya internacionalmente lleva el nombre de
Si Adelita... o Los Cachuchas

Si Adelita... o Los Cachuchas. Cuatro fotografías originales de este cuadro, 21 x 18 cm. Finales de 1926 o principios de 1927. Esta fotografía es la que he mostrado a algunos investigadores internacionales. Quienes aparecen en esta pintura, estaban colaborando en Tlaxcala, en el primer libro del Cachucha Bustamante. Cooperan en él: Ángel Salas, Frieda Kahlo, Miguel N. Lira, Alejandro Gómez Arias y Carmen Jaime "todos Cachuchas". Sólo aparecen en la pintura los que tomaron parte del libro Invitación al dancing. La que está de espaldas es Carmen Jaime. La figura de Frieda es la misma de Autorretrato con traje de terciopelo, que más adelante verán la prueba irrefutable, pintado por Miguel N. Lira. La mujer asomando la cara, la catalogan los historiadores como: Ruth Quintanilla, pero Frieda escribe al reverso de la fotografía original, del cuadro original: Ludmila

México, diciembre 16 de 1926.

Sr. Lic. Dip. Minguín Lila.

Tlaxcala.

Querido Mike:

Recibí tu carta y tu telegrama; ya procedí al mande del corrido de Salas donde el grabador; estará listo el sábado próximo y te lo enviaré, si tengo dinero para sacarlo, el mismo día.

Me alegro de que ya estés parando tu libro; te agradecería que también me fueras parando el mío para que cuando te mande el papel ya lo tenga yo bien parado; creo que el papel te lo enviaré a fin de este mes. No he recibido el presupuesto que me prometiste y necesito que me digas la cantidad de tinta que debo comprar. Dime hasta cuando te vas a estar en tu tierra y lo que pueda tardarse la impresión de mi libro.

Me dice Alex que ya te mandó lo que querías así como mi Guardarropa; no te olvides de obsequiarme algo de tu papel para hacer algunos ejemplares finos de la Invitación, lo cual te hará acreedor al ejemplar #1, que es un honor que nunca agradecerás bastante. Tampoco te olvides de que tengo ganas de ir a Oaxaca lo mismo que Salas y Alejandro. Escribe raudo. I wish for you and yours a Merry Xmas and a Happy New Year.

Bustamante

P.S. No me salió bien la firma porque la acabo de estrenar.

Vale

Carta de Octavio Bustamante a Mike (Miguel N. Lira), Diciembre 16 de 1926. Bustamante es autor del libro
Invitación al dancing que hicieron en Tlaxcala algunos de los Cachuchas, en la imprenta del Estado

---

México, diciembre 16 de1926.

Sr. Lic. Dip. Minguín Lila.

Tlaxcala

Querido Mike:

Recibí tu carta y tu telegrama; ya procedí al mande del corrido de Salas donde el grabador; estará listo el sábado próximo y te lo enviaré, si tengo dinero para sacarlo, el mismo día.

Me alegro de que ya estés parando tu libro; te agradecería que también me fueras parando el mío para que cuando te mande el papel ya lo tenga yo bien parado; creo que el papel te lo enviaré a fin de este mes. No he recibido el presupuesto que me prometiste y necesito que me digas la cantidad de tinta que debo comprar. Dime hasta cuando te vas a estar en tu tierra y lo que pueda tardarse la impresión de mi libro.

Me dice Alex que ya te mandó lo que querías así como mi Guardarropa; no te olvides de obsequiarme algo de tu papel para hacer algunos ejemplares finos de la Invitación, lo cual te hará acreedor al ejemplar #1, que es un honor que nunca agradecerás bastante. Tampoco te olvides de que tengo ganas de ir a Oaxaca lo mismo que Salas y Alejandro. Escribe raudo. I wish for you and yours a Merry Xmas and a happy New Year.
Octavio Bustamante

P.S. No me salió bien la firma porque la acabo de estrenar.

＊＊＊

11. Carta de Alejandro Gómez Arias a Mike (Miguel N. Lira), devotísimo amigo y colaborador, así como Frieda, en algunas de las obras de Miguel. En esta carta hace referencia a que tiene dibujos de Frieda, y que en la próxima carta le enviará otros más para que escoja alguno para utilizarlo en sus Ex-Libris. Diciembre 31 de 24, México D. F.

Dic 31 de 24
Mike:
Te escribo en éste papel usurpado. Pero no quiero dejar de hacerlo en este año. Me alegra tu paz y me entusiasma que seas –hoy por hoy– la sensación de ésa. A pesar de las multiples ocupaciones propias de mi alta posición no he dejado de ver lo de tu carátula. Parece que Romero no quiere hacerla, a pesar de los deseos, buenos, de Salas. Y el Lic. Baz ha tenido con Reguera algún enfriamiento por un disgusto con el mancebo, disgusto en el que yo tomé parte incidental. Esto me impide hacer yo personalmente las gestiones de tu caso, pero Salas las hará. No imagino éxito porque en el elemento Biblioteca, ha tomado cuerpo la versión creada por el Malogrado de que tu estás y vives así como saliste para Tlax con el producto de las máquinas de escribir de la Ibero. La veracidad de éste fantástico poema ha sido encontrada al localizar una de las máquinas de escribir, pues el evangelista que las compró dio señas que vagamente coinciden con los tuyos. Esto es

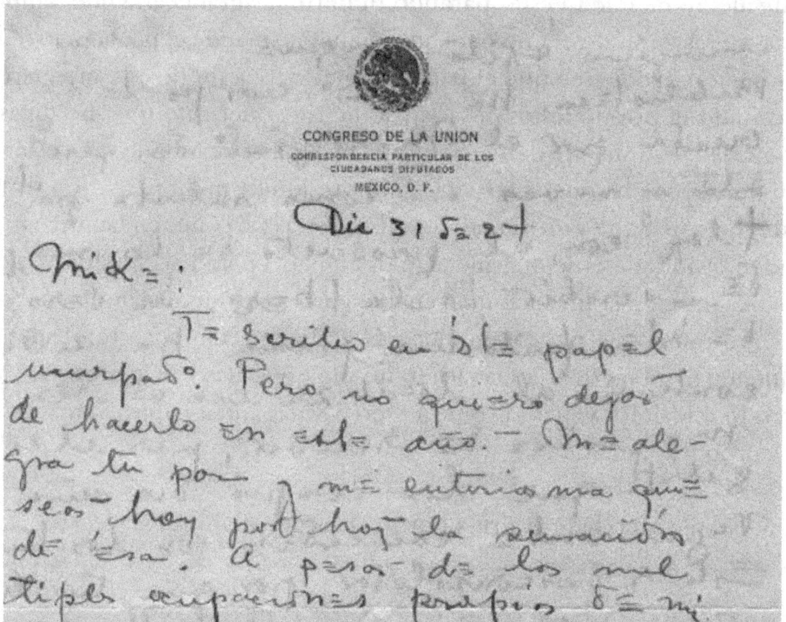

CONGRESO DE LA UNION
CORRESPONDENCIA PARTICULAR DE LOS
CIUDADANOS DIPUTADOS
MEXICO, D. F.

[handwritten letter, largely illegible]

[11] Carta de Alejandro Gómez Arias a Mike (Miguel N. Lira)
Diciembre 31 de 1924

Carta de Alejandro Gómez Arias a Mike (Miguel N. Lira).
Diciembre 31 de 1924. (continuación

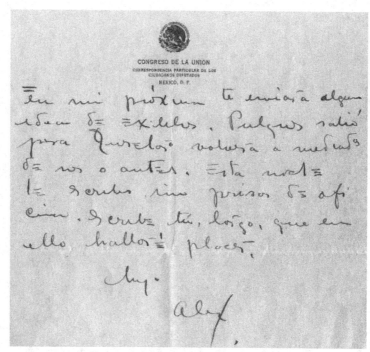

Carta de Alejandro Gómez Arias a Mike (Miguel N. Lira)
Diciembre 31 de 1924. (continuación)

desconsolador porque tu belleza antes sin segundo, halla ya por, y porque mancha tu armónica reputación. No sería malo escribieras al licenciadete explicandole son solo bromas de mal gusto. LO DE LA CARATULA ES EN ULTIMO TERMINO LO DE MENOS Y EN TODO CASO EL DIBUJO DE FRIDITA EN UNA TINTA CONVENIENTE NO ESTARÍA MAL (SEPIA ACASO). LO IMPORTANTE ES UNA EDICIÓN LIMPIA Y CLARA.
En mi próxima TE ENVIARÁ ALGUNA IDEA DE EX LIBRIS. Pulques salió para Querétaro volverá a mediados de mes o antes. Esta noche le escribo sin prisas de oficina. ESCRIBE TÚ, LARGO, QUE EN ELLO HA-LLARÉ PLACER. TUYO ALEX.

Algunos de los dibujos de Ex Libris pintados por Frieda, menciona-dos en la carta anterior de Alejandro Gómez Arias. Abarcan de 1924 a 1925.

12. EX-LIBRIS-M.N.L. Tinta china sobre cartulina, 12,3 x 14 cm. Original de Frieda Kahlo.

Firma de Frieda

[12] EX-LIBRIS-M.N.L

13. *Ex libris*. Tinta china sobre cartulina, 7.1 x 7.5 cm. Original de Frieda Kahlo.

13.1. *Ex libris*. Tinta china y color, sobre cartulina, 7.1 x 7.5 cm. Original de Frieda Kahlo.

Al establecer Miguel N. Lira su editorial Fábula el 12 de agosto de 1933, comenzó a usar como sello estos dibujos de Frieda: Luna silvestre, de Octavio Paz Lozano, septiembre de 1933; Caracol de distancias de Ernesto Hernández Bordes, octubre de 1933.

[13] *Ex Libris. Tinta china*

[13.1] *Ex Libris. Tinta china y color*

14. *Rostro de Mujer China* (se perdió).

15. *Dos Mujeres*. Grabado en linóleo, 10 x 7.5 cm. Original de Frieda Kahlo. Véase firma F. K. Véanse las vaginas (representadas en las hojas de la flor), que también será una manera de firmar de

Frieda. Publicado por Miguel en su editorial Fábula, en octubre de 1933, en el libro *Caracol de distancias*, de Ernesto Hernández Bordes, el grabado original yo lo poseo. [Suprimí esta imagen por órdenes del Banco de México]

16. *La guayaba estridentista*, 1924. Tinta china sobre cartulina, 24 x 8.5 cm. Original de Frieda Kahlo. Publicada en el segundo libro de Miguel: *La Guayaba*. Éste se imprimió en la Editorial del Gobierno de Tlaxcala, en enero de 1927, en el que participaron: don Genaro Estrada, Salvador Novo, Alejandro Gómez Arias, Ángel Salas, Frieda Kahlo, y el autor principal: Miguel N. Lira. Tiene el mismo estilo que en Dos mujeres.

17. *El árbol de la guayaba*, 1924. Tinta china sobre cartulina, 24 x 10.5 cm. Original de Frieda Kahlo. Aquí una de las firmas de Frieda Kahlo: vaginas. Mismo estilo de la época.

[16] La Guayaba estridentista

[17] El árbol de la Guayaba

[18]   La guayaba y el amor en Coyoacán

18. *La guayaba y el amor en Coyoacán*, 1924. Tinta china sobre cartulina, 23.4 x 9.8 cm. Original de Frieda Kahlo. Gírese el dibujo 90° a la izquierda para ver la firma de Frieda: F. Mismo estilo de la época.

[19]   Vuela vuela palomita mensajera de la paz

19. *Vuela, vuela palomita, mensajera de la paz.* Tinta china sobre cartulina, 21.5 x 13.5 cm. Original de Frieda Kahlo. La firma se encuentra en las patas de la paloma volteando el dibujo 90° a la derecha. El mismo estilo de Dos Mujeres, y de Las guayabas.

[20]   Es que Dios está llorando porque mi carta leyó

20. *Es que Dios está llorando porque mi carta leyó.* Lápiz sobre papel, 17 x 21.8 cm. Original de Frieda Kahlo. Corrido del Domingo en la mañana de Miguel N. Lira.

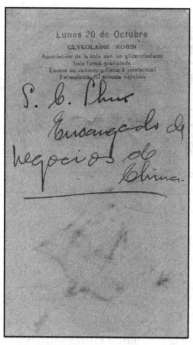

[21] Hoja de agenda

21. Hoja de agenda con fecha 20 de octubre y escrito: "S. E. Phmr Encargado de Negocios de China", 12.9 x 7.3cm. Esta pequeña hojita es el reverso de la otra cara de la hoja fechada el martes 21 de octubre (1924).

[22] La noche muy diez de la mañana

22. *La noche muy 10 de la mañana.* Lápiz sobre papel, 12.9 x 7.3 cm. Primer autorretrato de Frieda, dibujado por ella bajo la guía de Miguel N. Lira, en octubre de 1924. Esto lo explicaré en el capítulo XI: "El Quijote. La última firma y el último autorretrato".

23. *Retrato de Ludmila,* 13.3 x 12 cm. Primera fotografía original de Guillermo Kahlo. Frieda escribe al reverso: "Junio 1926, Ludmila". En una carta, expresa "que se parecía a Ruth Quintanilla".[11]

[23] *Retrato de Ludmila*

[24] *Retrato de Cristina*

24. *Retrato de Cristina*, 24 x 18.8 cm. Primera fotografía original de Guillermo Kahlo, diciembre de 1926.

25. *Retrato de Adriana*, 16.7 x 12 cm. Primera fotografía original de Guillermo Kahlo. Al reverso, Frieda escribe: "Diciembre 1926, Adriana Kahlo". Sobre esta fotografía le escribe Frieda a Alejandro Gómez Arias, que está en Europa, una carta del 23 de julio de 1927:

[25] Retrato de Adriana

...Pinté a Lira porque él me lo pidió, pero está tan mal que no sé ni cómo puede decirme que le gusta. Buten de horrible. No te mando la fotografía porque mi papá todavía no tiene las placas en orden con el cambio; pero no vale la pena, tiene un fondo muy alambicado y él parece recortado en cartón. Sólo un detalle me parece bien (One ángel en el fondo), ya lo verás. Mi papá también sacó una fotografía del otro de Adriana, de Alicia [Galant] con el velo (muy mal) y a la quien quiso ser Ruth Quintanilla y que le gusta a Salas. En cuanto me saque More copias mi papá te las mando. Solamente sacó una de cada uno, pero se las llevó Lira, porque dice que las va a publicar en one revistamen que saldrá en agosto (ya te habrá platicado ¿no?)... [Hayden Herrera, en *Frida: Una biografía de Frida Kahlo*, p. 69, México, Diana, 1995].

[26] *Autorretrato con traje de terciopelo*

26. *Autorretrato con traje de terciopelo*. Fotografía original tomada por Lira, 17 x 12.5 cm. Cuadro pintado por el mismo Miguel N. Lira en 1926. Miguel dice que éste fue el primero de los demás (indica que pintó varios). Hizo varios que fueron copias arregladas del original que pintó Frieda, pero que quedó horrible, porque Frieda aún no sabía pintar. Hay varios en el mercado. En este cuadro, la firma aparece como: "1926, FRIEDA KAHLO".

Este cuadro, no es el que aparece en la colección de Alejandro Gómez Arias, ése es otro. Posiblemente Miguel N. Lira pintó uno, además del hecho para Frieda que se lo daría a Alejandro, otros para los Cachuchas que conservaron el secreto, que fueron: Manuel González Ramírez, Octavio N. Bustamante y Ángel Salas. Me inclino a pensar esto, porque en 1953 Bustamante en relación con un dibujo que se llama Café de Chinos, pintado en Tlaxcala, en tiempos también cuando Miguel le enseñaba a dibujar y a pintar, le dice en una carta: "… Es un dibujo de nuestros mejores tiempos de amistad y de actividad; de la misma época que el autorretrato de Frieda que publicaste":

Carta de Octavio Bustamante a Mike (Miguel N. Lira). Mayo 25 de 1953

Aguascalientes, Ags. 25/mayo/953

Muy querido Mike:

Yo no había querido escribirte a propósito del primer número de "Huytlale", sino después de escribirte la colaboración que me pides. A pesar de que se trata de una sola cuartilla (o tal vez precisamente por eso) no se me ha ocurrido algo emotivo y digno de tu intención, que ligue mis vagos recuerdos del dibujo que posees, con el hecho de que lo poseas y quieras publicarlo actualmente. Es un dibujo de nuestros mejores tiempos de amistad y de actividad; DE LA MISMA ÉPOCA QUE EL AUTORRETRATO DE FRIEDA QUE PUBLICASTE.

Y desde que recibí tu "correo amistoso" no he tenido tiempo de sentarme a escribir una cuartilla con calma porque mi secretario salió de vacaciones dejándome toda la tarea que le corresponde (pues el Actuario no es abogado y no da la medida) y además el Juzgado se cambió de domicilio con todo el engorro de vigilancia y cuidados que eso implica.

Resérvame un lugar para el número que salga después del 15 de junio, y te ofrezco escribirte algo en las vacaciones.

Entre tanto, muchas gracias por la revista, que está muy bien, y por tu invitación a escribir en ella.

¿Nos veremos en México en la próxima quincena? Saludos cariñosos a Rebe, de mi parte y de Amelia.

Octavio N. Bustamante

Manuel González Ramírez cita que fue "el incipiente autorretrato de Frieda Kahlo que publicaste". Yo creo, por los datos que tengo en mi archivo, que fue la misma Frieda Kahlo quien se lo ordenó poquitos días antes de morir. Lo que expresó Manuel González Ramírez en su columna del periódico *Novedades*, el 18 de junio de 1954, en "Un año de Huytlale", es lo siguiente que le dice a Miguel:

...En las imágenes de tu periódico me detengo conmovido ante el incipiente autorretrato de Frieda Kahlo, porque yo bien sé, que allí sintetizaste la mejor etapa de tu vida, esa que ha hecho posible que tú, desde Tlaxcala, sirvas en forma insuperable a la tipografía y a las letras mexicanas. Porque en tus manos el silencio se vuelve fecundo y rumoroso.

Otro autorretrato con traje de terciopelo (lo he quitado del libro, porque el fideicomiso del Banco de México, al censurar mis libros, prohibió que usara yo las obras de Frida Kahlo ya conocidas). Es un óleo sobre tela, 78.7 x 58.4 cm. Este cuadro pertenece a la colección de Alejandro Gómez Arias. Fue otra de las copias que hizo Miguel N. Lira (que publicó), la que le dio Frieda a su novio Alejandro Gómez Arias en 1929, que fue cuando éste se lo pidió antes de que ella se casara con Diego Rivera.

Teresa del Conde (*La Jornada*, 5 de julio de 2007, sección Cultura: "Necesario, rescribir la biografía de Kahlo"), dice: "No es verdad que ella se lo entregara antes de que él partiera para Europa en marzo de 1927".

Este cuadro de la colección Alejandro Gómez Arias es distinto del fotografiado por Miguel, en el de la colección de Alejandro se remarcan los senos de Frieda. Miguel dice que el primero, el que está en la fotografía mostrada anteriormente, es: "el primero de los demás".

27. *Autorretrato Frieda Kahlo*, 20.2 x 14.3 cm. Lámina original número 1, de la serie que acompañó a la revista *Huytlale*.

En abril de 1953, apareció en Tlaxcala la revista *Huytlale*. Correo Amistoso de Miguel N. Lira y Cristanto Cuellar Abaroa. Fue costumbre

Apenas cerrada la puerta que ella misma dibujara con un dedo en el cristal con "vaho" de una ventana; devuelta a su soledad de siempre enferma; repudiada por el "Interior de la Tierra" a donde llegó esa vez no por propio designio, sino por el "primer accidente" que sufriera en su vida al ser atropellada por un tranvía cuando tenía dieciséis años, FRIEDA KAHLO iluminó su primer autorretrato.

Muy lejos estaba en 1926, de desgarrarse "el seno y el corazón para decir la verdad biológica de lo que siente en ellos" para citar las palabras del "segundo accidente" sufrido, es decir: Diego Rivera; y más distante aún de plasmar las visiones y fantasías que hoy dominan su arte de retablo, surrealista y mágico. Simplemente, Frieda era una niña que quería jugar a ser pintora.

De entonces a hoy, ella ha insistido en el tema de pintar el paisaje de sí misma. Todos sus autorretratos son interrogaciones, dice Paul Westheim "en torno al sentido y destino de ese ser humano que es ella misma en medio del misterio de este Universo". El que hoy reproducimos, como antecedente de todos los demás, --el original fué destruido por Frieda a filo de navaja-- ¿no plantea ya una interrogación? Su figura frágil destaca de entre un mar de olas agudas, retorcidas, toscas; tal como si presintiera, en ese año de su iniciación pictórica, que iban a clavársele, en el tránsito de su vida a muerte, como dardos de dolor, de soledad, de drama.—*M. N. L.*

[27] Frente y revés de la lámina original número 1. [Mi amiga Frieda ha pintado para mí en las cortinas de mi recámara el original que ella pintó y que destruyó "a filo de navaja". Aparece el cuello desproporcionado que lo hacía verse horrible. Tengo la fotografía.]

de ellos anexar mensualmente a esa revista una lámina que representara un dato histórico o un personaje. El primer número fue acompañado de la siguiente lámina, donde se muestra el Autorretrato con traje de terciopelo de Frieda Kahlo, donde da a conocer el poeta Lira que el que pintó Frieda, ella misma lo destruyó a filo de navaja.

28. Aunque te vistan de tehuana, no sabes pintar, 1929. Acuarela sobre cartulina, 32.5 x 25.5 cm. Pintado por Alejandro Gómez Arias y obsequiado a Miguel N. Lira con una dedicatoria: "A Miguel N. Lira con admiración. Alejandro Gómez Arias, 1929". La misma frase que escribió Frida en la parte superior del retrato de Chong Lee (Miguel N. Lira), en una hoja de la Libreta de prácticas de dibujo: "A chong Lee con admiración, F. K." donde admira y agradece a Miguel el que éste haya pintado el Autorretrato con traje de ter-

[28] *"Aunque te vistan de tehuana, no sabes pintar".*
Dibujo original de Alejandro Gómez Arias

ciopelo de 1926, lo cual manifiesta expresamente, aunque de una manera encriptada, que él ha pintado las copias del Autorretrato, porque el original que ella pintó quedó Buten de horrible y ella misma en un arranque de impotencia y furia lo destruyó "a filo de navaja". La frase escrita en la parte inferior del dibujo, firmada también por Frieda como en la parte superior, dice: "Es copia del original, hecha por el autor".

Alejandro quiso escribir la misma frase de Frieda a Miguel: "con admiración", porque Miguel pintó el Autorretrato de Frieda y también porque pintó varios retratos de Alejandro, como pintó también el de Ángel Salas y el de Octavio Bustamante. Las dos frases en los dos dibujos, el de Frieda y Alejandro fue un capricho y una burla de Gómez Arias hacía Frieda, que estaba próxima a casarse con "el toro", "el marrano" y "el elefante", Diego Rivera que siempre quiso a Frieda vestida de tehuana.

En estos días que "dicen" que se acaba de "descubrir" el "archivo secreto" de Frida Kahlo en La Casa Azul, tapiado en un baño (tiene años que eso sucedió), Teresa del Conde, a quien admiro por ser valiente, dice: "… que el dolor por la ruptura amorosa con Alejandro Gómez Arias fue mayor en éste que en la pintora, con lo que se revierte lo que

"Cabeza de Chong Lee"

antes se sostenía". Con todo respeto, lo que aparece en el archivo que yo tengo de Alejandro Gómez Arias, muestra que lo que ahora se dice ¡no es la verdad!

Este dibujo de Frieda Kahlo –Cabeza de Chong Lee–, tiene dos leyendas y dos firmas: la primera, en la parte superior, en 1924, es la enseñanza que recibía de Miguel; la segunda, en la parte inferior, cuando ya habían descubierto que el Autorretrato con traje de terciopelo era una copia (hecha por Miguel) del original que había hecho ella, pero que lo destruyó a filo de navaja.

29. Carta de Alejandro Gómez Arias a Mike (Miguel N. Lira) del 31 de diciembre de 1926. Esto va a determinar, junto con otras cartas de Alejandro a él desde Europa, que Alejandro no se casará con Frieda.

[29]   *Carta de Alejandro Gómez Arias a Mike. Diciembre 31 de 1926*

31 de Dic, 1926.

Mike:

Mis felicitaciones muy cordiales de año nuevo.

El 21 salí para Toluca a donde iba a dar una conferencia que al fin no se realizó, pero después, es decir el 22 tuve que ir a san Cristobal Ecatepec, en representación del Edo, de México, para hablar en la conmemoración de la muerte de Morelos; a mi llegada el 23 a las siete de la mañana salí para Veracruz, de vacaciones, desde donde te puse una breve nota. A éso mi silencio. Ahora reanudo mis actividades y por correo mañana te envío el Guardarropa, suspende pues el tiro de Bustamante, hasta que llegue. Hoy te telegrafié, para lo de Oaxaca, debo decirte que mi tierra ofrece alojamiento y comida, nuestros gastos pues se reducirán a los pasajes, Pero tu obtén lo más que puedas. El número de delegados por Estado será de cuatro asi, si te es posible, obten para Bustamante o Salas una cuarta credencial sin nada extra, quizá pudieran ir. Muy agradecido por lo del Ateneo pero preferiría no ir, en atención a lo limitado del tiempo, a nuestra vuelta quiza nos conviniere más, porque asi hariamos, en la escala, lo restante de los libros y habria calma mejor. Pero tu, telegrafíame en caso indispensable, diciendome ya con exactitud lo que la pródiga Tlaxcala, nos ofrece. Siento la situación política, pero la revancha sera larga. Escríbeme no olvides mi habitual lentitud para hacerlo. Mis saludos. No sería imposible que 1927 fuera el año de nosotros, de nosotros nada más.
Alejandro Gómez Arias

Al final de esta carta escribe: "No sería imposible que 1927 fuera el año de nosotros, de nosotros nada más". Aquí Alejandro se refiere al deseo de que Miguel y él se fueran juntos a Europa, a donde en marzo de 1927, Alejandro desde Veracruz se embarca sin despedirse de Frieda y sin que Miguel lo acompañara, como eran sus deseos.

1927. Éste es el año crítico, desesperado, de gran responsabilidad para Miguel N. Lira, Frieda Kahlo Calderón y Alejandro Gómez Arias. Alejandro salió en marzo para Europa, sin despedirse de Frieda y casi de nadie, sólo de Miguel N. Lira, y casi casi sólo con él va a tener comunicación. Por lo que entiendo, Alejandro Gómez Arias sufría una crisis de identidad, y pensó resolver su problema yéndose a Europa. Regresó a finales de 1927, sólo porque Miguel se lo pidió, y porque debían ir al Congreso Nacional de Estudiantes, en enero de 1928, en Culiacán, Sinaloa.

Las siguientes cartas de Alejandro Gómez Arias, enviadas desde Europa, nos ayudarán a entender lo sucedido entre 1927-1928, referente a Frieda, Miguel N. Lira y Diego Rivera y el mismo Alejandro. Se admitirá cómo fue el proceso en la obra pictórica de Frieda.

30. Carta de Alejandro Gómez Arias a Mike (Miguel N. Lira), del 10 de abril de 1927.

10 de abril 1927.
Mike: Dicen que es domingo, y domingo de ramos, pero en el buque o en el mar todos los días son iguales. Ahora son las 5 y como la diferencia entre nuestras latitudes es como de 6 horas, imagino que vas a comer y luego a Portales. Yo ya estoy cansado de mar y deseando llegar a tierra como no tienes idea. El martes en la mañana tocaremos Plymouth y de ahí te irá esta carta. Tengo la esperanza de que me habrán escrito y sabré pronto algo de mi Mexico ¿Se borró ya mi nombre de esos rumbos? Cuentame que se han hecho y dime si alguien fué a Oaxaca. Todo lo espero de occidente, no me dejes sin noticias yo no puedo hasta ahora decirte nada. El domingo que pasó y el lunes hasta medio día tuvimos tifú. La noche del día 3 fue espantosa. Pero todo pasa y ahora me parece un sueño, por lo demás el barco está lleno de inglesas de cabellos rubio-helado y de alemanas estatuarias, pero ya está cerca Deuschland y de England ya casi vemos las costas. Desembarcaré en Bremen, y de Hanburgo te escribiré bastante, infórmate en mi casa si doy nueva dirección. Y dí a todos que escribir es difícil y a veces inutil, para mi porque lo nuevo está en America; que yo escribo poco siempre, pero olvido mucho menos y entregales mi saludo siempre igual. SI VAS A COYOACAN VE A FRIEDA Y ESCRIBEME COMO SIGUE DE VERAS. YO TEMO MUCHO QUE YA NO PUEDA ESTAR BIEN JAMÁS.
Al Flaquer y a Pilks mis recuerdos, y que no le escribo porque cada sobre cuesta de timbres un passeportouts.
A Carmen James mucha suerte en amores y un feliz año nuevo.
Tuyo
Alejandro Gómez Arias

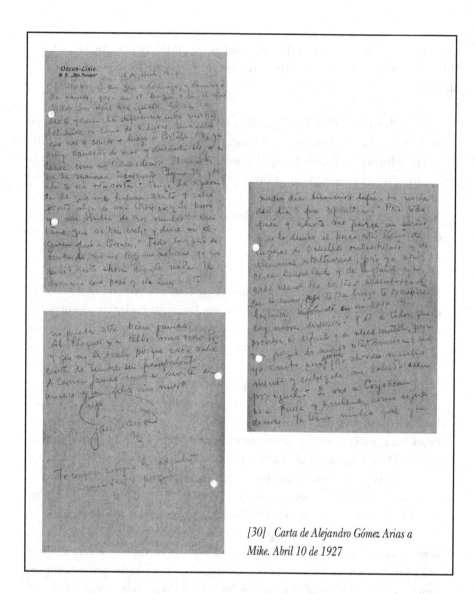

[30] *Carta de Alejandro Gómez Arias a*
Mike. Abril 10 de 1927

31. Carta de Alejandro Gómez Arias desde Berlín a Mike (Miguel N. Lira), del 1ro de mayo.

Berlín a 1° de mayo
Mike:
Hace 10 días que estoy en Berlín y hasta ahora te escribo, no se en realidad que contarte de mi vida o de aca que pueda interesarte. He visto todo lo que debe verse de ésta imperial ciudad y hasta algo de lo que no debe verse. Es sombría y llena de palacios, he visitado por un exceso de prudencia. Posdan y los castillos de los [ilegible] he visto sus museos, he oído bailar todas las músicas y he visto a las mujeres de Berlín.

[31] *Carta de Alejandro Gómez Arias a Mike. Berlín a 1° de mayo*

Y DE ÉSTO SOLO PUEDO DECIRTE SINCERAMENTE, QUE NO TE CASES, QUE NO PIERDAS LA VIDA SIN VENIR A EUROPA. LOS HAY DE TODOS LOS TIPONES PERO LOS INNOMBRABLES HACEN LEGIÓN, MUJERES POR LAS QUE AHÍ DARÍAMOS LA VIDA, VENDEN ACÁ PERIÓDICOS O JALAN UN CARRO DE FRUTA. Por otra parte el pudor mexicano es aca cosa tan desconocida como el mismo México y en la calle, en los autos, o en los hoteles y cafes, ellas enseñan todo lo que es posible enseñar. De los teatros no quiero hablarte, el desnudo completo, es acá de lo más natural y en las calles las fotografías de las artistas en traje adanico se multiplican hasta la indiferencia. Pero ayer fui a Wender sobre el Hanel, lugar maravilloso en donde los Berlineses, celebran la entrada de esta primavera Alemana, bebiendo un dulce y leve vino de fresas. Es un espectáculo que debe verse. Bajo los cerezos en flor no menos de 30.000 parejas se hacían un vacilon realmente pagano. No se que desconocida envidia me dió ver como al obscurecer o a plena luz se cambiaban las mujeres o uno abrazaba a la mujer del vecino sin protestar, ni siquiera con sorpresa. La mujer acá está realmente despreciada y creo que no subirá. En ninguna parte es más barata la belleza. Y ésta es de la mejor calidad. ¡Que prejuicios olvidaríamos si viniéramos todos! Mujeres celebres en Mexico por su belleza pasarían aca sin una sola mirada. Pero en realidad es ésta la Decadencia de Occidente.

Te acompaño dos retratos y una carta pa R. Muñoz. Te suplico que lo veas –si todavía es Sec.– y le enseñas mi carta y el certificado de la Normal. Este lo conseguirás yendo a mi casa y pidiendoselo a mi hermana a quien ya escribi para el caso. Te entregarán 5.50 para el certificado y el timbre. Píntale a Romano las cosas de manera enternecedora y hazle ver la necesidad de que baile. Dile que cuando yo regrese le pediré que me ayude a revalidar lo de la "Libre" pero hoy sólo quiero el "Pase", si lo consigues, guárdalo. No dejes de ayudarme. No te mando el certif, de la Libre porque perdí en Bremen mi petaca con todo y todo. En el barco me hice amigo de un Lic. Fernández hijo del de "las manos amigas" que te conoce. ¿Me han escrito? ¿SABES ALGO DE FRIEDA? mis saludos a todos. Pero no olvides al Enanote. Y a Salas dile que mañana le escribo. Acá en el hotel, vive la Belle Napieska, una auténtica y definitiva que baila en el Admiral Palast. Siento que no esté aca, porque esta sería la musa de su vida. No dejes de hacer lo que te pido.

Alejandro Gómez Arias.

32. Carta de Frieducha a su Hermanito (Miguel N. Lira), del lunes 16 de mayo de 1927.[12]

Lunes 16 de mayo 1927
Hermanito:
Ya está empezado tu retrato y tenía la intención de tenerlo acabado para el jueves p., pero figurate que desde hoy lunes hasta el domingo p. no voy a estar en la casa, pues imaginate que el… corsé de yeso, no sirvió y me van a poner otro y como los viejos Dres. no pueden venir hasta el pueblo, voy a tener que estar en casa de mi hermana Matilde una semana y no va a ser

posible terminar tu retrato para el jueves sino para quien sabe qué día de la semana que entra, "te prometo que no pasa de la semana que entra".

No te imaginas como siento no poder verlos el jueves, pero ya ves que suerte tengo (de perro amarillo). "Por favor avisales a los muchachos" yo te vuelvo a escribir diciendote que día te veo eh? Si quieres escribeme ésta semana a –Dr. Lucio #102, Dpto. 27– (SI SABES ALGO DE ALEX, PUES NO ME HA VUELTO A ESCRIBIR).

Bueno hermano, mientras que nos volvemos a ver, ruegale a Dios que no me vaya buten de mal con el 2° aparato, y recibe como siempre el cariño de tu hermanita

Frieducha.

¡Saluda al Flaquer y a Salisky!

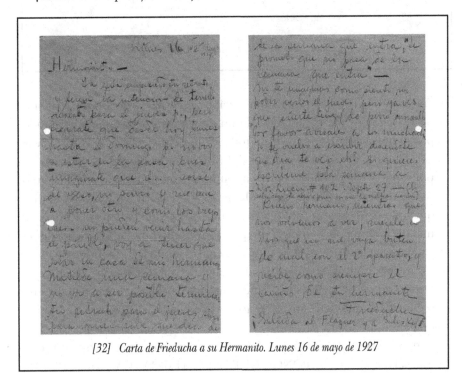

[32] *Carta de Frieducha a su Hermanito. Lunes 16 de mayo de 1927*

33. Carta de Alejandro Gómez Arias a Mike (Miguel N. Lira), del 21 de mayo de 1927.

Mayo 21 de 1927,

en Köln

Mike:

Desde hace una semana estoy en esta, de donde saldre para Wiesbaden. He, pues, visto el Rhin y una ciudad gótica como la del Fausto de Mornaud.

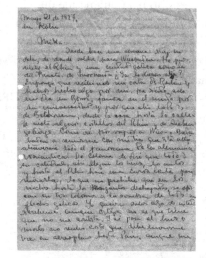
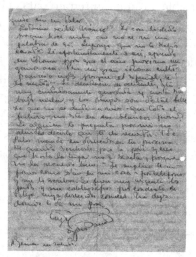

[33] *Carta de Alejandro Gómez Arias a Mike. Mayo 21 de 1927*

¿Ya la dieron allá? Supongo que recibirias mi carta de Berlín y habrás hecho algo por mi. He estado solo un día en Bonn, famosa en el mundo por su universidad y por que ahi todo es de Bethoven, desde la casa hasta la calle, he visto algunos castillos del Rhin y de Siebengebirge. Como iré por vapor a Wies o Baden Baden a reunirme con mi tía que está allá, atravesaré todo el panorama de la Alemania Romántica. De Colonia te diré que todo es su catedral, ahí llegan los trenes, los autos y hasta el Rhin hace una curva lenta para mirarla, lo que no prohibe que en los nichos hasta las Margaritas deshojadas, se ofrezcan en tres idiomas a la sombra de todas sus flechas góticas. Yo quisiera saber algo de ustedes, escribeme, aunque Ortega no se que tiene que no me contesta. Y si para el lunes o martes no recibo corto que debe enviarme ire en aeroplano hasta París aunque me quede sin un dólar.

Todavía existe México? Ya casi lo dudo porque hace mucho que no se ni una palabra de eso. SUPONGO QUE NO TE HABRÁS CASADO. SI AFORTUNADAMENTE ES ASÍ, APRENDE UN IDIOMA PARA QUE EL AÑO PROXIMO VENGAMOS ACA. Pero un gran idioma culto, francés o inglés porque el español, te lo vendo. La decadencia de occidente, esta muy cuidadosamente guardada y cuesta trabajo verla y las mujeres son de tal belleza que no se duda –a veces– que todo el futuro no esté en sus blancas piernas. Si alguien te pregunta por mi no olvides decirle que te di recuerdos. Y de Salas manda su dirección en tu proxima. He querido escribirle pero la perdí y creo que hasta la tuya no es exacta, porque no la recuerdo bien. Te suplico te informes como estan en mi casa –por teléfono– y me lo

escribas. Si fuese muy urgente les pides y me cablegrafías por conducto de Ortega, cuya dirección conoces. No dejes dormir lo de mi pase.
Tuyo
Alejandro Gómez Arias

34. Carta de Friducha a su Hermanito (Miguel N. Lira) del 22 de mayo de 1927.[13]

22 Mayo de 1927
Hermanito:
Desde hoy lunes otra vez estoy en Coyoacán, y me dará múcho gústo volverlos a ver, tú retrato casi está terminado, así es que el miercoles los espero como siempre, por favor diles a los muchachos.

Sigo mala del espinazo y estoy que me lleva la recien... casada, no te imaginas de veras, como sufro con ésto, bueno, pues no hay mas remedio que aguantarme no crees? [Dibujo alusivo, un rostro llorando]

ALEX, ME ESCRIBIÓ YA DE BERLÍN, PERO NO ME DA NINGUNA NUEVA DIRECCIÓN, Y NO SÉ SI SEGUIR ESCRIBIENDO A ORTEGA, TU QUÉ CREES? EL MIÉRCOLES ME DIRÁS.

Saludos de tu hermana
Frieducha.

35. Retrato de Miguel N. Lira, 1927. Óleo sobre tela, 99.2 x 67.5 cm. Pintado por Frieda en 1927, y repintado por ella misma en 1933 ó 1934. [Suprimí esta imagen por órdenes del Banco de México]

Ahí pintó Frieda el retrato de Miguel rodeado de símbolos: El Arcángel Miguel: nombre del retrato; una lira de oro sobre su cabeza: su apellido Lira; una campana: significa que según la leyenda Tlaxcalteca, se reventó de la torre del convento franciscano y cayó rodando hasta el centro del antiguo mercado de Tlaxcala, donde se había predicado por primera vez el Santo Evangelio, y misteriosamente se hundió sin que pudieran rescatarla las autoridades civiles y religiosas. La campana había sido fundida con el oro y plata, ofrenda al dios Camaztli que anteriormente tenía su santuario donde se construyó la primera catedral de Julián Garces y el convento franciscano; una torre: significa la creencia de que Tlaxcala, que significa igual que Belén: Casa de Pan, habitaron descendientes de la construcción de la Torre de Babel, y descendientes de las Tribus Perdidas de Israel; Una R: significa Rubén el sacerdote Quetzalcoatl, Ehecatl que era un exorcista y tocaba el tambor en forma de una calavera, según lo presenta el Código Viena. Que el Rubén nacido el 3 de marzo de 1933 sería el sacerdote Rubén García

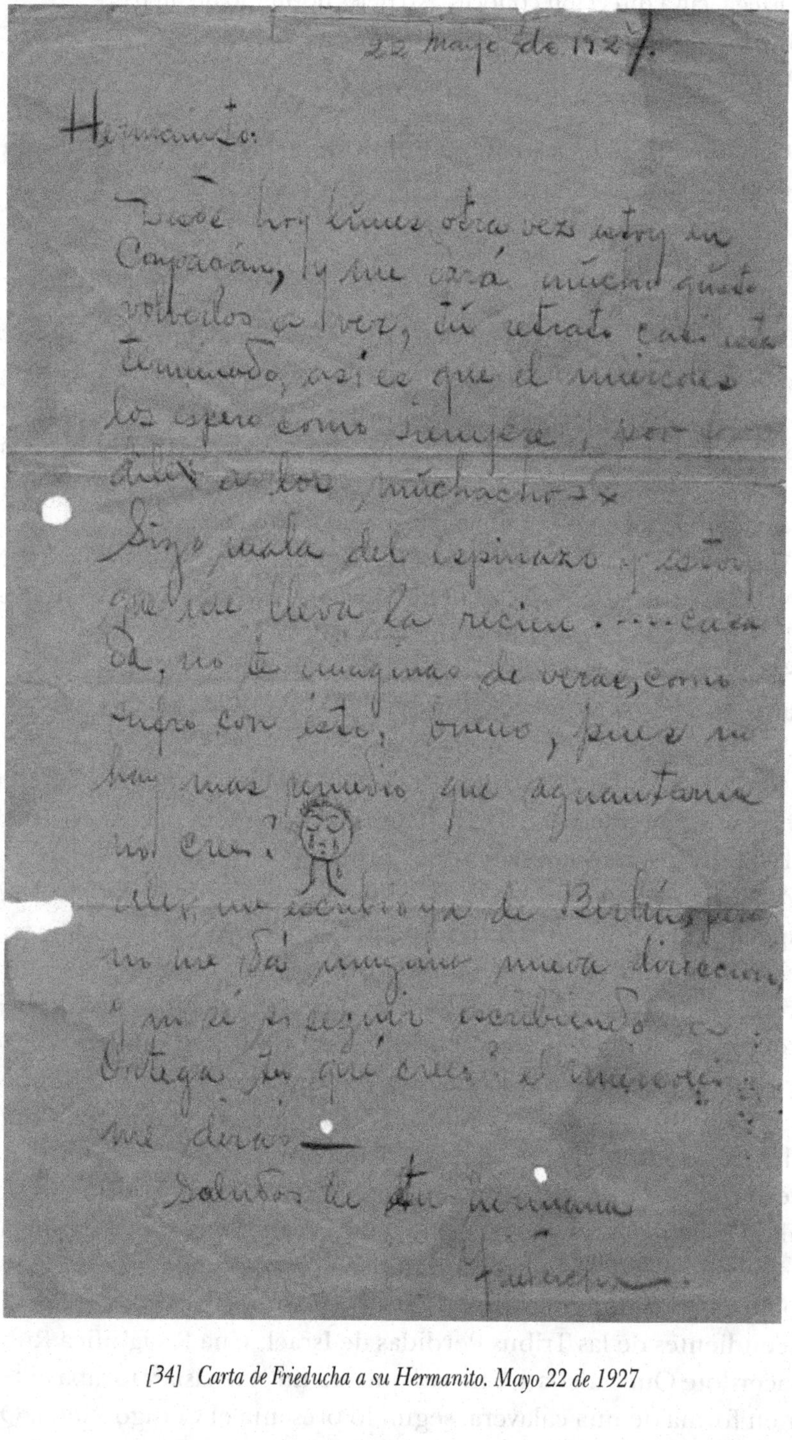

22 Mayo de 1927.

Hermanito:

Desde hoy lunes otra vez estoy en Coyoacán, y me dará mucho gusto volverlos a ver, tu retrato casi está terminado, así es que el miércoles los espero como siempre, por si dile a los muchachos.
Sigo mala del espinazo y estoy que me lleva la recien ....casada, no te imaginas de veras, como sufro con esto; bueno, pues no hay mas remedio que aguantarme ¿no crees?
Alex me escribió ya de Berlín pero no me dá ninguna nueva dirección, y no sé si seguir escribiendo a Ortega ¿tu qué crees? el miércoles me dices.

Saludos de tu hermana

Frieducha.

[34] Carta de Frieducha a su Hermanito. Mayo 22 de 1927

Badillo, y el exorcista que liberaría a Frida del gran demonio tibetano; el libro abierto con la palabra "TU": significa el primer libro de Miguel N. Lira en 1925; una guayaba: el segundo libro de Miguel en 1927; un rehilete: pensaba en su libro Mis juguetes y yo, libro de lectura, 1945; un caballito blanco: su libro de lectura Mi Caballito Blanco, 1943, en colaboración con Antonio Acevedo Escobedo y José Chávez Morado; la cortina: la incursión en el teatro; una muñequita: teatro infantil, La Muñeca Pastillita, que se representó en el Palacio de Bellas Artes el 4 de junio de 1942.

Este retrato fue de mi propiedad desde 1971 hasta 1982 cuando, junto con 151 cuadros de mi colección, incluidos ocho de Frieda, los entregué al gobierno del estado. Hoy son propiedad del Museo de Arte de Tlaxcala; yo conservo el archivo secreto de la obra pictórica de Kahlo.

Sobre este cuadro, la pintura original de 1927, el Cachucha Manuel González Ramírez, testigo presencial del comienzo de la obra pictórica de Frieda, afirma en "Frida Kahlo o El Imperativo de vivir", Alcance al número 18 de *Huytlale*, lo siguiente:

En el caso de Frieda no cabe hacer la crónica de una predestinada, pues además de la pobreza del recurso se alteraría la verdad [p. 13].
Y de acuerdo con su práctica se dibujó a sí misma con torpes rasgos, de cuyos ojos salían lágrimas desesperadamente gruesas, para que dieran la idea del sufrimiento propio, así como arrancaran una sonrisa a los amigos predilectos [p. 18].

El 10 de abril de 1927, Frieda le escribe a Alejandro Gómez Arias, que está en Europa:

...También me dice [Miguel N. Lira] en el papel si le quiero hacer un retrato "muy moderno", pero ni remedio, no puedo. Seguramente le gustaría uno que tuviera como fondo la capilla de Ocotlán o algo puramente tlaxcalteca o tintón... [Raquel Tibol. Escrituras de Frida Kahlo, p. 84].
El sábado 7 de mayo de 1927, Frieda le escribe a Alejandro:

...Cuando esté un poco más acostumbrada a esta porquería de aparato, voy a hacer el retrato de Lira y a ver qué otra cosa. Estoy buten de agüitada... [Idem, p. 91).

Otra carta de Frieda a Alejandro. Último de mayo de 1927:

...Ya casi acabo el retrato de Chong Lee, te voy a mandar una fotografía de él... [*Idem*, p.96).

Otra carta de Frieda a Alex. Sábado 4 de junio de 1927:

...Estoy haciendo el retrato de Lira, buten de feo. Lo quiso con un fondo estilo Gómez de la Serna... [*Idem*, p. 98].

Carta de Frieda a Alejandro. 23 de julio de 1927:
...Pinté a Lira porque él me lo pidió, pero está tan mal que no sé ni cómo puede decir que le gusta. Buten de horrible. No te mando la fotografía porque mi papá todavía no tiene las placas en orden con el cambio; pero no vale la pena, tiene un fondo muy alambicado y él parece recortado en cartón. Sólo un detalle me parece bien (one ángel en el fondo), ya lo verás... Ya rompí el retrato de

Fotografía de Miguel en el periódico

Ríos, porque no te imaginas cómo me chocaba ya. El fondo lo quiso el Flaquer y el retrato acabó sus días como Juana de Arco [*Idem*, p. 103]

El retrato de Miguel N. Lira, el de 1927, lo guardó él mismo, y el 2 de julio de 1933, Rafael Heliodoro Valle publicó un artículo: "Libros mexicanos de 1932", en el periódico *La prensa*, segunda sección.

La esposa de Miguel, Rebeca, me comentó que el retrato había quedado muy feo, y que después lo arregló Frieda nuevamente. No me dijo la fecha, sino que yo, buscando en los archivos, encontré el artículo de Heleodoro Valle, y allí vi que aparece ese retrato de Lira, que van a repintar en 1933, pues hasta entonces apareció esa fotografía, que es la que vemos hoy en el retrato de Miguel N. Lira. Frida quitó a Nefertiti llorando.

36. Carta de Friedushka a Chong Lee (Miguel N. Lira), de fecha 8 de junio (1927) a las 11:30 de la mañana.

Martes 8 de junio a las 11 ½ de la mañana
Chong Lee:
Mañana miercoles me ponen el aparato, así es que estoy que me lleva la

[36] *Carta de Friedushka a Chong Lee. Martes 8 de junio a las 11½ de la mañana*

tía torrentes (casi tres meses voy a tener que estar acostada). Si quieren y pueden, les agradeceré en el alma vengan el sábado –si ésta carta te llega mañana en la mañana, has lo posible por venir mañana mismo eh? pero si nó con seguridad el sábado– Dirán que los muelo mucho, pero tu bien sabes que el día que vienen Uds es cuando (solamente) estoy contenta.
Tu hermana
Friedushka.
[Aquí un pequeño dibujo alusivo]

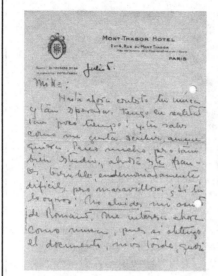

[37] *Carta de alejandro Gómez Arias a Mike. Julio 5*

37. Carta de Alejandro Gómez Arias a Mike (Miguel N. Lira), del 5 de
    julio (1927).
    Julio 5
    Mike:
    Hasta ahora contesto tu única y tan esperada. Tengo en realidad tan poco

tiempo! y tu sabes como me gusta escribir, auque quiera. Paseo mucho, pero también estudio, ahora este francés terrible; endemoniadamente difícil, pero maravilloso ¡Si tú lo oyeras! no olvides mi asunto de Romano. Me interesa ahora como nunca, pues si obtengo el documento, más tarde, quizá venga a la Sorbona a estudiar pero sin el no sería posible, en realidad no me sorprendi de tu fracaso atlético pero si me admira tu ingenuidad sobre tu tiempo anterior. Que olvidaste "que todo tiempo pasado fue mejor". A todos que me perdonen no les escriba –sobre todo Salas– pero esto no les autoriza a enmudecer ¿CUANDO TE CASAS? SI ESTO NO TIENE REMEDIO, MIS MEJORES DESEOS. (NO HAY INCONVENIENTE EN ESTO DE MIS DESEOS)

Si el "Universal" publica [ilegible] –con fechas– del vencedor en el torneo de O[ratoria] recórtalo y mándalo esto si como lo supongo es Azuela el vencedor. ¿Compitió L. Rodríguez? Mis recuerdos a Garay. Y tan agradecido por las atenciones para mi casa y Frieda. ME ALEGRA QUE TE HAYA RETRATADO. Ya iré, no se cuando! a verlo todo.

Manda a Ortega la Guayaba (con dedicatoria) pues el es muy susceptible ¿Cuando se publica tu novela? o es regalo de bodas. Escribeme tan largo como sea posible a la Edit.[orial] P. H. 14-16 R. P[ilegible] naturalmente a nombre de Ortega. Dime cuando te casas, antes de que yo llegue ¿o después? Si antes p[ara] brindar con algun don Pepe Europeo. –de esa– salgo p[ara] España. En Bruxelles traté de ver a Rosa María sin éxito. Te interesa algo de Paris? Necesitas algo p[ara] tu casamiento, acá lo venden todo, (lo que necesites) seda lana o hule, ¿Libros? Sé por el Ilustrado que [ilegible] fue a Hawai.

He visto –ayer– algo de Bustamante ¿colabora habitualmente? No esta eso muy bien. Dile que lea los clásicos, los nuestros que compré en Gracian. Eso le hará tanto bien –pero solo eso necesita para ser un gran escritor. Que lea a los franceses actuales, si Parodous, mejor pero en Francés. Para escribir, nada mejor que ser virtuoso, es este un oficio como otro y hay que ser técnico, el tiene talento y tanto! FRIEDA PINTA ¿ES VERDAD QUE ESTÁ MUY MALA? NO SE YO NI QUE ESCRIBIRLE NI QUE DECIRLE, CUÉNTASELO, Ortega vive tan pobre, pero orgullosamente. Y como París es París. Tiene su amiga tan bella, tan mala y tan elegante como solo en París, ese despreciado Ortega podría encontrarla. Y MÉXICO Y SALAS, DILE QUE ME MANDE PRONTO SU DIRECCIÓN. QUE PIENSO TRAERLO A PARÍS. QUE NUESTRO AÑO ES EL PRÓXIMO. Y QUE NOSOTROS, NOSOTROS NADA MÁS. A todos mis saludos he?

En la autobiografía de Miguel N. Lira mostrada en el capítulo: "Miguel Nicolás Lira Álvarez", nos retrata lo que sucedía en 1927:

Carta de alejandro Gómez Arias a Mike. Julio 5 (continuación)

En 1927, aparece su segundo libro. Lo edita, como el primero, en Tlaxcala. Sus amigos, los críticos, los periodistas, le ven perfiles de maestro. Él mismo lo reconoce. Funda su escuela y declara abiertas las inscripciones. Tiene discípulos pero sólo a uno se consagra por su talento.

A este discípulo, que es Frieda Kahlo, se consagra, y es la época cuando va a enseñarle ya a pintar: colores, acuarelas y óleo. Esto es lo que pinta Frieda en La escuela de pintura de Miguel N. Lira. Frieda la dibuja el 28 de diciembre de 1928; así lo escribe ella al reverso, y su firma en las corbatas de Ríos y Valles y de Alejandro Gómez Arias.

Fue el regalo de bodas en el casamiento de Miguel y Rebeca, y como Frieda estaba tan pobre, sólo les dio ese recuerdo.

38. *La escuela de pintura de Miguel N. Lira,* 1928. Original de Frieda Kahlo. Acuarela y tinta china sobre papel, 26.5 x 20 cm.

39. *Muchacha pueblerina.* Acuarela sobre papel, 23 x 14 cm. Original de Frieda Kahlo. Comienzo de la enseñanza formal de Miguel a Frieda. Este dibujo fue de mi colección, ahora pertenece al Museo de Arte de Tlaxcala. [No incluyo este cuadro porque el Banco de México lo prohibió al censurar mi libro.]

40. *Pulquería "Tu suegra",* 1927. Acuarela sobre papel, 18.5 x 25.5 cm. Original de Frieda Kahlo. En el reverso Frieda escribió: This is my obra

[38] *La escuela de pintura de Miguel N. Lira. 1928*

maistra y solamente you sabrá apreciar con your alma niña. Your hermana agua. Esta acuarela también de la época en que Miguel le enseñaba a Frieda con colores, y también óleo, para hacerla una pintora. Este cuadro lo regalé a una persona. Supe que fue subastado en New York, no sé dónde esté actualmente. [No incluyo este cuadro porque el Banco de México lo prohibió al censurar mi libro.]

41. *Échate la otra*, 1927. Acuarela sobre papel, 18 x 24.5 cm. Original de Frieda Kahlo. Frieda se la dedicó al queridísimo Ángel Salas Bonilla, el 18 de julio, al reverso se lee: This infantil dibujo is for my buten de bien hermano Ángel Salas. Friducha. Coyoacán, D. F. julio 18 muerte of the Benemérito B. Juárez. Esta obra fue de mi colección, ahora pertenece al Museo de Arte de Tlaxcala. Lo conservó Miguel y luego pasó a mí, aunque estuvo dedicado para Ángel Salas, porque

la esposa de éste aborrecía a Frieda y decía fuerte en su casa: "AQUÍ ESA PUTA DE FRIDA KAHLO, NO ENTRA". [No incluyo este cuadro porque el Banco de México lo prohibió al censurar mi libro.]

42. *Frida en Coyoacán.* Boceto, lápiz sobre papel. Fue de mi colección, ahora del Museo de Arte de Tlaxcala. [No incluyo este cuadro porque el Banco de México lo prohibió al censurar mi libro.]

43. *Frida en Coyoacán,* 1927. Acuarela sobre papel, 16 x 21 cm. Fue de mi colección, ahora del Museo de Arte de Tlaxcala. [No incluyo este cuadro porque el Banco de México lo prohibió al censurar mi libro.]

44. Carta de Frieducha a Mike (Miguel N. Lira), del 3 de agosto de 1927

Agosto 3, 1927.[14]

Mike:

¿Como sigues? Ya no tienes calentura? te iba a escribir ayer, pero también estuve buten de malas tute el día.

En this momento son las 7½ de la mañana y acabo de despertar todavía algo mala.

Ayer me escribió Alex, me dice que only ha recibido 2 cartas tuyas –una carta: 16 de julio en Nice todavía– me dice: que probablemente sale para Florencia y que le siga escribiendo. NO COMPRENDO COMO ENTONCES PIENSA LLEGAR A FINES DE AGOSTO, NO CREES? MI CARTA LLEGARÁ A PARÍS COMO POR EL 18, FECHA EN QUE ÉL DEBERÍA

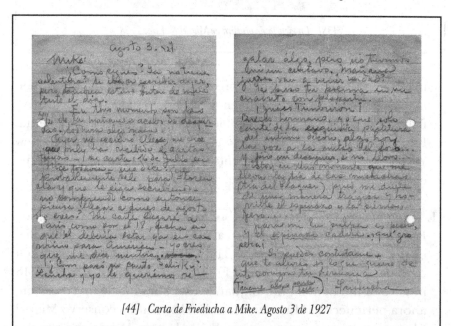

[44] *Carta de Frieducha a Mike. Agosto 3 de 1927*

ESTAR YA EN CAMINO PARA AMÉRICA. YO CREO QUE ME DICE MENTIRAS, ¿NO CREES? [Tachado en el original]

¿Como pasó su santo Salisky? Lancha y yo le queríamos regalar algo, pero no tuvimos ni un centavo. Mañana jueves van a venir verdad?

Ya puse tu poema en un cuadrito con paspartú.

¡Juan Timburón!

Bueno hermano, yo que sólo canté de la exquisita partitura del intimo decoro, alzo hoy la voz a la mitad del foro... y pido mi desayuno, si nó lloro...

Estoy en this momento que me lleva la tía de las muchachas (tía del Flaker) pues, me duele de una manera trágica y horrible el espinazo y la pierna, pero... para mí la pulpa es pecho, y el espinazo cadera ¡qué grosera!

Si puedes contestame.

Que te alivies es lo que quiere de tute corazón tu hermana. Frieducha.

(Tráeme algo para leer.)

45. Carta de Frieda a su hermano (Miguel N. Lira), Coyoacán –agosto– 1927.[15]

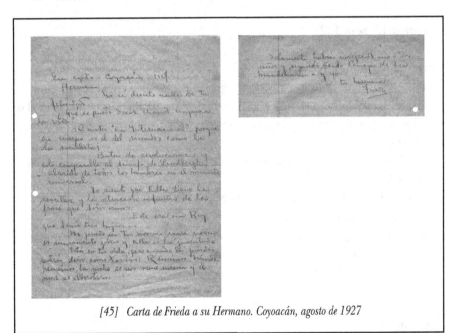

[45] *Carta de Frieda a su Hermano. Coyoacán, agosto de 1927*

En agosto –Coyoacán– 1927

Hermano:

No sé decirte nada de tu felicidad.

¿Qué se puede decir cuando empiezas la vida?

¡Cánta "La Internacional" porque su cuerpo es el del mundo, como la ola socialista!

Buten de revolucionario y solo comparable al triunfo de Lindbergh, alarido de todos los hombres en el minuto universal.

Yo siento que Ella tiene la sencillez y la atracción infinitas de la frase que todos oímos:

Este era un Rey que tenía tres hijas…

No puede ser tu novia + una novia es únicamente joven y Ella es la juventud + Está en tu vida, pero cuando la pierdas podrás decir como Xenius: Remémos Nándo, remémos, la noche se nos viene encima y el mar se alborota…

Solamente habrás envejecido uno o dos años y seguirás siendo Príncipe de la Manchuria + y yo…

Tu hermana

Frieda.

46. Carta de Frieda a su hermanito del alma (Miguel N. Lira), del lunes 12 de septiembre de 1927.[16]

Lunes. 12. Sept.1927

Hermanito del Alma:

Te he extrañado buten. Ayer domingo vinieron Salisky y Perez Reguera a verme. Haces falta tú siempre. En México ya no ha llovido tánto, pero ¡las calles del pueblo hermano! suaves como las de Semidol como un edredón… pero de lodo.

No sé si te llegará a tiempo esta carta pero si nó ¿te la regresarán a the Paper México?

NO HE HECHO NADA, SOY BUTEN DE FLOJA Y RÍSPIDA.

En cuanto llegues de Tlaxcala venme a ver.

Slava ahora llega de Cuernavaca, daréle tu recado. Me escribió –toda ella está llena de ti.

Besos.

Tu hermana

Frieda

Todos mis recuerdos a María Guadalupe, campana de Ocotlán.

Antier tute la tarde fué tuya, vino Isidoro Gurría y estuvimos releyendo tus maravillos poemas de la Guayaba, te admira buten.

[46]   *Carta de Frieda a su hermanito del alma. Lunes 12 de septiembre de 1927*

47. Carta de Frieda a su hermanito (Miguel N. Lira), de fecha 27 de Septiembre de 1927.

Hermanito:
Como the jovedy, probablemente no podré verte, te escribo para que recibas a tiempo, tute mis felicitaciones + mi espíritu estará contigo + y el día que vengas, te felicitaré personalmente with som abrazo faláz. ¿You comprende?
Mi mejor cariño.
Tu hermana
Frieda.
27. Sep. 1927.

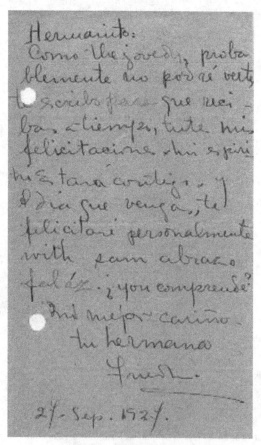

[47] *Carta de Frieda a su Hermanito*
Septiembre 27 de 1927

48. *La viborita*, 1927-1928. Acuarela sobre cartulina, 13 x 13.8 cm. Original de Frieda Kahlo.

Tuve uno de los sueños más hermosos que puedo recordar, el jueves 1 de diciembre del 2005 soñé a Frieda. Casi cuatro horas de sueños, con interrupciones momentáneas, volver a acostarme y continuar el sueño. Frieda, con 24 años, preciosa, alegre, limpia, vestido floreado, suéter azul. Yo, ¿24 años? ¿30, 50, 60? ¡No sé! ¿Guapo, galán, limpio, alegre, fresco? ¡Sí! Hora aproximada: 11 de la mañana. Una gran estancia, pocos muebles. Frente a nosotros, dos grandes ventanales con cortinas de gasa color crema, a través de las cuales pasaban unos rayos de mi hermano el Sol, radiantes, que hacían brillar la belleza de Frieda y acariciaban nuestros cuerpos con una vibración celeste. En la gran estancia, sólo un sofá, color azul pálido. Ella y yo, sentados en el centro muy contentos, en una comunión tan bella como si fuéramos la misma persona. Un amor limpio invadía todo mi cuerpo, se metía en lo más profundo de mis células, sin el mínimo sentimiento de lujuria o deseo sexual. Sobre nuestras piernas, el Libro de mis recuerdos de Frieda, que yo tengo. Ella lo abrió y fue pasando página por página, lentamente; con su dedo me indicaba las dos

[48] *La viborita*

Invitación de PASTILLITA al Teatro Infantil.
Véase el listón que sujeta el vestido de Pastillita, mismo del dibujo La viborita

distintas páginas del libro abierto, y me repetía una y otra vez: "Compara las fotografías, mira el Libro de mis recuerdos, y mira 'China'". Íbamos recorriendo las 32 páginas, una tras otra, y lo mismo, y en mi mente relacionaba la palabra "China" con "El dibujo verde".

Al final de ese bellísimo sueño –del que yo no hubiera querido despertar–, no había ya luz del sol, y entonces el sueño terminó, y desperté. Recordaba lo soñado, y llegué a pensar que en el citado libro que me señalaba con su dedo, sí había fotografías. Seguí soñando despierto. El cuadro Frida en Coyoacán estuvo colgado en la pared del lado derecho de mi cama durante diez años. Todas las noches la miraba hasta dormirme; y así la veía en mi sueño.

Por la mañana hice mi rutina de siempre: me levanto de la cama, me acerco a uno de mis grandes ventanales, cierro mis ojos, y trato de comunicarme en el espíritu con Dios, mi Papá; permanezco un rato alabándolo, esto es, le digo cosas bonitas y, como un niño, trato de besarlo, abrazarlo y acariciarlo, abro mis ojos y contemplo un nuevo amanecer: el Sol, el firmamento, las nubes, mi montaña: la Malintzi, los árboles, las casas, la gente, le doy gracias a Dios, y me vuelvo a acostar en mi cama hasta las 8:30 de la mañana; a las 09:15 desayuno, leo un poco el periódico local, subo a mi estudio, descorro las cortinas de mis hermosos ventanales, y muchas veces escucho la música de Mozart. Ese día, debido a lo soñado, busqué sobre mi amplia mesa redonda el Libro de mis recuerdos, que estaba allí; antes de abrirlo, rechacé el pensamiento de que allí hubiera fotografías, y dije en voz alta: "¡aquí no hay fotografías!" Volví a recordar el sueño, y entonces tomé el libro, lo abrí, y busqué en él. No vi fotografías como las había visto en el sueño de Frieda, y otra vez en voz alta, sintiendo que Frieda estaba cerca de mí, le dije: "¡Cabrona Frieda mentirosa!"

En ese momento ya eran las diez de la mañana. Devolví el Libro de mis recuerdos al lugar donde había estado, pero vi que lo había yo tomado de sobre el libro de Andrea Kettenmann: *Kahlo*, abierto en las páginas 22-23. Me atrajo la atención el cuadro a colores que allí está. Noté que sobre la cabeza del cuadro Frida Kahlo y Diego Rivera, pintado en 1931 en San Francisco California, estaba una paloma agarrando con su pico una viborita (en forma de listón) y que es un dibujo que yo tengo; que los dos dibujos de la paloma con la viborita son el mismo. Me quedé petrificado: "¡La noche muy 10 de la mañana!", eran las 10 de la mañana y toda la noche habíamos estado, en el sueño, igual que ella estuvo el 24 de octubre de 1924, toda la noche dibujando su primer autorretrato, y ella lo firmaba a las 10 de la mañana. "Compara las fotografías, compara". Rápidamente fui a mis archivos y busqué ese dibujo que yo creía tener. Por fin lo encontré, y entonces comparé los dos dibujos: La viborita y Frida Kahlo y Diego Rivera, y encontré que en ambos es la misma viborita (el mismo listón), y sólo cambiaba la leyenda escrita en uno y otro.

Véase en el ala izquierda, una m minúscula, dentro de la cual, en surrealismo, están tres letras: m n l (Frieda lo pone para significar: Miguel N. Lira). Así firma también Frieda en otros dibujos.

Desde 1924, Miguel N. Lira comenzó a elaborar *El Corrido de Domingo Arenas*, editado en 1932 por primera vez.

En este dibujo se muestra "la paloma Frieda", (sobrenombre cariñoso que le pusieron Miguel y los Cachuchas), con la viborita (el listón) y la leyenda: "...Ya viene Máximo Tépal", dibujado originalmente entre 1927-1928 por Frieda, para el corrido Ya viene Máximo Tépal, del libro *El corrido de Domingo Arenas*. Este dibujo es reproducido en el cuadro Frida Kahlo y Diego Rivera, en 1931, en California (allí sólo cambió la leyenda escrita en el listón); también lo reproduce en la

[49] Carta de Alejandro Gómez Arias a Mike Agosto 17

propaganda de la obra teatral Ya viene Máximo Tépal, en 1940; *Idem* en la contraportada del libro *Linda*, Talleres Fábula, 19 de marzo de 1942; *Idem* el 29 de septiembre de 1942 en el homenaje en el día de su santo, llamado Corrido de un día de su santo de don Miguel N. Lira; y nuevamente aparece en la propaganda para la representación en

Bellas Artes de la obra infantil, de Miguel N. Lira: La Muñeca Pastillita, donde se observa el dibujo *La viborita* (el listón) en el cinturón de La Muñeca Pastillita.

49. Carta de Alejandro Gómez Arias a Mike (Miguel N. Lira), del 17 de agosto.

a 17 de agosto
Mike querido:
Hasta Milán, me llega tu carta 22 del pasado, tan llena de buenas noticias. Todo va como siempre.
Prueba de que allá no se envejece. Quiero creer que has recibido mis anteriores –Roma, Napoles, Florencia, Venecia– A París volveré el mes de Oct. ya para embarcarme en S. Nazaire. PERO ACEPTO CON JÚBILO TU IDEA DE VOLVER. Miente la literatura, pero al fin París no desencanta. Al contrario, es siempre, a todas horas, para todos, siempre París. Yo te llevare algún libro, lo que permita mi bolsa ¡ay no tan rica como yo quisiera! Me alegra no olvides lo de Romano pero apurate porque a mi vuelta pienso verlo para propositos mayores. ME ESPERA YA LA NOTICIA DE TUS NUPCIALES ARREGLOS Y ES UNA GRATA SORPRESA EL FRACASO DE TALES LIOS. [Miguel no podía juntar el dinero para su boda con Rebeca.] Lo de Salas, planealo bien, algo haremos, pero el no se quedara sin nada. Cueste algo o mucho. Yo le he querido escribir a el sobre todos pero no se su dirección, al fin me valdré de ti proximamente y le dare noticias de los líos musicales europeos a pesar de mi desconocimiento en materia tan ridicula. Yo abandono Italia sin dolorosa impresión, el sabado. Aquí he visto los museos, las ciudades y las mujeres.
He oído en Nápoles cantar, Torna a Sorrento, Oh Sole mio y demás obras maestras tan envidiadas por Serafin. Pero ni el Vesuvio, rojo sobre el golfo, ni una noche de Venecia, son como una atardecer en Florencia, ciudad ésta de maravillas. Tu la veras un dia. Es desde luego algo mejor que las plumas y la tinta de Italia como podras ver. Tu aspecto de agrarista agitador me entusiasma pero te advierto que en mi México el fusilamiento es cosa facil, y de loable frecuencia. Escribi a Carmelita desde no se donde. Desde Lucerna para donde parto el sábado y de ahí a Viena, recorrere algo de Checoslovaquia, pero mi vuelta se acerca 2 meses más en Europa solamente. Que hay de líos estudiantiles. Yo sin periodicos he llegado a leer el italiano casi como mi español, raro y grave dialecto éste de España, bello pero inutil en toda Europa.
Aseguro que excepto Alfonso no lo hablan más que Primo de Rivera.
Mis saludos a Foch, campeón de la bola –que dios le de más. A Pulkes no

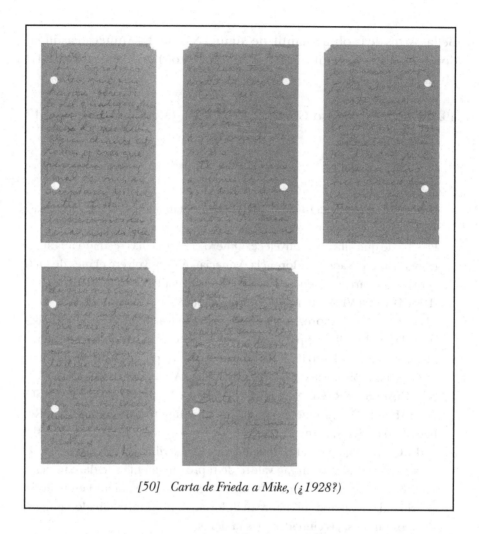

[50]   *Carta de Frieda a Mike, (¿1928?)*

le he escrito. El no lo hace. Que algun dia sea realidad su negro sueño. ¿Se divorció? Al Flaquer le he escrito, pero el está mudo, pero a todos uno a uno por igual mis saludos.
Alejandro Gómez Arias

50. Carta de Frieda a Mike (Miguel N. Lira), (¿1928?).[17]

Mike:
Les agradezco buten, que me hayan ofrecido lo del güateque, pero ayer se dio cuenta Alex de que había algún chance entre todos, y creo que pensaría muy mal de mi, si aceptara yo que entre todos le hicieramos la cena, así es que te pido por favor que seas tan amable de decirles a todos que les agradezco buten, pero que voy arreglarlo de other modo.
El sábado viene a verme Alex, yo le diré que día lo espero, y te escribo a ti

para que les avises a los muchachos. Yo creo que a principios de la semana
que entra será. ¿No crees que así es mejor? yo desde un principio se lo dije
a Salisky, que lo podría saber él, y como va a ser en mi casa, diria que era
yo "one pelada comunista.

Bueno hermano, buten de gracias por tute y si quieres contestarme diciendome si crees lo mismo que yo. Sobre todo a Salisky dile que me dispense,
pero hay cosas en la vida que no tienen remedio, y esta es una de ellas.
Contestame pronto para que me dé tiempo de mandarte la otra carta avi-
sandote cuando es. Me haces favor de avisarle al Flaquer, Güero Garay,
James, y Uds dos. Buten de saludos
tu hermana
Frieda.

1940-1954. Frieda. La gran pintora surrealista

Miguel N. Lira en abril de 1953 –al reverso de la primera lámina que se
anexó al número uno de la revista *Huytlale* que establecieron por largo
tiempo, él y Crisanto Cuellar Abaroa, y que publicaron el Autorretrato
con traje de terciopelo (1926)–, describió a la pintora Frieda Kahlo en
dos épocas. La primera, en 1926: "Simplemente, Frieda era una niña
que quería jugar a ser pintora"; la segunda, en 1953, cuando él escribía: "Muy lejos estaba en 1926… de plasmar las visiones y fantasías que
hoy dominan su arte de retablo, surrelista y mágico".

En mayo de 2005, ofrecí una rueda de prensa y en ella presenté el
resultado de mis investigaciones: que Frida Kahlo Calderón en los años
20's no sabía pintar, e incluso sus dibujos eran torpes. Que fue Miguel
N. Lira , de Tlaxcala, y uno de los Cachuchas, que en la Escuela Preparatoria conoció a Frieda, ella se enamoró profundamente de él, y fue
él quien descubrió el talento de Frieda, se consagró a ella y le enseñó a
dibujar, a pintar, y que incluso algunas de las obras primeras de la pintora, las realizó él y Frieda las firmó, entre ellas: Autorretrato con traje
de terciopelo. La revista *Proceso* publicó dicha entrevista en el número
1491, en un artículo de la periodista Judith Amador Tello, el 29 de mayo
de 2005; además, también la reseñaron *El Sol de Tlaxcala*, *La Jornada de
Oriente*, el periódico *Milenio* y otros diarios. Esa vez algunos ilustres especialistas críticos de arte, entre ellos: Raquel Tibol, Luis Martín Lozano,
Teresa del Conde, refutaron mi tesis. Ahora, estoy escribiendo esto el
12 de julio de 2007 y está dando un vuelco tremendo en la biografía de
nuestra querida pintora Frieda Kahlo. Y dentro de ese nuevo conocimiento sobre la obra de Frieda, lo que dicen ahora Raquel Tibol, Luis
Martín Lozano y Teresa del Conde, es lo que yo presenté en el año 2005.

Yo creo, que como una burla a la señora Raquel Tibol que ahora dice: que los cuadros: Retrato de Alejandro Gómez Arias (1928) y Retrato de Isolda (1949), son falsos, que no son de la autoría de Frida Kahlo, la revista *Milenio* (número 508, julio 2, 2007, págs. 54, 55,56), muestra un artículo de Leticia Sánchez Medel, titulado:

Dudas sobre las pinturas de Frida

Quien también ha puesto en duda la autoría de las obras de Frida es el sacerdote Rubén García Badillo, quien se ostenta como albacea del legado del escritor tlaxcalteca Miguel N. Lira, gran amigo de la artista, y a quien identifica como el autor de la obra temprana de la pintora.

"Frida no sabía pintar, era muy torpe, Miguel N. Lira es el verdadero autor de la obra Autorretrato con traje de terciopelo que en Londres alcanzaría una cotización de más de un millón de dólares"

En su momento, la crítica de arte Raquel Tibol negó las afirmaciones del religioso a decir que "al padrecito se le pasaron las hostias (…) La realidad de las cosas es que desde hace tiempo él ha ofrecido las cartas de amistad de Frida y Miguel N. Lira a cambio de mucho dinero" [pág. 55].

Por su parte el especialista en la obra de la pintora Frida Kahlo, Luis Martín Lozano declaró a los medios en una entrevista que le hicieron el 1 de julio de 2007 (Notimex/ *La Jornada On Line*), entre otras cosas relacionadas con lo que declaró Raquel Tibol, se refirió a Frida en los años 20's con palabras, algunas textuales, de lo que yo afirmé en 2005:

"… 'muy irregular en su trabajo de dibujante'… 'no es una artista realmente entrenada'… 'Frida no era una gran dibujante, era muy irregular en su trabajo de dibujante, ella no tuvo un entrenamiento formal, con los años se va soltando, ME PARECE QUE SUS MEJORES DIBUJOS SON LOS DE LOS AÑOS 40'… 'Su fuerte no fue el dibujo, el diario es una muestra de esto, tiene un enorme impulso creativo y es muy expresionista, pero hay dibujos torpes'".

Teresa del Conde, ella fue suavecito en su crítica sobre mí en el 2005, pero ahora, el jueves 5 de julio de 2007 (*La Jornada*, sección Cultura, "Necesario rescribir la biografía de Kahlo"), declaró en la presentación de su nuevo libro: "Los recientes hallazgos en torno de Frida Kahlo hacen necesaria la rescritura (*sic*) de su biografía… hasta la fecha se ha reiterado información que se da por verdadera, aunque los documentos han demostrado ya su falsedad". Esto fue lo que me refutó Teresa del Conde cuando yo dije lo que ella ahora dice.

En el catálogo oficial de la exposición Frida Kahlo 1907-2007 –como

homenaje en el centenario del nacimiento de esta gran artista, en el
MUSEO DEL PALACIO DE BELLAS ARTES–, en los comentarios sobre: *AUTORRETRATO CON TRAJE DE TERCIOPELO, PANCHO VILLA
Y ADELITA* (Café de los Cachuchas) y el *RETRATO DE MIGUEL N.
LIRA,* ha habido un cambio radical en lo que se había comentado en
años anteriores, ahora, en parte, expresan lo mismo que yo expresé
en el año 2005.

Yo estoy de acuerdo con lo expresado por el ex director del Museo de Arte Moderno Mexicano, Luis Martín Lozano, que es a partir
de 1940 cuando Frieda alcanza ya a ser una gran pintora surrealista,
y muestra de esa época, cuando Frieda había llegado a la madurez
pictórica, son los dibujos y acuarelas que poseo, y que me fueron en-
tregados por voluntad de la misma pintora Frieda y que muestro a
continuación. ¡Bellísimos! ¡Fascinantes! ¡Salidos del mundo celular de
Frieda!

[51] *Fotografía donde aparecen Miguel N. Lira y Frida Kahlo en una reunión de cultura*

51. Miguel N. Lira, Director de Divulgación de Prensa y Publicidad
de la Secretaría de Educación Pública, preside reunión de cultura,
junto a otro personaje al que no identifico, me parece el rector de
la Universidad en 1944, Lic. Alfonso Caso, mas no lo aseguro. En
esa época (1941-1944), Frieda Kahlo trabaja con Miguel, ayudán-

dole en todo lo que éste necesita. Es la época cuando Frieda es el brazo derecho de su "hermanito Mike". Obsérvense las miradas de Frieda y Miguel; creo que eso lo dice todo entre ellos.

52. Treinta y cuatro moldes de dibujos para estarcidos. Para el libro *Corrido de Domingo Arenas*. Todos estos moldes están hechos sobre papel

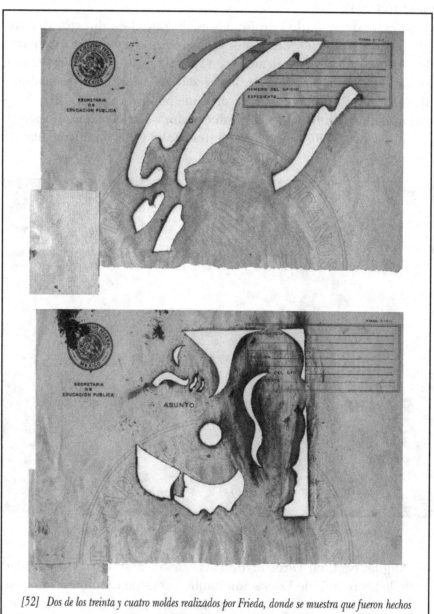

[52] *Dos de los treinta y cuatro moldes realizados por Frieda, donde se muestra que fueron hechos sobre papel de la Secretaría de Educación Pública*

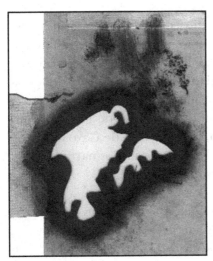

[52.1] *La paloma Frieda en luz y sombra*

de la Secretaría de Educación Pública. Fueron hechos por Frieda a finales de 1941, cuando trabajaba con Miguel N. Lira. Este proyecto de edición no se llevó a cabo, así como tampoco Carpa.

Breve historia del *Corrido de Domingo Arenas*: desde 1924, Miguel N. Lira fue ideando y escribiendo este libro. Apareció la primera edición, compuesta de siete corridos, en Alcancía (México, 1932); la segunda, en 1934, en Fábula, de Miguel N. Lira, fundada el 12 de agosto de 1933. La segunda edición tuvo características especiales; fue dedicada a Alejandro Gómez Arias, segundo novio de Frieda a partir del 10 de agosto de 1923, y "uno de sus novios en 1934". En esta segunda edición se aumentó el número de corridos, Frieda hizo los dibujos y los recortó en molde, Julio Prieto los pintó uno por uno; no quedaron tan bellos como los pintados por Frieda en 1941.

52.1. La paloma Frieda en luz y sombra. Original de Frieda Kahlo, 17.7 x 9 cm, sobre papel, para el *Corrido de Cirilo Urbina*.

Adviértase el rostro de Frieda: cabeza y cuello, en la frente una serpiente abriendo la boca y mostrando sus colmillos (símbolo de Satán), la firma "f" y "m" (Frieda y Miguel); también, una gran paloma estilizada en color blanco; véase asimismo, el interesante surrealismo en las manchas (arriba a la derecha, obsérvese con una lupa).

En el *Corrido de Cirilo Urbina*, escrito por Miguel, y en el que Frieda entra para proyectarse y revivir lo que le sucedió el 17 de septiembre de 1925: el horrendo fierro, el pasamanos, el gran pene satánico que pinta Frieda como mano derecha del Demonio Verde, con sangre alrededor de él, y que con la acción de ese mismo Demonio verde, que es el mismo Demonio Negro, que siendo ella una niñita de apenas tres años, la poseyó en el patio de la Casa Azul en Coyoacán, ahora en el accidente la penetra entrando ese gran pene por su parte trasera y saliendo fuera de su cuerpo, por su vagina. [Esto lo trataré y mostraré las pruebas hechas por la misma Frieda en mi próximo libro *FRIDA SE CONFIESA*.]

52.2 ¡Perdí mi virginidad! En este dibujo (que mostraré más adelante), Frieda se proyecta a sí misma, y lo que sucedió en el fatídico accidente del 17 de septiembre de 1925. Esa tarde, el cielo había llorado sobre la ciudad de México, presagiando lo que iba a suceder en la esquina de San Antonio Abad y calle Cuautemotzin, entre un tranvía de doble vagón, que venía de Xochimilco al zócalo de México, y un novedoso camión que salía del zócalo, hacia la Villa de Coyoacán.

Dejemos que nos cuente la misma Frieda, según nos narra Hayden Herrera en las páginas 51, 52 y 53 de su citado libro:

A poco de subir al camión empezó el choque. Antes habíamos tomado otro camión; pero a mí se me perdió una sombrilla y nos bajamos a buscarla; fue así que subimos a aquel camión que me destrozó. El accidente ocurrió en una esquina, frente al mercado de San Lucas, exactamente enfrente. El tranvía marchaba con lentitud, pero nuestro camionero era un joven muy nervioso. El tranvía, al dar la vuelta, arrastró al camión contra la pared.
Yo era una muchachita inteligente, pero poco práctica, pese a la libertad que había conquistado. Quizá por eso no medí la situación ni intuí la clase de heridas que tenía. En lo primero que pensé fue en un balero de bonitos colores que compré ese día y que llevaba conmigo. Intenté buscarlo, creyendo que todo aquello no tendría mayores consecuencias.
Mentiras que uno se da cuenta del choque, mentiras que se llora. En mí no hubo lágrimas. El choque nos botó hacia adelante y a mí el pasamanos me atravesó como la espada a un toro. Un hombre me vio con una tremenda hemorragia, me cargó y me puso en una mesa de billar hasta que me recogió la Cruz Roja... Fue un choque raro –comentó Frieda–. No fue violento sino silencioso y pausado, y dañó a todos: más que a nadie a mí.

Ahora escuchemos a Alejandro:

El tren eléctrico, de dos vagones, se acercó lentamente al camión y le pegó a la mitad, empujándolo despacio. El camión poseía una extraña elasticidad. Se curvó más y más, pero por el momento no se deshizo. Era un camión con largas bancas a los lados. Recuerdo que por un instante mis rodillas tocaron las de la persona sentada enfrente de mí; yo estaba junto a Frieda. Cuando el camión alcanzó su punto de máxima flexibilidad, reventó en miles de pedazos y el tranvía siguió adelante. Atropelló a mucha gente.
Yo me quedé debajo del tren. Frieda no. Sin embargo, una de las barras de hierro del tren, el pasamanos, se rompió y atravesó a Frieda de un lado a otro a la altura de la pelvis. En cuanto fui capaz de levantarme, salí de

abajo del tren. No sufrí lesión alguna, sólo contusiones. Naturalmente, lo primero que hice fue buscar a Frieda.

Algo extraño pasó, Frieda estaba completamente desnuda. El choque desató su ropa. Alguien del camión, probablemente un pintor, llevaba un paquete de oro en polvo que se rompió, cubriendo el cuerpo ensangrentado de Frieda. En cuanto la vio la gente, gritó: "¡La bailarina, la bailarina!" Por el oro sobre su cuerpo rojo y sangriento, pensaba que era una bailarina. La levanté, en ese entonces era un muchacho fuerte, y horrorizado me di cuenta de que tenía un pedazo de fierro en su cuerpo. Un hombre dijo: "¡Hay que sacarlo!". Apoyó su rodilla en el cuerpo de Frieda y anunció: "Vamos a sacarlo". Cuando lo jaló, Frieda gritó tan fuerte, que no se escuchó la sirena de la ambulancia de la Cruz Roja cuando ésta llegó.

Es muy importante en la vida de Frieda y para conocer a Frieda, hay que tomar en cuenta las palabras dichas por Frieda y Alejandro cuando recuerdan el accidente. Frieda dice: "... El choque nos votó hacia delante y a mí el pasamanos me atravesó como la espada a un toro... Fue un choque raro. No fue violento sino silencioso y pausado, y dañó a todos: más que a nadie a mí"; y Alejandro por su parte: "... El camión poseía una extraña elasticidad... Sin embargo, una de las barras de hierro del tren, el pasamanos, se rompió y atravesó a Frida de un lado a otro a la altura de la pelvis... Algo extraño pasó, Frida estaba completamente desnuda. El choque desató su ropa. Alguien del camión, probablemente un pintor, llevaba un paquete de oro en polvo que se rompió, cubriendo el cuerpo ensangrentado de Frida".

Uniendo los datos que yo tengo del archivo de Frieda, con algunos otros aportados por las señoras: Teresa del Conde y Raquel Tibol, así como lo contenido en dibujos y en escritura en El Diario de Frida Kahlo, podremos comprender un poco el drama que vivió Frieda en esta tierra. El último dibujo de El diario de Frida Kahlo, y que opinan que también es el último de su vida, aparece la criatura verde alada, coronada y ensangrentada (algunos le llaman El ángel negro, yo le llamo El ángel verde), descendiendo del cielo a la tierra, que es el final de esa página. A su izquierda, la figura de una bestia, y la mano y brazo derecho: un pene satánico descomunal (que para Frieda es el pasamanos del tranvía que entró en su columna y salió por su vagina, en el satánico accidente del 17 de septiembre de 1925).

El comentario de esa figura verde en el libro El diario de Frida kahlo, pregunta: "¿Who is the green-winged creature who floats toward the edges of the page?" (¿Quién es la criatura verde-alada que desciende hacia el final de la página?). Allí se opina que es la misma Frida en una imagen subjetiva, y al final del comentario ponen una cita de la revista "*Time*, abril 27,1953: 90", citando a Frida: "I never painted dreams. I painted my own reality" (Yo nunca pinté sueños. Yo pinté mi propia realidad).

La realidad subjetiva, personal, existencial, fue que siempre estuvo poseída por Satán (The Dark Angel, The Green Angel, El Demonio, El Elefante), desde el año 1910-1911 hasta su muerte el 13 de julio de 1954. Esto lo trataré más detalladamente en mi próximo libro *Frida se confiesa*, con dibujos hechos por la misma Frida, donde ella confiesa y pinta lo que ella pensó, creyó, experimentó en su vida.

Ahora solamente les presento un detalle de uno de los dos dibujos, probablemente hechos con microscopio, donde ella confiesa su vida.

El ángel negro. Detalle del dibujo El último rincón del patio de mi casa. Compárese las botas de este Angel Negro con las del dibujo del Angel Verde: último dibujo en El diario de Frida Kahlo. [Yo no les pongo esa imagen porque el Banco de México me ha censurado]

Ahora doy una explicación del dibujo ¡Perdí mi virginidad!: Vemos a una mujer completamente desnuda. Están dibujadas seis aves, tres de ellas parecen perdiz, ave perseguida, flechada en la mira de las carabinas y rifles, siempre temerosa, desconfiada, siempre viviendo en un miedo a que la maten, ya sea en un camión arrollada por el tren o agonizando herida por los cazadores en la Casa Azul; las otras tres, son palomas, el apodo cariñoso que le puso Miguel y los Cachuchas a Frieda en 1920 cuando ella llegó a la Preparatoria y se encontró con ellos. La primera paloma: en color negro, parte del jarrito partido que termina con su cabeza que es a la vez el pico del jarro; otra paloma, en color azul en la oreja del jarro; otras más, en la parte agrietada del jarrito (vagina), en color café. La primera perdiz: puedes verla en color azul abajo del pico del jarro; la otra perdiz, al lado derecho del dibujo, en color amarillo oro, que representa: "¡La bailarina, la bailarina!". Finalmente, en la parte más trágica y dolorosa, otra perdiz cuya cabeza aparece en el resplandor del jarro, y las alas, y el cuerpo ensangrentado donde el tremendo fierro la atraviesa. En este mismo dibujo, Frieda retrata: "al joven guapo que me sacó el fierro".

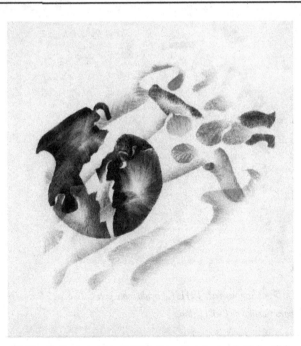

[52.2] *¡Perdí mi virginidad!, 1941. Estarcido sobre papel, 22.8 x 17.2 cm. Original de Frieda Kahlo, para corrido de Cirilo Urbina*

Se pensó editar la cuarta edición de *Corrido de Domingo Arenas*, Fábula, México, 1946, en el periodo de 1941-1944, cuando Miguel tuvo a su cargo la Dirección de Divulgación de Prensa y Publicidad de la Secretaría de Educación Pública, y Frieda trabajaba con él. Ahí, vuelven a utilizarse los dibujos, moldes y estarcidos de Frieda Kahlo, y al pintarlos, les pone fecha y firma: "FK 41".

52.3. *¿Dónde llevas loza nueva?*, 1941. Estarcido sobre papel, 22.8 x 17.2 cm. Original de Frieda Kahlo.

Firma FK 41

[52.3]   *¿Dónde llevas loza nueva?, 1941. Estarcido sobre papel, 22.8 x 17.2 cm. Original de Frieda Kahlo para Corrido de Cirilo Urbina*

52.4. Molde para *Corrido de Cirilo Urbina*, 21.5 x 15.5 cm, sobre papel. Original de Frieda Kahlo.

52.5. Molde para *Corrido de Cirilo Úrbina*. Original de Frieda Kahlo, 21.4 x 13.5 cm, sobre papel.

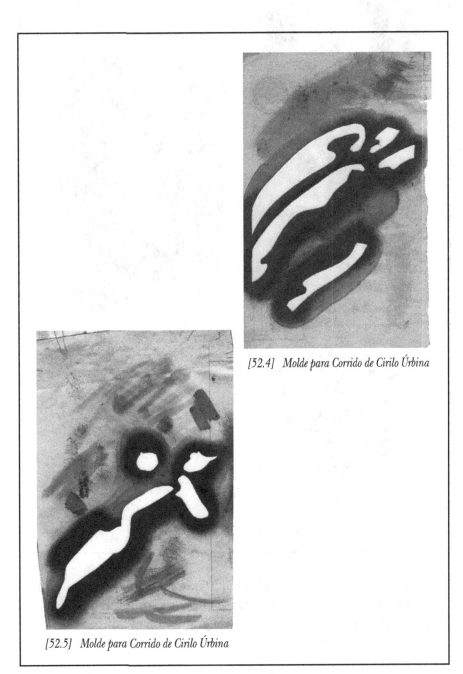

[52.4] *Molde para Corrido de Cirilo Úrbina*

[52.5] *Molde para Corrido de Cirilo Úrbina*

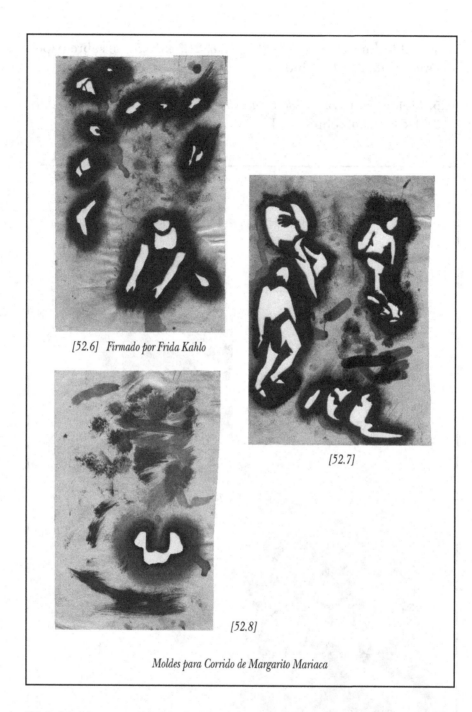

[52.6] *Firmado por Frida Kahlo*

[52.7]

[52.8]

Moldes para Corrido de Margarito Mariaca

52.6. Molde para *Corrido de Margarito Mariaca*. Original Frieda Kahlo, 21.5 x 13.5 cm, sobre papel. Véanse el pene y los testículos, que van a ser la mano de Miguel N. Lira (El Quijote) en el dibujo: La última firma, al final de este libro.

[52.9] *Todos sacan las pistolas*

52.7. Molde para *Corrido de Margarito Mariaca*, 22.5 x 14.5 cm, sobre papel. Original de Frieda Kahlo.

52.8. Molde para *Corrido de Margarito Mariaca*, 21 x 13 cm, sobre papel. Original de Frieda Kahlo. Aquí Frieda pinta sus traumas. Este dibujo es bellísimo, se recomienda verlo muy detenidamente y acompañados de una lupa.

[52.10] *La niña sin novio. La firma es la Paloma y el Elefante*

52.9. *Todos sacan las pistolas*, 23 x 17 cm. Estarcido sobre papel para *Corrido de Margarito Mariaca*. Original de Frieda Kahlo, 1941.

52.10. *La niña sin novio*. Estarcido sobre papel para el *Corrido de la niña sin novio*, 22.8 x 17.4 cm. Original de Frieda Kahlo, 1941. Véanse en la parte de abajo el elefante y la paloma (Diego Rivera y Frieda Kahlo) y volteando al revés el dibujo podrás ver un piano.

[53] Autorretrato de Frieda Kahlo

53. *Autorretrato de Frieda Kahlo.* Original. Fotografía de 24.2 x 19.5 cm del último autorretrato que Frieda había pintado en octubre de 1938.

Esta fotografía que tengo fue otro hallazgo fabuloso; al reverso dice: "Para Miguel con el cariño de su hermana de siempre. Frieda. Oct. 18. 1938".

La primera investigadora, Marta Zamora, a quien le mostré por primera vez la fotografía me dijo: "Este cuadro no existe, ¿dónde está?, ¿quién lo tiene?, ¿usted lo sabe?". Después, también se lo mostré a Andrea Kettenmann, James Oles, Estela Duarte, Américo Sánchez y a otros estudiosos de Frieda Kahlo, y todos me dijeron: "No se sabe dónde está este cuadro".

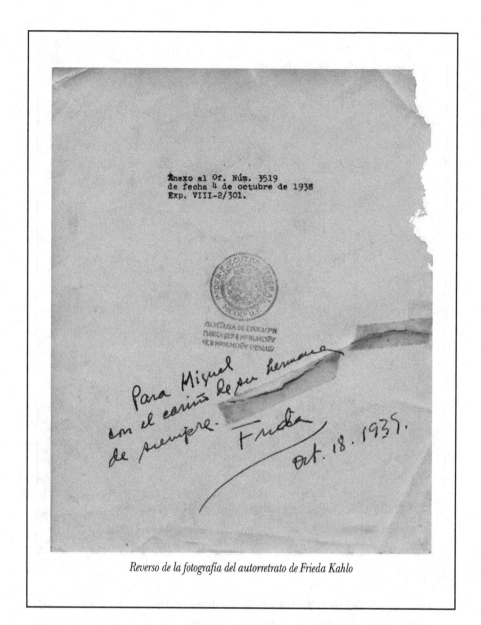

Reverso de la fotografía del autorretrato de Frieda Kahlo

El 27 de mayo de 2005, me senté a examinar bien y ver lo hermoso que resultó el libro *Frida Kahlo*, que me envió de obsequio el maestro Américo Sánchez, director del Museo Mural Diego Rivera, editado por el Consejo Nacional para la Cultura y las Artes, INBA, y el Museo Mural Diego Rivera. Me quedé mirando la portada, donde está el cuadro de Frieda llamado *El marco*, que tiene el Museo del Louvre, en París; tan bella, la contemplé poco a poco, punto por punto: marco y fondo; miré sus labios, rostro, cejas, cuello, toda ella, y como está pintada de tal modo que, cuando miras sus ojos, ella penetra en tu corazón. Entonces se siente una emoción muy agradable, se siente que te invita a entrar en ella, en su arte, en su vida. En ese momento pensé en la fotografía que yo tenía de ella, fui a traerla, la puse frente a mis ojos; miré las dos imágenes, la mía estaba triste, fea, muy fea. Vi las dos juntas y, de momento, pensé: ¿y si ésta es esta otra? Y escogí un punto y recorrí, siguiendo los mismos puntos… y ¡oh, sorpresa! ¡Eran la misma! Así feo estaba el cuadro que Frieda tenía listo para llevárselo, junto con otros, a la exposición de New York y luego a París. Miguel nuevamente le dijo: "Frieda, está buten de feo, vamos arreglándolo para que quede muy bonito". Lo arreglaron ayudados con una artesanía que hacían en

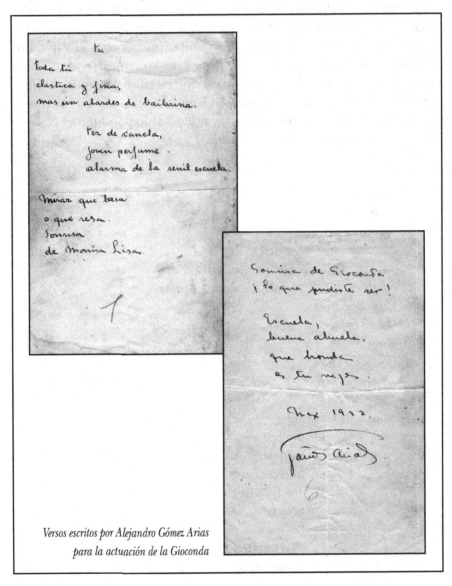

Versos escritos por Alejandro Gómez Arias
para la actuación de la Gioconda

Puebla, y el resultado fue, que Picasso cuando vio ese cuadro se arrodilló ante Frieda, y Kandinsky llorando, besó su frente, y Picasso poco tiempo después le dijo a Diego Rivera: "Ni Derain, ni tú ni yo pintamos las cabezas como las pinta Frida". Ese cuadro lo compró el Louvre de París y fue la gloria más grande que Frida recibió en vida. En el reverso de la fotografía, está autografiado por Frieda el 18 de octubre de 1938. En ese tiempo Picasso pintaba Pesca Nocturna en Antibes y el Retrato de Dora Maar en cuarta dimensión, la más misteriosa en arte y ciencia.

Todo esto, es parte de una profecía, que se anunció cuando los Cachuchas en la Preparatoria, entre varias actividades, hacían teatro y actuaban dentro de un salón o en la calle. Una de esas actuaciones representó a Leonardo da Vinci y a la mujer pintada por él y que hoy se conoce como *La Gioconda* o *La Mona Lisa*. Yo conservo algunos de esos recuerdos, entre ellos, unos versos que escribió Alejandro Gómez Arias, donde Frida representó a La Gioconda. Hoy están en el Louvre: *La Gioconda* con Leonardo da Vinci, y Frida Kahlo con Miguel N. Lira. Les presento parte de esas actuaciones.

Tu

Toda tú
Elástica y fina,
Mas sin alardes de bailarina
Tez de canela,
Joven perfume
Alarma de la senil escuela.
Mirar que besa
O que reza
Sonrisa
De Mona Lisa

. . . .

Sonrisa de Gioconda
¡Lo que pudiste ser!
Escuela,
Buena abuela,
que honda
es tu vejez

Mex 1922
Gómez Arias

54. *Al infierno cabrones*, 1940. Tinta china, sobre papel, 21 x 17 cm. Original de Frieda Kahlo. Véanse la firma F. K. (Frieda Kahlo) y el rostro de hombre, voltear 90 grados a la izquierda.

55. *Vuelta a la tierra*, 1940. Tinta china, sobre papel, 21 x 17 cm. Original de Frieda Kahlo.

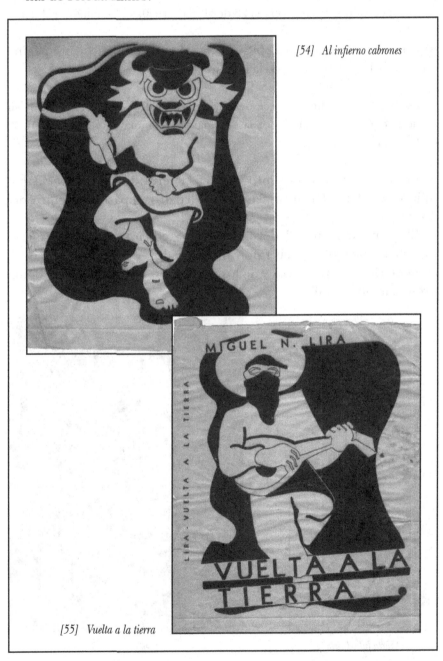

[54] *Al infierno cabrones*

[55] *Vuelta a la tierra*

En el ejemplar de Vuelta a la tierra, en el colofón, aparece lo siguiente:

Este libro consta de 26 ejemplares impresos en papel Garamond, numerados y fuera de comercio, y 500 en papel Biblios. Fue compuesto a mano con tipos movibles e impreso por Miguel N. Lira, Pascual López y José L. Aguilar. Las ilustraciones, la viñeta y el "jackett" de este libro, son originales de Julio Prieto. La edición se terminó el día 28 de abril de 1940, en los talleres Fábula.

Este libro lo dedica a Pepita Díaz y Manolo Collado. Una página antes del "Reparto" aparece la leyenda:

Estrenado la noche del doce de noviembre de 1938, en el Teatro Arbeu de la ciudad de México, por la Compañía Española de Comedias DIAZ-COLLADO.

En la cubierta final del libro Vuelta a la tierra, aparece la viñeta que Julio Prieto hizo. Las ilustraciones son cuatro, repartidas dentro del libro.

El ejemplar Núm. 13 del libro es una edición especial –única–, forrada en piel, papel más fino y filos dorados, y contiene al final los comentarios de los críticos y de los periodistas que opinaron sobre la presentación teatral.

Viñeta Julio Prieto

Ejemplar No. 13

En este ejemplar especial, aparece la cubierta de la siguiente forma: Al abrir el libro, después de cuatro páginas en blanco, nos encontramos con un dibujo de Frieda, ya coloreado.

Al final del libro, después de aparecer la viñeta de Julio Prieto, se añaden en esta edición de lujo, una página en blanco, y aparece el dibujo original de Frieda, de donde Julio Prieto tomó el modelo de la viñeta hecha por él.

Dibujo de Frieda que aparece al inicio después de cuatro páginas en blanco del libro Vuelta a la Tierra (Ejemplar No 13)

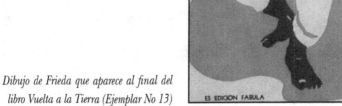

Dibujo de Frieda que aparece al final del libro Vuelta a la Tierra (Ejemplar No 13)

56. *Miguelito el Grande*, 1940-1941. Lápiz sobre papel, 9 x 7 cm. Original de Frieda Kahlo. Retrato de Miguel N. Lira como un sabio chino, y firma de Frieda en sello estridentista, caminando con dificultad con el pie y pierna derecha –debido a las secuelas de la poliomielitis que padeció de niña y por el accidente de 1925–, empujada por otra persona, que es Miguel N. Lira.

La K en la firma de este dibujo de *Miguelito el Grande* es la misma que aparece en la entrada del zaguán de la vecindad en la Escenografía *Linda* pintado por Frieda (véanse firma en Escenografía *Linda*, en la mampostería mostrada con un circulo rojo).

De izquierda a derecha se puede ver la primera letra en la primera piedra de la mampostería: una F. La punta de la línea del centro que sale de en medio de la línea vertical está apuntando a la mitad de la línea vertical de la otra piedra, que es la letra K. La pierna y pie derecho de la letra K va caminando con dificultad –así como lo hace también en el dibujo de *Miguelito el Grande*–, ya deformada y chueca. Es el sufrimiento de Fisita niña (la coja). Debido a las secuelas de la poliomielitis que sufrió a muy temprana edad.

Firma F. K. (Frieda Kahlo)

[56] *Miguelito el Grande*

Pequeño fragmento de la Escenografía Linda

57. *Ya viene Máximo Tépal* (Linda), 1935-1941. Esta obra se edita con el nombre de *Linda* (Fábula, México, 1942), se estrena en el teatro Fábregas el 25 de junio de 1941.

Ya viene Máximo Tépal, que se convirtió en *Linda*, posiblemente la pintó Frieda en 1935, cuando Miguel la escribió. Es la primera obra en donde Lira pone a Julio Prieto, para lanzarlo a *grandezazo* grande, como escenógrafo de la obra teatral. Quiere impulsarlo, como antes lo hizo con Frieda y con otros artistas y poetas. Pero Julio Prieto no estaba capacitado aún. Frieda Kahlo, siguiendo las ideas de Miguel, y su brazo derecho en ese tiempo, orienta a Julio Prieto en el dibujo, en la pintura, en el vestuario y en la escenografía de las obras teatrales. Veo a Julio Prieto en 1935 como encuadernador en la imprenta de Miguel. Más adelante, el maestro lo coloca en el armado de los libros; comenzó a pagarle quince centavos por cada ejemplar de la edición. Y a medida que Julio Prieto avanza en el aprendizaje, lo lanza al teatro con *Linda*, que se estrenó en el teatro Fábregas el 25 de junio de 1941. Esta obra teatral sufrió un calvario y puso a prueba en la paciencia a su autor; padeció desde 1937, hasta que por fin se estrenó. El autor Lira, escribe en *Linda* (Fábula, México, 1942) lo siguiente:

> Escrita para ser llevada a la escena por comediantes aficionados, nació al estímulo de ellos, y frente al goce y emoción que me produjo la asistencia diaria a los ensayos de una obra del clásico teatro griego. De esa época también arranca la historia de *LINDA*, que en rigor –y lo será ya para siempre– el verdadero título de la obra [p.13].

En la Temporada de Primavera del Palacio de Bellas Artes, la obra fue anunciada con el sugestivo título de *Ya viene Máximo Tépal*. Lo mismo debió haber sido representada por las compañías Teatro de la Universidad donde los actores eran Isabela Corona, Carlos Riquelme y Carmen Madrigal; en Artistas Unidos donde los actores eran Julieta Palavicini, Carlos López Moctezuma, y María del Carmen Martínez. En Comedia Mexicana los actores eran: Matilde Palou, Carlos López Moctezuma y Virginia Fábregas. Para la Temporada de primavera organizada por el Comité Pro Teatro de la Ciudad de México, el actor era Fernando Soler. En Atenea, los actores eran Julieta Palavicini, Carlos López Moctezuma y Silvia Villalaz. Todas las compañías se interesaron por ella, a tal grado que se repartieron papeles, se ensayaron escenas y actos, y aun se bosquejaron decoraciones y vestuarios. ¡Pero el telón siguió caído para *Linda*!

Así de esa manera, en el ocaso de junio de 1941, *Linda*, mi buena amiga, pudo salir a la escena de México, a decir toda la esperanza y toda la amargura de su pasión por MÁXIMO TÉPAL, el romántico guerrillero de Tlaxcala [p.18].

El estreno de la obra fue patrocinado por el Gobierno del Estado de Tlaxcala. Las indicaciones de Lira para la escenografía eran éstas:

Calle de un pueblo pobre, que se prolonga y ligeramente se desvía a la izquierda. A la derecha, en primer término, la casa de Linda. En el muro que divide el escenario y que corresponde a la casa, una puerta y una ventana... levantado el muro del frente de la casa de linda, la sala... los muebles ostentan su antigua elegancia. En el fondo, una amplia puerta comunica con las habitaciones interiores, y un ventanal permite ver el jardín, al que se llega por otra puerta que está a la derecha [p.23].

57.1. Escenografía *Linda*. Acuarela sobre cartulina, 32.5 x 25 cm. Original de Frieda Kahlo.

Esta preciosa acuarela está llena de recuerdos de Frieda, la sala de la Casa Azul, con símbolos esotéricos y también aquí sus traumas y mundo de pesadillas. Les muestro la Escenografía *Linda* porque pueden ver allí la firma en *Miguelito el Grande*, ya mencionado. Es la misma firma dibujada en la mampostería. La puerta con vidrios y cortina elegante es la puerta que daba al patio de la Casa Azul.

Antes de entrar en más detalles sobre esta obra maravillosa, cabe mencionar que es una obra surrealista o subconsciente (*sub.* abajo de; *consciente.* conciencia) o subliminal (*sub.* abajo de; *limine.* umbral de conciencia). Esto es, que sólo lo capta el hemisferio cerebral derecho que es el que percibe lo que no puede hacer la conciencia.

Dentro de la sala, posiblemente donde murió Guillermo, su hermanito pequeño, Frieda pinta el rostro de un niño. Teresa del Conde (en el Prólogo, p. XXIII del libro *Frida Kahlo. La pintora y el mito*) dice:

En 1906, nació el único hijo varón que tuvo Guillermo Kahlo, pero murió pronto y su mujer volvió a embarazarse rápidamente, quizá con la esperanza de que el nuevo vástago fuese varón también.

Además de ese primer niño, pintó dos rostros más de niños pequeñitos, todos ellos con la cara triste y enojada. El primer niño se ve entre la puerta negra de fierro y la puerta de cristales con cortinas; y

[57.1] Escenografía "Linda".
Véase la firma F. K. (Frieda Kahlo) y el rostro del niño Guillermo Kahlo

en la parte de abajo en un marco de yeso, al niño Guillermo, su hermanito.

Lector: mira esa parte que te digo, y deja que tu cerebro consciente acepte lo que le está presentando el subconsciente. Cuando ya hayas captado la carita del niño, observa que el punto redondito del lado derecho de la cara del niño es su ojo derecho. Sigue de ese punto hacia arriba como va la línea y podrás ver que va a formarse una K allí mismo. Después observa el punto de su mejilla izquierda y el punto de su ojo izquierdo, sigue hacia arriba y verás perfectamente en ambas líneas una F, esto significa Kahlo Frieda. Después, gira el dibujo 90° a la derecha y observa los otros dos marcos de yeso, uno en medio de las dos puertas con cortinas y el otro entre la puerta de madera con cortinas y la pared negra, allí verás otro niño en cada marco, observa que están enojados y tristes. En esta misma sala encontrarás símbolos esotéricos.

En la cornisa del segundo piso de la casa de atrás, podrás ver varios dibujos, como un elefante, pero en la pared del lado de la casa del segundo piso observarás "abundantísimo surrealismo", la vida, el mundo de Frieda.

En esa misma Escenografía *Linda* podrás ver mucho más, sólo deja, no obstruyas; deja la comunicación de los dos cerebros para que accedan ambos, y entonces podrás ver no sólo las hojas o ramas sino todo el árbol.

57.2 Programa del estreno de *Linda*, donde a Julio Prieto le dan el crédito de los bocetos, y la realización al pintor Luis Moya.

[57.2] *Programa del estreno de Linda*

57.3 Fotografía del día del estreno de *Linda*. Véase la fea escenografía hecha por Julio Prieto, y noten el vestuario del anciano en esta fotografía y comparen el hecho por Frieda (dibujo mostrado en la parte de abajo). Pero recuérdese, que Julio Prieto estaba comenzando a ser un escenógrafo.

[57.3] Fotografía del estreno de Linda

A la izquierda, el Anciano, enseñanza de Frieda a Julio Prieto para la escenografía de Linda. A la derecha, la madre de Linda, Beatriz. Boceto de Julio Prieto, 1941. Compárense los tonos del color negro con el dibujo del anciano de Frieda

Aquí se muestra cómo Julio Prieto avanzaba bajo la enseñanza de sus maestros Miguel N. Lira y Frieda Kahlo. Ya posteriormente, Julio Prieto se convierte en un gran escenógrafo

A la izquierda, Julio Prieto y Manuel González Ramírez, ensayando cómo hacer sus firmas. A la derecha, Ángel Salas y otro amigo, Armando Beltrán Mendoza, ensayan sus firmas

57.4 El Nahual. Personaje para *Linda*. Acuarela sobre cartulina, 24.3 x 15.4 cm. Original de Frieda Kahlo. Para ver la firma girar el dibujo 90° a la izquierda y, en el cinturón, véase una elegante F (Frieda). También hay surrealismo: varias imágenes dentro de varios trazos. ¡Frieda no dejaba de ser surrealista! En la novela *Donde crecen los Tepozanes*, aparece la tía Gregoria, una hechicera real que enseñó a Miguel N. Lira la hechicería indígena, dentro de la cual se creaban nahuales dentro de un hombre. Los nahuales tenían la facultad de convertirse en bestias, como la pintada aquí por Frieda.

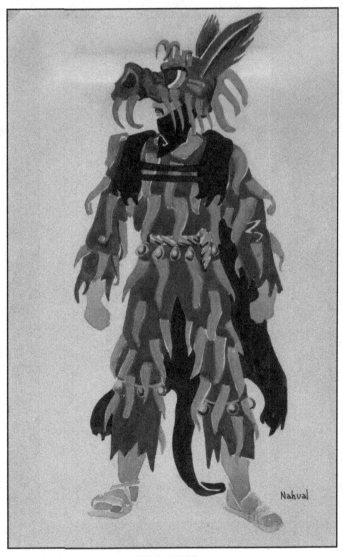

[57.4] *El Nahual*

57.5 Juan. Personaje para *Linda*. Acuarela sobre cartulina, 24 x 15.3 cm. Original de Frieda Kahlo. Véase el dobladillo del calzón al final de la pierna izquierda, un niño indito con penacho. Girando 90° a la derecha, ese mismo niño toma la forma de un hombre, y una mujer recostada sobre la cabeza de él. En el chal negro (especie de mantón) sobre el hombro izquierdo, un cuervo. Junto a la mano derecha, una cuchara flotando (no la identifico).

[57.5] Juan

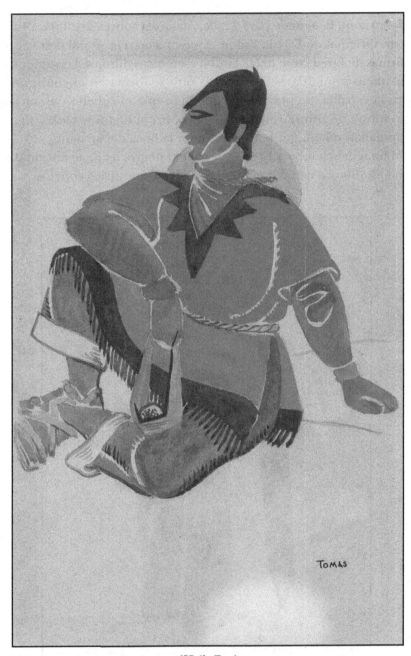

[57.6] *Tomás*

57.6 Tomás. Personaje para *Linda*. Acuarela sobre cartulina, 24 x 15.3 cm. Original de Frieda Kahlo. Véase la firma: claramente, en las correas del pie izquierdo, se advierte una F. Sobre la firma de Frieda, dos canarios cantando. Encuentra tú, lector, más figuras surrealistas, las hay.

57.7 Anciano. Personaje para *Linda*. Acuarela sobre cartulina, 24 x 15 cm. Original de Frieda Kahlo. En esta acuarela se pueden ver dos firmas de Frieda que hacía también en otros dibujos: la primera, en la mano izquierda estilizada; y la otra se forma en el cotón negro en la espalda. Se pueden ver también que el cabello del anciano lo forma un oso hormiguero blanco. En el bigote y barba, figuras humanas, una mujer blanca besando la boca del anciano.

Al final del chal, se advierte un conejo negro, a ella le encantaban. En los dibujos de *Código Frieda* se encuentran varios conejos.

[57.7] *Anciano*

[58] *La puerta de mi casa*

58. *La puerta de mi casa*. Acuarela sobre cartulina, 16 x 17.5 cm. Original de Frieda Kahlo. Finales de 1930 o principios de 1931. Pintada en Taxco en la casa de Blanca Luz Brum y David Alfaro Siqueiros. La firma lo forma la columna vertical y la viga horizontal.

Esta sala y esta puerta que comunicaban la sala con el patio de La casa azul, estaban muy grabadas en Frieda; a finales de 1930 o comienzos de 1931, en Taxco, Guerrero, estaba viviendo ahí David Alfaro Siqueiros, a manera de prisión, después de salir de la penitenciaría de la ciudad de México. Lo habían obligado a vivir en Taxco, junto con su esposa, la poetisa y heroína de la revolución en América, Blanca Luz Brum. Allí, Frieda, Miguel, Diego, Chávez Morado, Roberto Monte-

Ésta es la puerta que existía en la Casa Azul, que comunicaba la sala principal con el patio. Fotografía de Lola Álvarez Bravo en 1944. Es la puerta dibujada en la acuarela anterior

negro y muchos pintores, poetas y millonarios lo visitaban. Yo tengo algunas acuarelas pintadas por Frieda en esa casa de David Alfaro Siqueiros. Una de ellas es ésta donde Frieda pinta esa puerta de la sala de su casa vista por el exterior del patio.

59. Tres fotografías originales de 17 x 11.8 cm. Al reverso, un sello en cada una de las fotografías que dice: Agustín Maya (época en la que Frieda trabajaba bajo las órdenes de Miguel N. Lira).

Estas tres fotografías retratan cinco cuadros pintados por Frieda, como inspiración para Julio Prieto y Angelina Beloff, quienes van a trabajar en la escenografía y la propaganda de la obra de teatro infantil *La Muñeca Pastillita.*

59.1 Foto 1. Esta fotografía muestra el primer cuadro. Aquí se proyecta Frieda con su mundo tenebroso, traumático, lleno de simbolismo, falos y esoterismo. Muestra aquí un gran odio contra Diego Rivera, que como un "marrano" (apodo de Diego) besa a Jacqueline Lamba (amante de Frieda, en el círculo blanco, con cara de vaca y grandes pestañas). Algunos dibujos en este cuadro están reproducidos también en el Diario de Frieda Kahlo, por ejemplo, la cebolla, reproducida en la lámina 45 del citado Diario.

[59.1] Foto 1. Véase al niño Diego Rivera (esquina superior derecha) como aparece en el mural de la Alameda, del Hotel del Prado

[59.2] Foto 2

[59.3] Foto 3

59.2 Foto 2. Esta fotografía retrata dos cuadros. En el primero, a la izquierda, los personajes y elementos de la obra. A través de una ventana aparece la luna sonriente, con una F que forman los ojos de la Luna. Para Frieda y los Cachuchas esto significaba, que ella estaba en menstruación. En el segundo, a la derecha, va caminando el lobo hacia su cueva, llevando de la mano a La muñeca Pastillita. Debajo de la pata izquierda del lobo, en el pasto, aparece la firma f. k. (Frieda Kahlo).

59.3 Foto 3. Esta fotografía muestra dos cuadros, donde aparecen distintos vestuarios en los personajes. En el cuadro de la derecha aparece una dedicatoria, que no logro distinguir bien, en la parte inferior derecha.

59.4 Cuchi-Cuchi. Los monólogos de la vagina. Acuarela sobre cartulina, 33 x 25 cm. Original de Frieda Kahlo. El personaje del marrano en *La Muñeca Pastillita*, dibujado por Frieda, y aquí su firma son: las vaginas, como aparece en *Dos mujeres* y *El árbol de la guayaba*.

59.5 *Mi niño Diego, el Satán*, 1942, para *La Muñeca Pastillita*. En esta pasta se distingue su firma (una F) muy delgada y tenue en la fisura de dos dedos de su brazo izquierdo; pero en este dibujo vemos la firma que más le agradaba: unos testículos enormes y un pene de semental (Diego Rivera) y su firma F en el cinturón. Pero esto fue para aparentar; en realidad, aquí Frieda da culto al demonio Be-

[59.4] Cuchi-Cuchi. Los monólogos de la vagina

hemot, que para los judíos es Satanás, un elefante panzón, que es lo que está pintado aparentando los enormes testículos (que es la cabeza del elefante) y el enorme pene (que es la trompa del mismo elefante). Aquí pinta la Frieda perversa, la mala, la mentirosa.

Frieda hizo todos los dibujos del Brochure de inauguración en Bellas Artes de *La Muñeca Pastillita*. Yo creo, sin asegurarlo, que Miguel no permitió que esta contraportada se repartiera al público, ésta fue una "vacilada de Frieda".

Teatro infantil

SECRETARIA DE EDUCACION PUBLICA

DIRECCION GENERAL DE EDUCACION
EXTRAESCOLAR Y ESTETICA

[59.5] Mi niño Diego. *Para Frida –cuando pinta* Mi niño Diego, el Satán–, *toda la desgracia que le había sucedido a la Frieda buena, era por la influencia de Satán, que la tenía poseída desde 1910-1911. Para "Una de las Fridas", Diego Rivera es quien está encarnado en Satanás desde el año 1922. La encarnación de Satán en Diego Rivera es, –en el pensamiento hebreo, y Frida decía ser hebrea–, el demonio Behemont (citado en el libro de Job. 40,15-24) y cuya efigie es el gran elefante panzón*

[59.6] *Angelina Beloff. Propaganda para la obra de Miguel N. Lira, indicado por Frida*

59.6 Angelina Beloff, 1942. Propaganda para la obra infantil de Miguel N. Lira, *La Muñeca Pastillita,* presentada en Bellas Artes el 4 de junio de 1942. Las ideas originales de esta obra las pintó Frieda Kahlo en varias pinturas. De allí las toman y desarrollan Angelina Beloff y Julio Prieto.

La siguiente es una carta de Angelina Beloff, discípula de Miguel N. Lira, en el Arte del libro, en la S E P, del 12 de febrero de 1954.

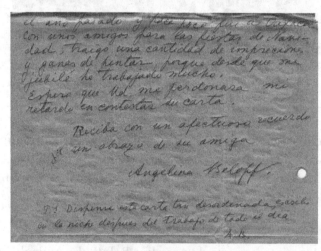

Carta de Angelina Beloff a Miguel N. Lira. Febrero 12 de 1954

12 de febrero 1954.

Lic Miguel N. Lira
Tlaxcala, Tlax.

Estimado y querido amigo,
Ciertamente Ud. me creera una malcriada y olvidadiza amiga. Recibi su gentil carta, pero tuve un trabajo loco con unos grabados que quiero mandar al primer salon de grabado del I.N.B.A. Inventé un grabado muy complicado que trabajé mas de un mes todo el dia y me cansaba tanto que en la noche literalmente no tenia fuerzas ni para escribir una simple postal, ahora estoy en lucha con el segundo grabado y hasta que los entrego no tendré ni reposo ni animo. Estoy dispuesta y con muchas ganas de hacer el articulo y las ilustraciones que Ud me indica, pero antes del fin de febrero no me sera posible hacerlo. Yo trato de trabajar lo más que pueda, pero no siempre estoy bien de salud y me canso mucho. Le suplico me perdone. Quiere Ud. darme mas detalles sobre lo que desea que haga, si aun lo quiere después del febrero? ME ACUERDO CON GRATITUD Y AFECTO DEL TIEMPO QUE HEMOS TRABAJADO BAJO SU DIRECCION EN LA SECRETARIA. UD. ME HA HECHO APRECIAR MAS EL LIBRO NO SOLO POR SU CONTENIDO PERO TAMBIÉN POR LA FORMA DE SU PRESENTACIÓN.

Estoy leyendo su revista en ratitos y espero una vez acabado este trabajo poder escribirle una carta mas larga. Estuve en Europa el año pasado y hace poco fui a Oaxaca con unos amigos para las fiestas de Navidad; traigo una cantidad de impreciones y ganas de pintar, porque desde que me jubilé he trabajado mucho.

Espero que Ud. me perdonara mi retardo en contestar su carta.

Reciba con un afectuoso recuerdo y [tachado en el original] un abrazo de su amiga Angelina Beloff.

P.D. Dispense esta carta tan desordenada, escribo en la noche despues del trabajo de todo el día A. B.

60. Telegrama a Miguel N. Lira: México D. F. 10 de octubre de 1942. Lira fundó el Seminario de Cultura Mexicano, y Frieda fue la secretaria. Frieda y Diego lo apoyaron en esta época, y él los va a recomendar como maestros de pintura en la escuela La Esmeralda, que reconstruye y reorganiza él mismo. Recomienda como director a Antonio Ruiz, y éste le obsequia en agradecimiento el cuadro *Los Títeres*.

[60] *Telegrama de Frida Kahlo a Miguel N. Lira*

19 México D.F., a 10 de octubre de 1942. Suc. 19
19 - 0.75 Extraurgente Pd. D. 13.35 F. R. A. M. 12.40

Licenciado Miguel N. Lira.
Departamento de Publicidad Secretaría de Educación Pública.
México D. F.

Miguelito Perdoname No Pueda Asistir Banquete Compromisos Tomados Con Diego
Me lo Impiden Excusame Miembros Seminario y Hartos Saludos.

Frida Kahlo

61. Carta de Frieda en tiempos en que colaboraba con Miguel N. Lira. Aquí lo invita a la inauguración de pinturas en la pulquería La Rosita, en Coyoacán. En esa misma carta iban anexados: el programa y algunos Corridos de "Los Fridos", sus alumnos de la escuela La Esmeralda.

[61] *Carta de Frida a Miguelito, Mike, Chong Lee*

Miguelito, Mike, Chong Lee,

Aquí te mando las invitaciones para la apertura de las pinturas que los muchachos de mi clase hicieron en la pulquería de "La Rosita" en Coyoacán. Además de tres corridos que ellos mismos hicieron para ser cantados el día de la inauguración. Ojalá pudieras venir aunque fuera un ratito, mañana entre las once y la una. Pero como sé que estás lleno de trabajo, me imagino que no te será posible, pero aunque sea quiero que sepas que hubiera sido rete "suave" que vinieras.

Recibe un abrazo de tu hermana,
Frida

El espectador! con sus comentarios de las noticias del día!
Amables radio-escuchas: el
SABADO 19 de Junio de 1943
a las 11 de la mañana
Grandioso Estreno
de las Pinturas Decorativas
de la Gran Pulquería

La ROSITA

en la Esquina de Aguayo y Londres.   Coyoacán, D. F.

las pinturas que adornan esta casa fueron ejecutadas por:

Fanny Rabinovich
Lidia Huerta
Ma. de los Angeles Ramos
Tomás Cabrera, Arturo
Estrada, Ramón Victoria
Erasmo V. Landechy y
Guillermo Monroy
bajo la Dirección de

Frida Kahlo Profesora de la Escuela de Pintura y Escul-
tura de la Sría. de E. P.

actuarán como Padrinos e invitados de honor
Don Antonio Ruiz y Dña. Concha Michel

Programa del estreno de las pinturas decorativas de la gran pulquería La Rosita

Corrido de Erasmo Vázquez Landechy

Corrido de Guillermo N. Monroy

Corrido de Arturo Estrada

Corridos de "Los Fridos"

CORRIDO DE "LA ROSITA" por
Erasmo Vazquez Landechy. – 1943.-

Voy a cantar un corrido,
Señores, pongan cuidado:
Y escuchen lo que les digo
En este canto inspirado.

Que pulquería tan gacha,
"La Rosita" se llamaba
y que daba mala facha
a todita la barriada

Todos, a cual más se toman
bajo los rayos del sol,
en sus pintorescas xomas
su exquisito pulma-piol.

También formando corridos
en una alegre reunión
empinan chivos, tornillos,
catrinas, y hasta camión.

Y juegan y se divierten
y asi se pasa la fiesta
y hasta se dan de moquetes
y arman semejante gresca!…

Doña Frida de Rivera,
una pintora moderna
dice-hay que pintar la vida,
vamos dejando la escuela.-

Muchachos:- dice contenta,
Les tengo un gallo tapado;
Quiero ver cómo se enfrentan
A lo que se me ha alcanzado.

-Paseándome el otro día
en un bonito lugar

encontré una pulquería
que sería bueno pintar.

-Ustedes han de decir
si se atreven a empezar
después habrá que seguir
dándole sin descansar.

El consejo lo tomamos
con entusiasmo sin par
y contentos nos pusimos
muy macizo a trabajar!

Allí se vió trabajar
como a un albañil cualquiera
al que no sabía agarrar
ni una cuchara siquiera.

Y el entusiasmo crecía
y la fe se acrecentaba
y no se pasaba un día
sin que algo se adelantara!

En dos semanas estuvo
pintando de lado a lado
y a mí me dio tanto gusto
que no puedo ni contarlo!

"La Rosita" se veía
siempre llena de mirones
unos allí discutían
y otros hacían objeciones.

Y entusiasmados miraban
y entre risas se decía:-
ay! Mano, yo no esperaba
ni tampoco lo creía!

NUESTRA ESPERANZA ES QUE UN DÍA
MEXICO VUELVA A TENER
PINTURA DE PULQUERÍA

LA QUE HAREMOS RENACER!...

Es la gloria para todos
los que nos han dirigido;
pero yo de todos modos
les dedico este CORRIDO

Salud! Mis buenos maestros!
yo les vivo agradecido,
cuando oigan mis pobres versos
que me dispensen, les pido!

Ya con esta me despido:
¡Que viva Frida Rivera!
que sabe mostrar la vida
hasta afuera de la escuela!
—FIN—
Con gratitud para mis maestros:
Frida Kahlo de Rivera,
Diego Rivera y Antonio Ruiz
Dedica el siguiente corrido.

PINTURAS DE "LA ROSITA".- C O R R I D O.:

Con sinceridad les pido
un momento, por favor
que escuchen este corrido
ya que no trata de amor.

Antes habían prohibido
a las pulquerías pintar,
decían que por el colorido
al hombre lo hacían entrar.

Y por tan simple motivo
se mandaron despintar
 creyendo habían conseguido
que el hombre no iba a tomar.
Como esto era muy absurdo:
tradición hay que guardar,
aunque pese a todo el mundo

volver eso a reanudar.

La Pulquería "La Rosita"
fue la primera en pintarse
quedando tan re bonita
como ya han de imaginarse.

Antes, tan mal se veía
que no podemos negar:
cuando se empezó a pintar,
comenzó a ser pulquería.

Con lenguaje callejero
criticaban los borrachos
unos decían:- qué bonito!
y otros decían:- uy, qué gacho!

A pesar de esto, señores,
al pueblo está reanimando
y está muy interesado
en hacerle los honores.

"La Rosita" era muy fea,
para que se ha de negar:
y cualquiera que hoy la vea
buena impresión va a llevar.

Tallando sobre marfil,
ya con esta me despido;
y si se han entretenido
que le den vuelta al barril.

Y si a alguno le ha gustado
Los versos de "La Rosita"
Tomando rico curado,
Espere que los repita.

(19 de junio de 1943).

Corrido por ARTURO ESTRADA.

PULQUERIA, - "LA ROSITA".
- Corrido, por Guillermo N. Monroy.

Señores y señoritas,
del barrio de Coyoacán!
escuchen este corrido
que alegre vengo a cantar!

El barrio de Coyoacán,
antes tan triste que estaba!
y era que le hacía falta
algo con que se alegrara.

Destino, siempre abusado
a "La Rosita" miró
y en menos que canta un gallo
"La rosita" se pintó.

¡Que bonita pulquería!
después que estuvo pintada!
las gentes llenas de gusto-
allí se dan su empulcada!

Para pintar "La Rosita"
mucho trabajo costó!
Del arte de pulquería
la gente ya se olvidó.

Doña Frida de Rivera,
nuestra maestra querida,
nos dice:- vengan muchachos
yo les mostraré la vida.

-Pintaremos pulquerías,
También fachadas de escuela
El arte se va muriendo
Si se queda en la Academia.-

Amigos de la barriada,
yo les quiero aconsejar,
que no tomen tanto pulque

porque se pueden hinchar.
     Piensen que tienen mujer
y hasta hijitos consentidos!
una cosa es ser alegres,
y otro, perder los sentidos!

     Ya dejen ese relajo
de "catrinas" y "camiones"
y piensen en su familia,
no tiren tantos tostones!

     Hoy sábado diecinueve:
¡Que bella está "La Rosita"
vestida quedó de gala,
parece mariposita!!

     Amigos, de Coyoacán,
si se quieren alegrar,
"La Rosita" les da gusto,
¡miren, qué bonita está!

     Adiós, muchachas bonitas
del Pueblo de Coyoacán,
denme siquiera un besito,
que no las he de olvidar!

     A la salud de "Rosita"
Me tomaré una "catrina"
Y el arte de pulquería,
Ya va a tomar nueva vida!

     Yo no quiero emborracharme,
Ni mirar bizco, ni doble,
Solo quiero estar alegre,
Que ese es el gusto del pobre!

——FIN——
Coyoacán, D.F., a 19 de junio de 1943.
Con cariño dedico este corrido al pueblo de México.

Guillermo N. Monroy.

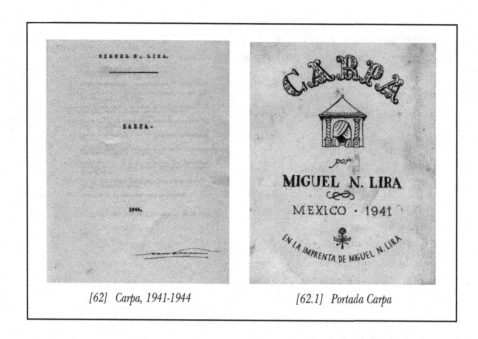

[62] *Carpa, 1941-1944* | [62.1] *Portada Carpa*

62. *Carpa*, 1941-1944 (periodo de duro trabajo de Miguel N. Lira y Frieda Kahlo, en la Secretaría de Educación Pública). En la portada hay una pequeña esfera, la cual, he ampliado y editado en color para así poder apreciar la firma FK dentro del círculo. A esta esfera la he nombrado: La Mariposa Frieda.

[62.2] *Hoy gran función* | *La Mariposa Frieda*

62.1 Portada *Carpa*, 1941. Tinta china sobre cartulina, 16.2 x 12.1 cm. Original de Frieda Kahlo.

[62.3] Chong Lee Fu

Dos dibujos surrealistas. En el primero de la derecha, véase la firma FK (Frieda Kahlo) en el cuello de Chong Lee. El segundo de la izquierda muestra la mano izquierda de Chong Lee agarrando un conejo de espaldas, el cual se transforma en un rostro de un anciano amable

[62.4] La bella tianguista

En este dibujo surrealista véase un rostro de mujer con una cachucha (Frieda es la Cachucha número 9), abajo del cuello véase la palabra "sexo"

62.2 *Hoy gran función.* Tinta china sobre cartulina, 10.9 x 8.6 cm. Original de Frieda Kahlo.

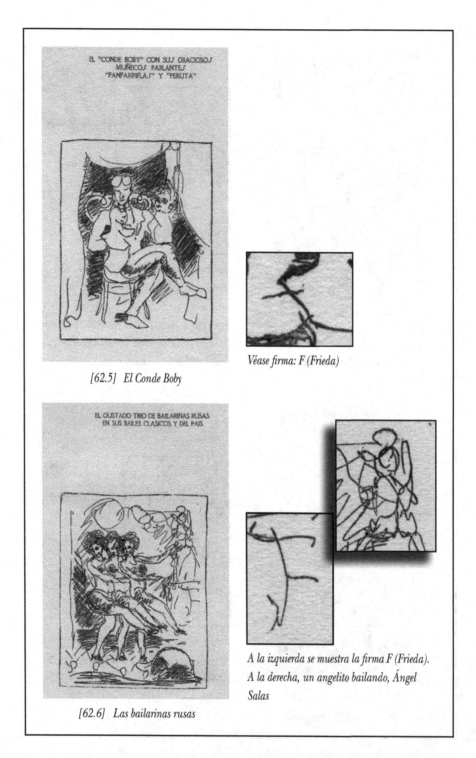

EL "CONDE BOBY" CON SUS GRACIOSOS
MUÑECOS PARLANTES
"FANFARINFLAS" Y "PERLITA"

[62.5]   El Conde Boby

Véase firma: F (Frieda)

EL GUSTADO TRIO DE BAILARINAS RUSAS
EN SUS BAILES CLASICOS Y DEL PAIS

[62.6]   Las bailarinas rusas

A la izquierda se muestra la firma F (Frieda).
A la derecha, un angelito bailando, Ángel
Salas

62.3 *Chong Lee Fu.* Tinta china sobre cartulina, 10.9 x 8.5 cm. Original
de Frieda Kahlo.

GRAN RUMBA POR LA AFAMADA BAILARINA NEGRA
"LA CUBANITA" Y EL SIN PAR "NEGRO TOMAJ"

Aquí la firma FK (Frieda Kahlo)
Véase a Frieda corriendo

[62.7] *La cubanita*

62.4 *La bella tanguista.* Tinta china sobre cartulina, 10.9 x 8.5 cm. Original de Frieda Kahlo.

62.5 *El Conde Boby.* Tinta china sobre cartulina, 10.9 x 8.6 cm. Original de Frieda Kahlo.

62.6 *Las bailarinas rusas.* Tinta china sobre cartulina, 10.8 x 8.6 cm. Original de Frieda Kahlo.

62.7 *La cubanita.* Tinta china sobre cartulina, 10.8 x 8.6 cm. Original de Frieda Kahlo.

A continuación, un gran número de dibujos del mundo surrealista, de Frieda y de su bondad por ser fiel y agradecida con Miguel; y también de amar a quien Miguel amara. Ésa era la filosofía de los Cachuchas: amar, y amar a los que ellos amaran, y esto hace con Julio Prieto y otros artistas, poetas y escritores, sobre todo pobres, a quienes Miguel amaba y quería ayudar.

63. *El último rincón del patio de mi casa,* 1948. Tinta china sobre cartulina, 11.9 x 11.1 cm. Original de Frieda Kahlo.

Aquí dibuja cosas y personas, entre ellas, a Jacqueline Lamba que

Firma F (Frida)

Firma K (Kahlo)

*[63]   El último rincón del patio de mi casa.
Véase en la esquina inferior izquierda la firma
VICK, significando: Very Important Cachucha
Kahlo. Así mismo, véase la letra F en la rama
del árbol de la izquierda, y la K bajo la amiga
imaginaria (árbol de la derecha)*

esta bajo el árbol de cedrón junto a Benjamín Peret, de una fotografía tomada en 1942. Esto lo trataré y explicaré en mi próximo libro: *Frida se confiesa.*

64. *A la mitad del patio de mi casa,* 1948. Tinta china sobre cartulina, 11.9 x 11.1 cm. Original de Frieda Kahlo.

Aquí dibuja entre muchísimos detalles a León Trotsky, asesinado, tirado en el suelo con un hoyo en la cabeza que le ocasionó el piolet. Esto lo trataré y explicaré en mi próximo libro: *Frida se confiesa.*

65. *La casa de la montaña,* 1950. Tinta china sobre cartulina, 11.9 x 11.4 cm. Original de Frieda Kahlo. Firma abajo VICK (Very Important Cachucha Kahlo). Véase también la F a un lado del balcón. Al reverso: tu cuate VICK. Este dibujo no lo he podido interpretar para poder darle su significado.

[64] A la mitad del patio de mi casa. Firmas: F.K

[65] La casa de la montaña.
Véase arriba dibujos surrealistas:
"hombre con antifaz", "conejo
subiendo la montaña", y "perrito
durmiendo en la montaña"

[66]   *La calle de un pueblo*

66. *La calle de un pueblo*, 1950. Tinta china sobre cartulina, 11.8 x 11.9 cm. Original de Frieda Kahlo. Aún no he podido ubicarlo. Es el mismo estilo de una serie de cinco.

67. *Mercado con iglesia*, 1950. Tinta china sobre cartulina, 17.9 x 12.12 cm. Original de Frieda Kahlo. Véase a la derecha, de arriba a abajo, "Miguel N. Lira (Chong Lee Fu) vigilando el mercado"; "Firma F L (Frieda y Lira) en la cúpula de la Iglesia"; "Firma F L (Frieda y Lira) en el piso, junto al huacal de pan", y, finalmente, "Hombre montado en un burro".

Este dibujo igualmente aún no he podido interpretarlo para narrar su historia.

[67]   *Mercado con iglesia*

[68]   *Alma en pena detenida en la Tierra*

68. *Alma en pena detenida en la Tierra*. Tinta china sobre cartulina, 12.5 x 16 cm. Original de Frieda Kahlo. Es Frieda que murió pero no pudo ir con Dios sino hasta ser liberada de la cadena que la ató a la tierra.

[69] *El machete*

Firma F (Frida)

[70] *Jaripeo*

69. *El machete.* Grabado sobre papel, 16 x 7.5 cm. Original de Frieda Kahlo. Este dibujo fue inspirado para el periódico del Partido Comunista: *El Machete.*

70. *Jaripeo.* Grabado sobre Cartón, 10.6 x 7.9 cm. Dibujo original de Frieda Kahlo. Firma F (Frieda), dibujada en la panza del caballo. Véase detalle de la firma en el dibujo de la derecha.

[71]   vista de la casa de David Alfonso Siqueiros

71. *Vista desde la casa de David Alfaro Sequeiros*, 1930-1931. Acuarela sobre cartulina, 23 x 18.2 cm. Original de Frieda Kahlo. Firma al comienzo de la banqueta. Alguna de las veces que Frieda visitaba esta
casa para acompañar y charlar con la esposa de David Alfaro Siqueiros, le escribió y dedicó una bellísima poesía, sintetizando el limpio
y grande amor que vivieron en
Montevideo, Uruguay, Blanca
Luz Brum y el poeta Juan Parra del Riego. Esa hermosísima
poesía compara el gran amor
de Blanca Luz y Parra del Riego, con el limpísimo amor de
Frieda y Miguel N. Lira; y el
grande amor de Frieda con
Blanca Luz. Ese poema se los
mostraré en *Frida se confiesa.*
¡Bellísimo!

[72]   El balcón

Firma F (Frida)

[73] *Romance de las tres lunas*

72. *El balcón*, 1930-1931. Acuarela sobre cartulina, 16 x 17.5 cm. Original de Frieda Kahlo. Pinta la puerta de La Casa Azul, la que daba de la sala al patio.

73. *Romance de las tres lunas.* Tinta china sobre cartulina, 15.6 x 15.9 cm. Original de Frieda Kahlo. El primero sirvió para el *Corrido de Pancho Villa*, dedicado por Lira a Alejandro Gómez Arias, después para un libro hecho por Miguel que lleva ese nombre. En este dibujo hay esoterismo, brujería, astrología. Véase firma de Frieda (f) en el dibujo de la derecha.

[74] *El marco vacío*

74. *El marco vacío.* Tinta china sobre cartulina, 3.5 x 3.5 cm. El marco de la izquierda es el original de Frieda Kahlo; el marco de la derecha está

[75] *Mounsier Le Toró*

En el dibujo de la izquierda se puede ver la firma F (Frida), ésta está ubicada arriba de la cabeza del toro. En el dibujo de la derecha se advierte la cabeza de una oveja, dibujada en la pata izquierda del toro. Hay más caras de animales y hombres dentro de esta cabeza, de un modo surrealista. Aquí, en esta cabeza de oveja hace alusión al dibujo de Picasso: Pesca nocturna en Antibes, *donde aparece Jacqueline Lamba, amante de Frieda. Allí la cara de una oveja y una vaca*

editado para mostrar la firma y otros detalles. En el margen izquierdo –del marco de la derecha–, la firma F (Frieda) en color azul con un espermatozoide sobre ella; dentro del marco: demonios, mujeres, senos, vacas y espermas, todo ello de una forma surrealista; Jacqueline Lamba simbolizada como vaca y como mujer, inspirado en la pintura de Picasso: *Pesca nocturna en Antibes.*

75. *Mounsier Le Toró* (apodo de Diego Rivera en París). Grabado sobre cartulina gruesa, 8.0 x 8.5 cm. Original de Frieda Kahlo.

76. *Lenguaje de la galantería*, 1940. Lápiz sobre papel delgado, 21.5 x 26.5 cm. Original de Frieda Kahlo. Inspirado para el cuadro de Frieda: *UNOS CUANTOS PIQUETITOS*, (1935) donde el asesino contestó su crimen ante la autoridad, pero en un lenguaje galante, entonces le preguntaron: "¿Qué hizo usted con la mujer? (la había destrozado a puñaladas), el asesino respondió: ¡UNOS CUANTOS PIQUETITOS!". Ese tema lo manejaron Frieda Kahlo y Miguel N. Lira desde tiempos de la preparatoria leyendo y estudiando el libro de Basilio Sebastián Castellanos de Losada: *LENGUAJE DE LA GALANTERÍA*, que lo publicó "El Gabinete Literario", calle del Príncipe número 25, en el Madrid de 1848. El autor, sapientísimo anticuario de la Biblioteca Nacional, quien lo presentó como: "Sis-

tema y Diccionario Manual de la Galantería y de sus Divisas".

El dibujo fue pintado por Frieda en 1940 para un libro que realizó Miguel N. Lira con ese nombre, y después se usó en la portada del Alcance al número 4 de la revista *HUYTLALE*, TLAXCALA-1953.

77. *Es que Dios está llorando porque mi carta leyó.* Lápiz sobre cartulina delgada, 17 x 22 cm. Original de Frieda Kahlo, para el *Corrido de Domingo Arenas*, dedicado por Miguel y Frieda a Alejandro Gómez Arias, Cachucha y amigo de los dos ("Tres en uno, y uno en tres").

[76] *Lenguaje de la galantería*

[77] *Es que Dios está llorando porque mi carta leyó*

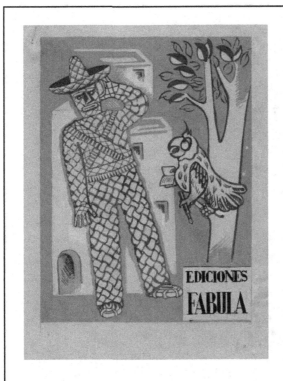

[78]

El hombre de petate y el perico

Firma de Frida

[78.1]

El hombre de petate y el perico

[79]
El zorro picudo y Pastillita

[79.1]
El zorro picudo y Pastillita

[80] *El látigo*

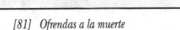

[81] *Ofrendas a la muerte*

78. *El hombre de petate y el perico*, 1942. Acuarela a color sobre cartulina, 23.5 x 17.5 cm. Original de Frieda Kahlo. Aquí relaciona Frieda esta acuarela con dos de sus obras: *Caballito mexicano, ca.* (1928) y *Autorretrato con Bonito*, 1941. La acuarela de 1942, es de una calidad muy superior a la de 1928; y el perico pintado en éste de 1942 aparece también en el cuadro *Autorretrato con Bonito*, 1941, de la misma época.

78.1 *El hombre de petate y el perico*, 1942. Tinta china sobre papel, 24 x 18 cm.

79. *El zorro picudo y Pastillita*, 1942. Acuarela a color sobre cartulina, 23.5 x 17.5 cm. Original de Frieda Kahlo.

79.1. *El zorro picudo y Pastillita*. Tinta china sobre papel, 23 x 18 cm. Original de Frieda Kahlo.

80. *El látigo*. Grabado sobre cartón, 16.4 x 1.5 cm. Original de Frieda Kahlo. Véase la firma (F) estilizada, girando el dibujo 90° a la izquierda.

81. *Ofrendas a la Muerte*. Tinta china sobre cartulina gruesa, 11 x 1.0 cm.

82. *El señor Xólotl y la señora Xolotzin bebiendo su café*. Tinta china sobre papel, 9.5 x 10.8 cm. Original de Frieda Kahlo.

[82] *El señor Xólotl y la señora Xolotzin bebiendo su café. El dibujo de abajo ha sido*
editado por mí para mostrar la firma F (Frieda), en la mandíbula del perro macho

LÁMINA VII

Frida y su amiga imaginaria
En dimensiones superiores dibujada en las cortinas
de la recámara del padre Rubén García Badillo.
Percibida y fotografiada en el tiempo, año 2007.

CAPÍTULO VII

Reconociendo a Frieda

Pasé muchas noches leyendo una parte del material que tenía de Frieda y de los Cachuchas, pues no se puede separar a Frieda de ellos, la una sin los otros no se conocería.

Pasaron varios años y aún no entraba yo en el mundo de Frieda. Comenzaron a visitarme algunos investigadores de la pintura para que les ayudara en sus estudios: me visitó varias veces Marta Zamora, de México, y le abrí mis archivos; también Andrea Kettenmann, de Alemania; otro grupo de Japón; el maestro Américo Sánchez, director del Museo Mural Diego Rivera; la señora Estela Duarte, entonces directora del Centro Nacional de Investigación, Documentación e Información de Artes Plásticas; Nadia Ugalde Gómez, de México; James Oles, de Estados Unidos, y otros más.

No a todos estos investigadores les mostré todo mi archivo, pues sólo les enseñé lo que conocía en ese tiempo.

Estas personas iban descubriendo en Frieda algún aspecto que desconocían, y me indujeron a conocer más de ella. Alguno de ellos me envío un álbum de pinturas de Frieda. Luego llegaron a mis manos algunos libros que hablaban sobre la pintora. Pero empecé a ver que había datos falsos y contradictorios. Por ejemplo, dicen que Frieda entró en la Escuela Preparatoria en 1922, cuando en realidad lo hizo en 1920; que nació en 1910, cuando fue en 1907; que su papá, don Guillermo Kahlo, era de origen judío-alemán, y la realidad es que su familia fue puramente alemana y venía del mismo grupo que Martín Lutero. (Los investigadores Frangee y Huhle descubrieron los orígenes de Guillermo Kahlo, padre de Frieda y afirman: "Los documentos encontrados demuestran que procedía de una familia luterana tanto del lado materno como del paterno, inclusive fue bautizado como luterano el primero de enero de 1872", según se lee en la página electrónica http://rancholasvoces. blogspot.com.)

Todos afirmaban que su gran amor había sido Diego Rivera, pero yo leí una carta, de la otra Frieda, la niña, la sincera, la Frieda hermanita novia de Miguel N. Lira, a quien decía que su verdadero amor sería, hasta la muerte, Alejandro Gómez Arias; también dicen que la primera pintura de Las dos Fridas fue inspirada en 1939,

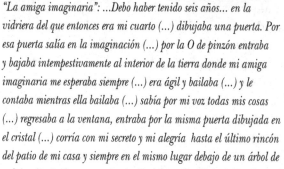 

*"La amiga imaginaria": ...Debo haber tenido seis años... en la
vidriera del que entonces era mi cuarto (...) dibujaba una puerta. Por
esa puerta salía en la imaginación (...) por la O de pinzón entraba
y bajaba intempestivamente al interior de la tierra donde mi amiga
imaginaria me esperaba siempre (...) era ágil y bailaba (...) y le
contaba mientras ella bailaba (...) sabía por mi voz todas mis cosas
(...) regresaba a la ventana, entraba por la misma puerta dibujada en
el cristal (...) corría con mi secreto y mi alegría hasta el último rincón
del patio de mi casa y siempre en el mismo lugar debajo de un árbol de
cedrón. Aquí sólo un pequeño detalle del amplio dibujo de Frieda que he denominado:* El último rincón
del patio de mi casa. *Al centro, detalle de* El dibujo verde o el dibujo china, *muestra a dos Fridas,
hecho en 1922; a la derecha, dos Fridas al calce de una carta de Frieda a Miguel N. Lira, en 1922*

cuando se estaba divorciando de Diego Rivera. Andrea Kettenmann,
en su libro *Kahlo*, en la página 55, al pie del cuadro *Las dos Fridas*,
1939, dice:

> Poco después del divorcio entre Frieda Kahlo y Diego Rivera, realizó la
> artista este autorretrato constituido para dos personalidades. Aquí meditó
> sobre la crisis matrimonial y la separación...

Pero *Las dos Fridas* aparecen ya en el dibujo *El último rincón del
patio de mi casa*, donde la niña Fisita (Frieda) se pinta con la edad
de seis años, sentadita, embelezada, contemplando a su amiga
imaginaria que baila; y en *El dibujo verde* o *El dibujo China* que poseo, –y que fue hecho por Frieda–, aparece la imagen de dos Friedas niñas en 1922, al meditar y reconocer, que en ella había dos
mujeres, dos personalidades: una de niña y buena (la de Miguel
y los Cachuchas), y la otra perversa, mentirosa, la que el mundo
conoce; también poseo el grabado original *Dos mujeres* que fue
hecho en 1925. Estos tres dibujos que tengo donde se muestra a

las dos Fridas, son anteriores a la pintura máxima que pintó Frieda en 1939.

La verdad es que su primer amor fue también Miguel N. Lira; las palabras que le decía a Diego Rivera eran las mismas que les decía a sus amantes: que no podía vivir sin ellos, que ellos eran el aire que le daban vida. Otros libros en el mundo que hablan de la vida de Frieda Kahlo también cuentan otras inexactitudes.

Dos Fridas

A la izquierda, el dibujo: Dos mujeres, *grabado de 1924 (simboliza dos Fridas). Tiene el mismo estilo que los dibujos de* Las guayabas. *En* Las guayabas, vaginas *(una de sus firmas); en éste, también pone vaginas (este dibujo es de mi propiedad). A la derecha:* Las dos Fridas *(1939), óleo, 173.5 x 173 cm. Pertenece al Museo de Arte Moderno* [Lo suprimí por requerimiento del Banco de México]

A principios de 2005 me visitaron unas personas del Museo Nacional de Arte, para consultar mis archivos sobre el estridentismo de Miguel N. Lira; y el maestro Américo Sánchez, por medio de ellos, me envió como obsequio el libro Frida Kahlo, que acababa de publicar –con otras instituciones– el Museo Mural Diego Rivera, del que él es el director.

Leí un poco ese libro y pregunté a mis visitantes: "¿Por qué se equivocan tanto los autores y dicen de Frieda cosas que no son ciertas?". Me contestó la investigadora del Museo Nacional de Arte, Estela Duarte: "Porque nadie tiene el material para conocer a Frieda, como usted lo tiene y la conoce". Ésa fue una de las causas que me impulsó a escribir los dos libros sobre Frieda: éste, Código Frieda, y el siguiente, que será su complemento: Frida se confiesa.

Se dice que Frieda había aprendido a pintar sola, lo cual es una mentira. En la página 10 del libro de Erika Billeter *The Blue House, the World of Frida Kahlo* se lee:

Frida Kahlo es la primera artista que escapa del influjo masculino del arte. Frida Kahlo fue completamente diferente a otras mujeres, es la única artista en la historia, que no necesitó de hombre alguno en el arte, y no estuvo sometida al juicio de ningún hombre en su pintura.

En esa misma página dice Diego Rivera:

Frida desde el comienzo pintó obras maestras que nadie había hecho antes en la historia.

Y de todo esto me decía a mí mismo: pero esto son mentiras, ésa no es Frieda. Y cada vez leía yo más, y encontraba más mentiras y mentiras de Frieda. Cada vez fui conociendo más a Frieda, y su mundo de mentiras ¡Ella era una mentira! ¡Una manipuladora! Manipuló el mundo de su tiempo, y sigue manipulando el mundo cultural de hoy. Frieda llevó esa mentira a una verdad: vivir. Para vivir tuvo que mentir y manipular. ¡Viva la vida!

Pero cada vez que investigaba yo más de ella, más me enamoraba. Sí, eso, me enamoraba yo, cada vez más pasional, de su inteligencia, de su fuerza espiritual y física. Uno de los Cachuchas, el psiquiatra José Gómez Robleda, decía: "Frieda pinta sus traumas", y con los pocos o muchos estudios que tengo de psiquiatría, me envolvía yo en la vida traumática de Frieda.

Estudié los traumas de Frieda, sus actitudes, sus mentiras, su lesbianismo, su sexualidad insaciable, su manipulación, su arte, y todo ello me ayudó para conocer a una de las más grandes mujeres de la humanidad. La comparé con madame Curie, Indira Ghandi, con Golda Maier, con Margaret Thatcher. Y ahora la conozco, la admiro y la amo. ¡Quiso vivir! ¡Amó la vida!

El doctor José Alberto Pérez Morales, quien me ayudó en la investigación de Frieda y Miguel N. Lira, una o dos veces me sacó de quicio, pues decía que Miguel se comunicaba con él y me enviaba mensajes, en algunos de los cuales se mostraba muy celoso, porque yo sólo hablaba de Frieda; me exigía que pensara más en él. Los amo a los dos, y no sólo a los dos, amo a los seis Cachuchas, ¡y también a Diego Rivera! ¡Gracias, doctor José Alberto! Me ayudaste mucho con los mensajes de Miguel.

LAMINA VIII

La Venadita Feliz, Frida de García, con sus amigos:
Juan O' Gorman, Salvador Dalí, y ella sentada sobre
la cabeza de su amado Rubén.
Frida Kahlo en dimensiones superiores. Pinta a Rubén
García Badillo joven, guapo y alegre. Percibido y fotografiado en el tiempo, año 2007. Esta misma imagen
volteada 180° se mira el rostro del ilustre Diego Fernández de Ceballos.

CAPÍTULO VIII

¡Uno en tres y tres en uno!

Cuando me sentí cansado y molesto por tantas inexactitudes que dicen los que escriben sobre Frieda, en el mundo y en todas las lenguas, sentí que estos dos artistas, Frieda y Miguel N. Lira, necesitan decir su pecado "ante Dios y ante el mundo". Ellos se hicieron presentes junto a mí, para pedirme y urgirme que los ayude a decir la verdad: que Frieda fue una niña que sufrió mucho y le tocó vivir un mundo muy triste; que aprendió pintura porque un niño, Miguel, Mike, Chong Lee, se encontró con ella en 1920 en la Escuela Preparatoria; ella lo amó y él se encariñó con ella; él le enseñó a dibujar por alegría y diversión; luego, cuando ella ya no podía caminar, él la levantó y la llevó adelante, enseñándole a pintar y obligándola a ser una pintora para poder vivir, que era lo que ella quería; ella, sobretodo, lo que quería era ¡vivir!

Frieda

Entre los primeros datos que encontré, y con el que quedé muy admirado es que en ese tiempo no pensaban como pensamos hoy; que Miguel N. Lira debió ser muy carismático, en quien pusieron sus ojos hombres y mujeres.

Miguel

Al comenzar a leer parte de la correspondencia de los Cachuchas, veo que, en febrero de 1919, Alejandro Gómez Arias y Miguel N. Lira se conocieron e iniciaron una amistad muy fuerte, y al año siguiente, en 1920, conocieron a Frieda Kahlo. Ella inmediatamente se enamora de Miguel, y da principio la historia de tres personas que son uno. ¡Uno para tres y tres para uno!

Frieda me corrigió el sentido de este capítulo. Me dijo: "Uno en tres y tres en uno significa que tú, Rubén, eres uno, y nosotros,

Alejandro

Carta de Alejandro Gómez Arias a Miguel N. Lira. Primera posada de 1921

Miguel, Alejandro y yo, somos tres. ¡Tú con nosotros, y nosotros contigo!" Aquí no correspondí a lo que Frieda me pedía y dejé el capítulo como lo había escrito.

Primero son sólo dos, Frieda y Miguel, novios, "la Teutona" y "el Teutón". En agosto de 1921 empieza una nueva etapa para Miguel: el amor en la persona de Rebeca Torres Ortega, compañera en la preparatoria y amiga de Frieda, a quien Miguel mira por primera vez y se enamora. Se desconcierta, no sabe qué está sucediendo, hay nuevos sentimientos, nuevas emociones; era novio de Frieda, y ahora veía a otra mujer de un modo distinto, no sabe qué hacer. Se esconde en Tlaxcala durante las vacaciones, sin despedirse de sus amigos. Frieda y Alejandro sufren, preguntan, lo buscan. Alejandro consigue saber dónde está y le envía una carta a Tlaxcala; Lira la lee:

Primera Posada de 1921.
Sr. Miguel N. Lira.
Tlax. Tlax.
Sr. Prefecto del Dto de Señoritas de la E. N. P.
Amado Teutón:
Hay musica y olor a heno: Navidad.
Entre los cercanos e invernales ruidos de posadas tomo la pluma, escribo y saludote:
Que entre las salvajes tierras de Tlax vivas tu extinta vida de acolito y que sus aires y mujeres te sean buenos. Que vuelvas más santo y mas hipocri ta. ¡Asi sea! Es buena virtud ser hipocrita aunque es mejor ser sincero, como yo, por ejemplo.
Cambio de letra y digote que: (Nota: Alejandro acostumbró cambiar tipo de letra y firma, lo mismo hacían Frieda y Miguel, aunque menos. Imitaban firmas y tipos de letra, especialmente Frieda)
Te agradecería muchísimo, es decir, encarecidamente suplicote te informes que se necesita para examinarse en esa tierra que lo es tuya. Y que de serte posible me escribas y digas lo que de examenes sepas.
He visto a la Teutona, está mas palida y amarilla que un sobre fut. Algo le falta y me temo que si ésto sigue habra, mi generosidad y la galantería de mi estirpe que concederselo. Pues si tu no estas quedo yo, y a falta de pan son suaves las cemitas.
Aquillon Guzman diome noticias tuyas que obtuvo inmediatamente.
Como no ignoraras el Sr Chávez pasó a Altos Est. y el Sr. Aragón (déjala!) es otra vez entre nosotros. Aunque en feb. Seran o tendran verificativo otras farsas de esas que llamamos elecciones.
No he visto a Heliodoro, pero espero con fervor ver impresos tus Poxcas

Retrato de los alumnos de la Escuela Libre de Derecho, 1925. De derecha a izquierda (los que están sentados), el tercero de ellos es Miguel N. Lira; atrás de él, chaparrito con sombrero en la mano es Alejandro Gómez Arias; a la izquierda de Alejandro, Ángel Salas Bonilla. Ellos tres, con Manuel González Ramírez y Enrique Morales Pardavé, fueron nombrados por la Escuela Libre de Derecho como delegados al 3er Congreso Estudiantil (reunido en Ciudad Victoria, en enero de 1926). El peinado de Ángel Salas, en esta fotografía, es el mismo retratado en el cuadro Pancho Villa y Adelita.

Manox. Avisarete.
Que bailes y olvides.
Tuyo.
Alejandro Gómez Arias.
P. D. Estamos a 16.

Frieda aceptó a Gómez Arias como otro de sus novios, pero no lo fue sino hasta el 10 de agosto de 1923; sin embargo, al final de la primera carta donde lo acepta, en una posdata le dice: "Me saludas a Chong Lee y a tu hermanita". A partir de esta carta, los tres Cachuchas especiales, Frieda, Miguel y Alejandro comenzaron a ser: ¡Tres en uno, y uno en tres!

A partir de esa fecha de 1923, Alejandro pasó a ser el segundo novio de Frieda; el primero fue, y lo será hasta la muerte, Miguel N. Lira. Frieda era las dos Fridas, la de Miguel y la de Alejandro.

Antes de ayudar a estos dos grandes artistas, yo me oponía: soy sacerdote y pensaba en la moralidad para descubrir sus secretos. Yo guardo los secretos de miles de personas que han depositado en mi su confianza, entonces, ¿por qué ahora voy a descubrir el secreto de ellos?, me preguntaba.

Entré en reflexión y en oración. Y vino la luz a mí: Miguel y Frieda guardaron las pruebas y los recuerdos de ese tiempo. ¿Por qué cuando Frieda se iba a casar con Diego sacó sus recuerdos, "su tesoro" –dice ella–, y lo entrega a Miguel? ¿Por qué Miguel lo conserva, y antes de morir, no quema o destruye (como lo hicieron después Alejandro Gómez Arias y Manuel González Ramírez) el código secreto que encriptan en sus obras, y las dejan para que otro lo descubra? Estos pensamientos razonados me dieron la certeza moral para seguir adelante. Ahora estoy seguro de que ellos quisieron, desearon de todo corazón, que el secreto que guardaron fuese descubierto, y dado a conocer con el tiempo. Ellos jugaron con el tiempo, guardando minuciosamente las pruebas. Lo hicieron mayormente, ayudados por Albert Eintein en Física Cuántica, en Teletransportación sin tiempo ni espacio, en el presente, pasado y futuro; con la ciencia del siglo XXI, la del tercer milenio, en la de Leonardo da Vinci y Juan Pablo II.

Pero *Código Frieda* no tiene punto final, aún hay más por investigar. Se necesita un profundo estudio para descubrir ¿por qué el Mito Frieda?, ¿a quién fue dirigido el Mito Frieda?, ¿para burla de los grandes intelectuales del siglo XXI, como fue la burla del 13 de octubre de 1924, "La Música China", cuando los Cachuchas se carcajeaban ante la presencia de la crema y nata de "la intelectualidad" y de algunos Contemporaneos en ese tiempo en el auditorio de la Escuela Nacional Preparatoria?, ¿o como la burla del bombazo en la misma Preparatoria? ¡Está pendiente saberlo!

Arriba la cabeza de Chong Lee de 1924 (lapiz sobre papel); abajo cabeza de Chong Lee, teletransportación cuántica (partículas atómicas instantáneas) captada en el tiempo, en la alfombra de la recámara del padre Rubén García Badillo. año 2008

MIGUELITO EL GRANDE

LÁMINA IX

Miguelito el grande, 1940-41. Frieda Kahlo.
Lápiz sobre papel, 9 x 7 cm.
Colección Rubén García Badillo. Tlaxcala, México.

CAPÍTULO IX

Itinerario hasta la verdad

El nombre de este capítulo lo tomo de la obra de Miguel: *Itinerario hasta el Tacaná*, (Los Presentes, 68, Ediciones de Andrea, 11 de julio de 1958, México, D. F.). En esta obra, Miguel N. Lira fue narrando lo que sucedió en su agonía desde Tlaxcala, hasta Tapachula, Chiapas. Los "Janos", sus enemigos en Tlaxcala, manejaron la política con mentiras y calumnias, y la Suprema Corte, donde también había corrupción, lo retiró de Tlaxcala y lo envió a una zona muy hostil, Tapachula, donde está el volcán Tacaná. Esta obra comienza así:

¡No sé por qué tenía que ser así!

Madura el otoño en mi piel, lenta, despaciosamente, y súbitamente el aire de Tlaxcala empieza a azotar mis flancos y mi espalda.

¿Cómo puedo sentirlo desconocido y taladrante, cuando siempre fue límpido y acariciante?

¿Qué manos torvas lo sacuden por detrás de mis ojos, para que lo sienta, sin verlo; para que me duela sin mirarlo? Desde la subida de la cuesta de Acuitlapilco, los doce ojos de los tres Janos que me acosan, extienden la cerrazón de su vigilia intolerante sobre el camino de mi peregrinar forzado, ennegreciéndolo todo, hasta los dispersos rebaños de las nubes que no atino a comprender por qué están entintadas de grises, si la mañana no pinta lluvia y la luz del sol es espléndida y apacible.

De igual manera, yo fui sufriendo, trabajando mucho, hasta llegar a Frieda y Miguel, como Lira lo hizo hasta el Tacaná. Fui estudiando y descubriendo lo que Miguel N. Lira realizó en Frieda y cómo lo escondieron en un código oculto en sus dibujos, escritos y dibujos invisibles en dimensiones superiores, en Hiperespacio.

Los siguientes son los pasos que seguí en mi investigación para llegar hasta Frieda y Miguel:

Primero

a) Lo primero que encuentro son los dibujos en la libreta de dibujo de Frieda. En ella se conservan diez páginas, la primera, sólo la firma de Miguel y Frieda compuesta en una sola por la misma Frieda;

IONAL 2ª Sección
DE MEXICO

BADO 14 DE MAYO DE 1949 | REGISTRADO COMO ARTICULO DE 2a. CLASE EN LA ADMON. DE CORREOS EL 31 DE FEB. DE 1921 | AÑO XX. TOMO XXV

CION DE 1929 Y ES LA
IA PRODUCIDO MEXICO

Se Tuvo Entonces
Alto Sentido de
Responsabilidad

Prior Martínez, el
hoy Adusto Juez,
Expresa su Opinión

Entrevista de LUIS E. CARDENAS
Reportero de EL NACIONAL

Véase de derecha a izquierda (foto central): Miguel N. Lira, Alejandro Gómez Arias,
Ángel Salas y Octavio N. Bustamante. Delegacion de Tlaxcala al Congreso Nacional de
Estudiantes, en Oaxaca, del que Lira fue electo como vicepresidente. Enero de 1927

en otra, boceto y firma de Octavio N. Bustamante con fecha mayo
23-24; una más, retrato de Chong Lee (Miguel N. Lira) con dos leyendas y dos firmas de Frieda Kahlo, la primera leyenda en la parte superior: "A Chong Lee con admiración, F.K.", la segunda en la
parte inferior: "Es copia del original, hecha por el autor"; siete más,
con bocetos y firma compuesta por Frida indicando que Miguel N.
Lira y ella son uno. Dos dibujos son especiales: "el orejón", que se
empleará en el cuadro Pancho Villa y Adelita; el otro, "La Cachucha
Carmen Jaime", es el boceto que se empleará en el cuadro, que equivocadamente le hemos llamado *Si Adelita... o los Cachuchas*.

Estos dos cuadros citados fueron pintados por Frida en su época
temprana bajo la dirección de su amado Chong Lee. Dice Miguel:
era la niña que jugaba a querer a ser pintora. El primero fue pintado en 1926, como un regalo que le dio Frida a su amigo el Cachucha Ángel Salas Bonilla, que a muy temprana edad, siendo casi niño,
ingresó a las filas de las guerrillas de Pancho Villa. Al pintar aquí
Frieda el retrato de Ángel Salas. Frieda pinta un pene saliendo de la

bragueta del pantalón de Salas entre sus dedos. Por esta razón, Salas cubre su cara y deja el cuadro en la casa de Miguel, porque en la casa del pintado estaba dada la orden por la esposa: "Aquí esa puta de Frida Kahlo, no entra", ¡y menos con la travesura que Frieda había hecho!.

El segundo cuadro, cuyo nombre debía ser *Invitación al Dancing*, es comenzado en Tlaxcala al terminar el mes de diciembre de 1926, y terminado en el mes de enero de 1927, que es el tiempo cuando Miguel y los Cachuchas que aparecen en el cuadro elaboran dos libros, *Invitación al Dancing* de Octavio N. Bustamante, y *La guayaba* de Miguel N. Lira.

En el tiempo intermedio entre diciembre 1926 y enero 1927, el gobernador de Tlaxcala, Ignacio Mendoza, nombra a los Cachuchas Miguel N. Lira, como jefe de la Delegación de Tlaxcala, Alejandro Gómez Arias, como representante del estudiantado, y Ángel Salas Bonilla y Octavio Bustamante, como delegados generales al Cuarto Congreso Nacional de Estudiantes, celebrado en Oaxaca de Juárez, y que se inauguró el sábado 8 de enero de 1927, y en el cual, se eligió como vicepresidente del Congreso al delegado de Tlaxcala Miguel N. Lira.

b) El dibujo donde se muestran la cabeza y el rostro de Miguel (Chong Lee) con una leyenda en la parte de abajo: "Es copia del original, hecha por el autor. F K". Ésta es la revelación encriptada en juego de palabras: "Es copia del original (la copia hecha por Miguel), hecha por el autor" (el que pintó Frieda, feo, y destruido por ella "a filo de navaja"). En la parte superior: "A Chong Lee con admiración F. K.". Es la misma frase que aparece en el dibujo de Alejandro dedicado a Miguel en 1928: Aunque te vistan de tehuana, no sabes pintar. En esa fecha ya es conocido el hecho de que Miguel pintó el *Autorretrato de Frieda*, y también, ya había retratado al mismo Alejandro Gómez Arias, a Ángel Salas, y a Octavio Bustamante, y ése es el reconocimiento que hacen Alejandro y Frieda a Miguel N. Lira: "A Chong Lee con admiración" y "A Miguel N. Lira con admiración". Chong Lee y Miguel N. Lira son la misma persona.

c) El tercer dibujo, *Café de chinos* hecho por Octavio N. Bustamante en 1926, Cachucha, y también discípulo de Miguel N. Lira de dibujo y pintura. Bustamante va a recordarlo en 1953: "Los días felices cuando publicaste el autorretrato de Frieda".

Dibujo Café de chinos

Segundo

Miguelito el Grande

El dibujo de Frieda: *Miguelito el Grande*, donde aparece Miguel como sabio chino. En la firma de Frieda, en la que durante muchos años no reparé, aparece Frieda caminando con dificultad con el pie y pierna derecha, a causa de la poliomielitis y del accidente de 1925: es la letra K, su apellido, Kahlo; y atrás de la K está la F; pero empujando la F y la K aparece otra persona que es quien hace caminar las dos, F y K, esa persona es Mike (Miguel N. Lira). El significado de esa tercera persona empujándola lo trataré en el capítulo: "El Quijote. La última firma y el último autorretrato".

Tercero

La máscara en forma triangular, donde Frieda escribe una frase misteriosa: "La noche muy 10 de la mañana", y bajo la frase, la firma Kahlo, y bajo esa firma otra firma compuesta por ella: "Miguel N. Lira Fri-

da Kahlo", donde confiesan que ellos dos son los coautores, y, de allí, de todos los autorretratos de Frieda; esto lo corroborará Miguel, también, en 1953, cuando da a conocer el autorretrato de 1926 y del que escribe: "Es el antecedente de todos los demás". ¡Estridentista!

Frieda y Miguel N. Lira, martes 21 de octubre de 1924. La frase misteriosa: "La noche muy 10 de la mañana", significa que estuvieron trabajando toda la noche, y por fin lo terminó Frida a las 10 de la mañana, y a esa hora lo firmó

Cuarto

La caricatura en acuarela de 1928: *La escuela de pintura* de *Miguel N. Lira*, pintado por Frieda. Regalo a Miguel N. Lira y Rebeca Torres Ortega en el día se su boda. Frieda estaba en una situación económica muy difícil, sólo consiguió para los pasajes del camión. Ella quería regalarles algo valioso, pero no tenía dinero. Se abrazaron Miguel, Rebeca y Frieda, y me contó Rebe que estuvieron como diez minutos llorando. Miguel tuvo que pedir prestado a crédito algo de dinero para el ca-

Escuela de pintura de Miguel N. Lira

samiento, y Frieda sólo había podido conseguir el pasaje en camión, de Coyoacán a Portales, y de Portales a Coyoacán. Con excepción de Alejandro, los Cachuchas estaban pobres, "pelados, como los tomates".

En este dibujo se muestra lo siguiente: Lira, en la cabecera, al centro, enseñando pintura. A su derecha, Ángel Salas, Jesús Ríos y Valles, en cuya corbata está la letra F; sigue Alejandro Gómez Arias con la K en su corbata; en la otra cabecera "el Enanote", luego un amigo con la paleta de pinturas; sigue "el Tlacuache", Cesar Garizurieta; después, Octavio N. Bustamante, con las cejas muy pobladas y grandes orejas, y finalmente cierra Manuel González Ramírez; la mano izquierda de Miguel esta mostrando el dibujo y la pintura, y con la mano derecha en alto, está enseñando como maestro.

Quinto

La autobiografía de Miguel, de 1928, donde escribe al respecto: "Funda escuela pero sólo se consagra a uno por su talento". No manifiesta el nombre de Frieda, lo encripta en el secreto, en el misterio.

Sexto

El dibujo verde o *El dibujo China*, arte didáctico surrealista, firmado por Frieda la Cachucha número 9.

Séptimo

Todo queda sintetizado en la firma de Frieda, a mediados de 1954, antes de su muerte: dibuja un autorretrato estridentista, como en el primer autorretrato que le enseñó Miguel en octubre de 1924. Bellísimo dibujo, y con una forma muy especial. Aquí se muestra aquello que González Ramírez le vio dibujar y expresa en *El imperativo de vivir*: su micromundo. Toda una larga y bella historia, que ni yo ni nadie vio por muchos años. Allí estuvo en el papel, y también en mis manos, pero no lo vi, porque aún no había llegado el momento. Y quienes dijeron que había llegado el momento fueron Frieda y Miguel; ellos, que fueron sabios. Esto que digo me da un poco de temor, lo mismo que sentí cuando sufría al conocer los secretos de Frieda y dudaba en dar-

Rebeca Torres Ortega, novia y, después esposa de Miguel, compañera de escuela y amiga íntima de Frieda; a la derecha, Frieda Kahlo dibuja este último autorretrato antes de morir. Al pie del Autorretrato, una firma muy especial, única, exclusiva: la firma de Frieda en micromundo, donde aparece lo que le sucedió a ella, y lo que Miguel N. Lira hizo en ella [Esto lo trataré más ampliamente en El Quijote. La última firma y el último autorretrato]

los a conocer. Este dibujo, El último autorretrato y la última firma, se lo dio Frieda al Cachucha Manuel González, muy pocos días antes de morir ella, para que se lo entregara a Miguel. Éste quiso publicarlo en el homenaje a la muerte de Frieda, pero en el último momento no lo hizo; esto me lo contó Rebe; se lo escribe Miguel a González Ramírez indicándole cómo debía escribir: *Frida Kahlo o El imperativo de vivir.*

Aparece también bajo el Autorretrato y firma especial, una raya horizontal que muestra que en el reverso está la firma de Miguel y ella, la misma que ella elaboró en 1924, y que ahora en 1954, plasma lo que hizo Miguel en la vida de ella. Frieda desea que aparezca la misma firma que ella elaboró también en la primera hoja en blanco de su libreta de dibujo en 1924.

Lo que estoy escribiendo, como lo dije en la "Introducción", no es una novela. Algunos pensarán que tengo episodios esquizofrénicos, y que padezco alucinaciones. Comencé mi experiencia en la vida espiritual, en la Iglesia católica, en 1987, la fuerza del Espíritu, Pentecostés, renovado en el Concilio Vaticano II que reaparece en el catolicismo en 1967: la Renovación Pentecostal Católica, llamada también Renovación Carismática Católica, y ha sido increíblemente maravillosa. Pero también me dediqué a estudiar la novedad mundial: programación neuro lingüística; ahí se nos enseña a hablar con el hemisferio derecho del cerebro: el subconsciente, el cerebro de Dios, el cerebro de la fe, el del arte. Y también, —aunque sea de pasadita—, el misterio científico: la física cuántica, la ciencia de Dios, del Espíritu. Para mí, esto puede explicar lo que está sucediendo en mi vida, en relación con Frieda y los Cachuchas. Aunque, también, puede deberse a lo expresado en un dibujo hecho por Frieda, y que mostraré y explicaré en el libro: *Frida se confiesa*, lo que sucedió en mi experiencia en el año 1949.

Albert Einstein y Pablo Picasso enseñan a Frieda a manejar distintas dimensiones en ciencia y en arte. Pablo Picasso, en París, le enseña la cuarta dimensión, aunque Frieda ya tenía nociones del cubismo. Después Frida, parace que rebasó a Picasso con la cuarta dimensión y manejó la quinta y sexta, como aparece en los dibujos donde sólo se muestra una firma en hoja blanca completa.

Rostro de Albert Einstein aparecido en la pared de la casa del padre Rubén. La barba es Madame Curie

LAMINA X
Autorretrato con traje de terciopelo.
Fotografía original tomada por Miguel N. Lira y
pintado por él mismo en 1926.
Colección Rubén García Badillo. Tlaxcala, México.

CAPÍTULO X

Frida y Miguel en mi casa

Entré en la vida de Frieda y los Cachuchas desde 1960. Desde allí, hasta el 10 de mayo de 2005, estudié mucho, invertí mucho dinero y tuve algunos avances significativos, pero es a partir de esa fecha cuando todo se presentó, llovió la información, y en dos meses avancé lo que no había podido avanzar en 30 años. Desgraciada o felizmente, no lo sé, no he seguido las indicaciones que me han llegado de Frieda y sus Cachuchas. Ya tenía un avance significativo, y quise darlo a conocer a la prensa. Pensé que era lo que convenía; temía a la señora Raquel Tibol, pues había publicado mis cartas de Frieda Kahlo, en su libro *Escrituras de Frida Kahlo*, sin mi autorización, y sin siquiera saberlo yo, cambiando mi nombre por el de Víctor Varela Badillo.

Di a conocer a la prensa lo que llevaba investigado. Comencé a recibir mensajes de varias personas; un psíquico de Europa se comunicó conmigo y me dijo: "Sólo soy un mensajero de Frieda, que me dice que se cuide usted, que vienen pirañas a querer destruirlo, chupando su esencia, que no les cuente usted de sus investigaciones; que no le muestre nada a Raquel Tibol". También esto me lo repitió Frieda en vivo y en sueño.

El periodista Pedro Demetrio Morales González escribió en la revista *Tlaxcala hoy*, el 3 de julio de 2005:

> Falta saber en qué momento Miguel N. Lira aprendió a pintar, si fue en México o en ese viaje misterioso a China, y si en ese exótico país vio el futuro, si trajo técnicas secretas que fueron la clave del éxito del fenómeno de Frieda Kahlo, porque hablar de esos niveles no es tarea menor, pero faltaba que llegara alguien con el sentimiento y sensibilidad, y el amor de un sacerdote, como Rubén García Badillo, para descubrir que esta alineación de aniversario de Don Quijote, de Miguel N. Lira y de Frieda Kahlo, son los tiempos marcados por el espíritu de los Cachuchas, para revelar su secreto ante Dios... y ante el mundo.

En febrero de 2005, empecé a sentir que alrededor de mi cama, en las noches, había personas sentadas, y hacían mover mi cama. Soy una persona que no acepta fácilmente lo sobrenatural, sin aplicar primero lo físico, lo científico. Por eso, pensé que el movimiento podía deberse a algún vehículo pesado, como un trailer o una aplanadora, que pasara cerca de mi casa, incluso a una distancia de medio kilómetro. Pero esto continuó, y en marzo, comenzaron a tentar mi cuerpo. Al principio me dio un poco de molestia, pero poco a poco me fui acostumbrando. Comencé primero por sentir una mano suave y amorosa, como de una mamá, que me apapachaba, como arrullándome para dormir. Me fui acostumbrando a todo esto, y empecé a creer que eran los Cachuchas que me cuidaban. Alguna vez era demasiado relajo en la cama y no me dejaban dormir, entonces les grité: "Pinches cabrones Cachuchas, les doy permiso que me tienten, pero ¡no quiero verlos!".

Una gran psicóloga empírica, María Elisa Georgina Pérez Villafañe, alias "Mayeli" –que afirma ser vidente, y que yo cariñosamente le digo que es "brujita"–, me asegura que en mayo de 2005, cuando me visitó, vio a Frieda sentada en mi casa, muy contenta y fumando un puro; que también vio a un niño de muy corta edad y muy feliz que subía y bajaba de las escaleras de mi casa; que no me lo dijo en ese mismo momento porque pensaba que me iba yo a espantar. Un médico que me ayudaba a investigar, a diario insistía en darme los recados que Miguel le transmitía, y casi todo resultaba como me lo decía. Claro, yo no rechazo ahora lo que me decía el médico, porque a mí mismo, el 11 y 12 de mayo del mismo año, tuve la experiencia personal con la misma Frieda. Ella me habló y me dio las indicaciones precisas cómo encontrar lo que andaba yo buscando.

Los acontecimientos se precipitaron, a partir de la entrevista de 1977 palabras que concedí a la periodista Judith Amador Tello, de la revista *Proceso*, que tiene tiraje internacional. En el número 1491 del 29 de mayo de 2005, se publicó dicha entrevista; además, en esa misma edición, se incluyó una entrevista a los especialistas Estela Duarte y Américo Sánchez. La primera, ex directora del Centro Nacional de Investigación, Documentación e Información de Artes Plásticas, e investigadora del Museo Nacional de Arte; el segundo, director del Museo Mural Diego Rivera. Los dos de la ciudad de México.

Dudas de los especialistas (por Judith Amador Tello.)

Los Investigadores Estela Duarte y Américo Sánchez coinciden en destacar el valor histórico y documental del archivo que desde hace más de 30 años heredó de Miguel N. Lira el sacerdote Rubén García Badillo.

Ambos lo han orientado y motivado en sus investigaciones. Sin embargo, no se arriesgan a compartir o avalar sus conclusiones con respecto a que Lira enseñó a pintar a Frieda Kahlo y es el verdadero autor de algunas de sus primeras obras.

Investigadora del Munal y ex directora del Centro Nacional de Investigación, Documentación e Información de Artes Plásticas (Cenidiap), Estela Duarte señala que no le cabe duda que el sacerdote "conoce perfectamente la personalidad de Miguel N. Lira" y tiene muchísimos argumentos, por lo cual va a causar una "bomba". Sin embargo, explica que tendría que ver documento por documento para poder afirmar que el escritor hizo los primeros cuadros atribuidos a Frieda e indica que en ese caso la gran incógnita es ¿Dónde está la pintura de él?, si es que tuvo obras posteriores.

Destaca que la vida de Kahlo se reescribe todos los días y cada vez se encuentran nuevos datos. Comenta, como ejemplo, que unos investigadores alemanes que planean una exposición del fotógrafo Guillermo Kahlo, padre de Frieda, en su pueblo natal en Alemania, estudiaron el árbol genealógico de la pintora y descubrieron que no era judía, como se creía, sino que desde el siglo XVI sus ancestros fueron luteranos.

Por ello pide no desechar las hipótesis de García Badillo sin analizar los documentos que posee desde hace más de 30 años, sino considerar que ahí hay nuevas vetas de investigación, porque no es un "advenedizo", y aunque ciertamente "no es un historiador de arte", le concede el derecho de hablar de sus pesquisas dado que ha conservado por tanto tiempo el archivo, lo cual implica una responsabilidad.

Duarte ha visto y consultado parte de éste y conoce la libreta de dibujos de Lira, que la firma dice claramente N. Lira y considera que "evidentemente" los dibujos son los bocetos del cuadro *Si Adelita... o los Cachuchas*, que García Badillo atribuye al escritor.

Ella juzga que si él no pintó el cuadro al menos le dio a Kahlo el marco teórico para hacerlo, porque "no creo que Frieda hubiera tenido el talento para dilucidar una pintura estridentista. Me inclinaría a creer que, estando él involucrado en la poesía y en la obra de sus colegas, le dijo: 'Vamos haciendo un cuadro estridentista'. Porque además son los únicos, no hay otros después".

A su vez, Américo Sánchez, director del Museo Mural Diego Rivera, hace ver que a través del "valiosísimo" archivo de García Badillo se va conociendo más de Miguel N. Lira, quien ha sido subvaluado pese a que fue impulsor de varios escritores y artistas plásticos, y mantuvo una estrecha relación con Kahlo.

Pero aunque considera que seguramente el sacerdote tiene sus bases, dice que necesitaría ver toda la documentación para poder compartir sus conclusiones: "Cuando se trata de establecer cosas que pueden marcar la diferencia de lo que se ha dicho hasta la fecha de un personaje tan conocido como Frieda Kahlo, creo que hay que tener precauciones para evitar que haya otras voces que opinen lo contrario e igualmente con sustento.

Después de esa entrevista, vino una lluvia de ataques, de los que me previno, y sigue previniendo Frieda.

Pero los "muchísimos argumentos" que yo conocía entonces ya no son los que tengo ahora. Frieda y Miguel se han apresurado a mostrarme los más valiosos. Yo contaba con lo que expuse en el capítulo "Itinerario hasta la verdad", además de las quince cartas de Frieda a Miguel que aún conservo, que son parte de las cincuenta y cinco que había conservado y que se destruyeron.

Pero después de lo aparecido en la revista *Proceso* se requerían otras pruebas contundentes, que no dejaran duda del secreto que Frieda y Miguel encriptaron en sus escritos, dibujos y pinturas, pues empezó la crítica mordaz, y esperaba yo que vendría una avalancha mundial al publicar mi libro.

Todo fue rápido, increíble y maravilloso. Entre otras cosas, durante cinco años investigué el significado del dibujo de Alejandro Gómez Arias dedicado a su amigo y "hermano" Miguel N. Lira, en 1927; y también lo escrito por Frieda en la hoja de dibujo donde pinta la cabeza de Chong Lee en 1924, especialmente la frase "Es copia del original, hecha por el autor", y la otra frase en los dos dibujos, el de Frieda y el de Alejandro: "A Chong Lee con admiración" y "A Miguel N. Lira con admiración". Los dos nombres, Miguel y Chong Lee se referían a la misma persona.

La noche del 10 de mayo del 2005 me clavé en mi mesa de estudio, armando el rompecabezas, hasta la 01:30 del día siguiente. Me acosté y me dormí. Me desperté, miré el reloj y vi que eran las 4 de la mañana, en ese momento escuché una voz dulce, firme y fuerte: "Ve a leer las dos leyendas en los dos dibujos juntos".

Muy tranquilo –era la segunda vez en mi vida que experimentaba algo semejante– me levanté e inmediatamente, fui a buscar los dibujos, los puse juntos y leí lo que decían. En ese instante se iluminó mi mente y pude comprender perfectamente lo que decía allí:

Es copia del original: Entendí que Miguel había hecho una copia del original que hizo Frieda (se refiere al dibujo *Autorretrato con traje de terciopelo*).
Hecha por el autor: El dibujo original lo hizo Frieda, pero muy feo y sólo firmó la copia que había pintado Miguel.
Para Chong Lee con admiración: Frase dedicada a la misma persona (a Miguel N. Lira) en 1928, la misma época cuando Alejandro supo perfectamente que el *Autorretrato con traje de terciopelo* que le dio Frieda, engañándo-

lo al decirle que lo había pintado ella, en realidad lo había pintado todo Miguel, a quien Alejandro quería muchísimo; y entonces Alejandro sí se alegró, enojándose con Frieda.

Teresa del Conde, en su libro *Frida Kahlo, la pintora y el mito* (Plaza y Janés, 2a ed., 2004), sin conocer el dato que tengo, lo incluye en la página IV del Prólogo:

El cuadro que regaló a su novio Alejandro Gómez Arias en 1926 (...) Yo dudo que, de momento, él lo haya apreciado al grado en que llegó a apreciarlo después.

Teresa del Conde dice la verdad, Alejandro lo llegó a apreciar muchísimo cuando supo que lo había pintado Miguel, su gran amigo.

Ya tenía yo el argumento para probar que Miguel había pintado el primer autorretrato de Frieda, junto con las cartas donde los dos Cachuchas, Octavio N. Bustamante y Manuel González Ramírez, hablan de ello; la primera, el 25 de mayo de 1953, desde Aguascalientes:

Muy querido Mike:

Yo no había querido escribirte a propósito del primer número de *Huytlale*, sino después de escribirte la colaboración que me pides, a pesar de que se trata de una sola cuartilla (o tal vez precisamente por eso) no se me ha ocurrido algo emotivo y digno de tu intención, que ligue mis vagos recuerdos del dibujo que posees, con el hecho de que lo poseas y quieras publicarlo actualmente. Es un dibujo de nuestros mejores tiempos, de amistad y de actividad; de la misma época que el autorretrato de Frieda que publicaste.

Octavio N. Bustamante es el autor de la cabeza femenina, que firmó el 23 de mayo de 1924, dibujada en la libreta de dibujo de Frieda, cuando Miguel les enseñaba a los dos Cachuchas: Bustamante y Kahlo; dibujo que realizó y fechó el primero. Este dibujo que realizó y firmó Bustamante, lo guardó Frieda en su libreta. El que nombra Bustamante es otro dibujo.

La otra carta, de Manuel González Ramírez, publicada en el periódico *Novedades* el 18 de junio de 1954, dice casi al final:

...me detengo conmovido ante el incipiente autorretrato de Frieda Kahlo, porque yo bien sé que allí sintetizaste la mejor etapa de tu vida, esa que ha hecho posible que tú desde Tlaxcala, sirvas en forma insuperable a la

Un Año de Huytlale

Por MANUEL GONZALEZ RAMIREZ

Querido Miguel Lira:

Varias veces he hablado en esta columna de tu Huytlale. Claro que lo he hecho por razón de la amistad entrañable que en el curso de la vida nos ha unido a ti y a mí; a los míos y a los tuyos. Pero también, y muy fundamentalmente, porque el alarde tipográfico y el valimiento cultural de tu correo amistoso, que con la cooperación de Crisanto Cuéllar, periódicamente repartes por la República y por el Hemisferio, merece no una sino repetidas y muy rendidas alusiones. La que en estas líneas hago, corresponde a la celebración con que debe cerrarse el primer tomo de Huytlale.

Manuel González
Ramírez.

Mucho he admirado tu arrojo de abandonar la ciudad capital para ir al descanso de tu triste pero bella ciudad. Aquí compartiste con tu grupo de amigos, días tormentosos y de agitación política y espiritual. Tú y yo nos formamos en un mundo en crisis; y siempre estuvimos, como seguimos estándolo, atentos a lo que pasa por el exterior, hasta el grado de que de nosotros puede decirse que nada de lo que es humano nos es extraño.

Por tu cuenta seguiste caminos en donde yo te admiré pero no pude convivir porque eran sendas ajenas a mis inclinaciones intelectuales; pero no por ajenas incomprensibles. Y en la medida de esa comprensión, repito, te admiré. Pues eso de ser autor teatral, al mismo tiempo que empresario, con ánimos de complicarte la vida, no cabía en mí, ya que me parece que un ejercicio excluye al otro. Y sin embargo fuiste gran autor teatral y espléndido animador, en grado lo primero, que ya quisieran muchos de los supergenios que por los teatros experimentales flotan; y en buen aprecio lo segundo ya que fiel a lo que acontece en México, hiciste teatro y perdiste en el negocio.

Tanto como tú a mí, yo te he visto crecer, desde los primeros balbuceos hasta el poema que tienes en preparación pensado y formado en la madurez, y con propósitos de que en el aspecto poético sea tu obra definitiva. En ese proceso te he rendido los elogios, así como las acerbas críticas, entre las que recuerdo las que te endosé con motivo de "Segunda Soledad", tan circunstancial como la hiciste, y como para rendir homenaje a las mediocridades poéticas que estaban de moda en aquella época. Cuando escribí mi prólogo a "Poetas de México" hice el elogio del corrido culterano, personificándolo en tu obra; y ya viste que los hijos putativos de aquellas mediocridades se me vinieron encima por los conceptos que hice valer en el mencionado prólogo; por eso creo que estuve en lo justo, y me afirmo en ello, conforme pasa el tiempo.

Desde los lejanos días en que tus manos comenzaron el trato de los libros por encuadernarlos y empastarlos con los sarapes de Santa Ana Chiautempan, prodigios de presentación pero incomparables medios para atraer el polvo, hasta éstos en que entregas el alarde tipográfico de Huytlale, al concluir 12 meses de esfuerzo, ha habido un dilatado camino, de paciente preparación, de paciente ejercicio, de paciente fructificación. Te he visto formar letra por letra muchas de tus publicaciones. Cuando el insigne rector de la Universidad de México, Luis Chico Goerne, entregó a tu responsabilidad la Imprenta Universitaria, no solamente hiciste las veces de director de las publicaciones de aquellos tiempos sino que las más de las noches, fiel a tu devoción por las cuestiones de imprenta, bajabas a rozarte con el metal y la tinta, con las juntas y las alzas, y a embriagarte con el canto de las prensas, como que estabas en tu vida y en tu medio.

Y sin embargo, querido Miguel, me parece que has hecho más, y tiene que ser mejor el encomio, cuando has impreso libros y periódicos con magros elementos. Y no es que desestime la actividad tipográfica que realizaste en la Universidad, impulsándola por los caminos del decoro, con que posteriormente la conservó Panchito Monterde; sino que tu entusiasmo se ha acrecentado cuando una y otra vez empujabas la palanca de "La Caprichosa". Sí, de "La Caprichosa" que fué una prensa de mano que en otras manos hubiera servido para que en el Portal de Santo Domingo se hiciesen esquelas de bautizo, pero que tú operaste el milagro de sacar de ella, todas y cada una de las ediciones de "Fábula", y hasta te atreviste con mi libro de grabados, como cuando preparaste el volumen en honor de Berta Singerman.

Recorte de periódico (sección Novedades, de fecha 18 de junio de 1954)

Recorte de periódico (sección Novedades, de fecha 18 de junio de 1954) [continuación]

tipografía y a las letras mexicanas. Porque en tus manos el silencio se vuelve fecundo y rumoroso.

La noche del 11 de mayo de 2005, muy feliz, seguí estudiando y repasando algo de la correspondencia entre Miguel, Alejandro, Manuel, Ángel, Octavio, Frieda y Rebeca; más o menos unas 800 cartas. Continué, como el día anterior, hasta la 1:30 horas del día 12. Fui a comer algo y me sentía feliz; no había temor en mí, sabía que mis cuates los Cachuchas, "pendencieros y sanguinarios", me cuidaban, y bueno, siempre me cuida mi Papá Dios.

Me fui a la cama. Desperté a las cinco de la mañana; dormí una hora más. Igual que el día anterior, con esa voz dulce pero firme, segura, en el hemisferio derecho de mi cerebro dos veces escuché: "Ve a leer el homenaje a la muerte de Frieda, de Manuel González Ramírez".

Me levanté, vi mi reloj (siempre lo llevo), me envolví en una toalla y me fui a mi estudio. Corrí las cortinas y apareció ante mis ojos la maravillosa ciudad de Tlaxcala. Recordé a Miguel por su poesía Tlaxcala, Ida y Vuelta; los sentía junto a mí, los Cachuchas estaban en mi casa. Y la anteriormente citada vidente me decía que también estaba Diego Rivera con ellos.

Un año de Huytlale
Por MANUEL GONZÁLEZ RAMÍREZ

Querido Miguel Lira:

Varias veces he hablado en esta columna de tu Huytlale. Claro que lo he hecho por razón de la amistad entrañable que en el curso de la vida nos ha unido a ti y a mí; a los míos y a los tuyos. Pero también, y muy fundamentalmente, porque el alarde tipográfico y el valimiento cultural de tu correo amistoso, que con la cooperación de Crisanto Cuéllar, periódicamente repartes por la República y por el Hemisferio, merece no una sino repetidas y muy rendidas alusiones. La que en estas líneas, hago, corresponden a la celebración con la que debe cerrarse el primer tomo de Huytlale.

Mucho he admirado tu arrojo de abandonar la cuidad capital para ir al descanso de tu triste pero bella cuidad. Aquí compartiste con tu grupo de amigos, días tormentosos y de agitación política y espiritual. Tú y yo nos formamos en un mundo en crisis; y siempre estuvimos, como seguimos estándolo, atentos a lo que pasa por el exterior, hasta el grado de que nosotros puede decirse que nada de lo que es humano nos es extraño.

Por tu cuenta seguiste caminos en donde yo te admiré pero no pude convivir porque eran sendas ajenas a mis inclinaciones intelectuales; pero no por ajenas incomprensibles. Y en la medida de esa comprensión, repito, te admiré. Pues eso de ser autor teatral, al mismo tiempo que empresario, con ánimos de complicarte la vida, no cabía en mí ya que me parece que un ejercicio excluye al otro. Y sin embargo fuiste gran autor teatral y espléndido animador, en grado lo primero, que ya quisieran muchos de los supergenios que por los teatros experimentales flotan; y en buen aprecio lo segundo ya que fiel a lo que acontece en México, hiciste teatro y perdiste en el negocio.

Tanto como tú a mi, yo te he visto crecer, desde los primeros balbuceos hasta el poema que tienes en preparación pensado y formado en la madurez, y con propósitos que en el aspecto poético sea tu obra definitiva. En ese proceso te he rendido los elogios, así como las acerbas críticas, entre las que recuerdo las que te endosé con motivo de "Segunda Soledad", tan circunstancial como la hiciste, y como para rendir homenaje a las mediocridades poéticas que estaban de moda en aquella época. Cuando escribí mi prólogo a "Poetas de México" hice el elogio del corrido culterano, personificándolo en tu obra; y ya viste que los hijos putativos de aquellas mediocridades se me vinieron encima por los conceptos que hice valer en el mencionado prólogo; por eso creo que estuve en lo justo, y me afirmo en ello, conforme pasa el tiempo.

Desde los lejanos días, en que tus manos comenzaron el trato de los libros por encuadernarlos y empastarlos con los sarapes de Santa Ana Chiautempan, prodigios de presentación pero incomparables medios para atraer el polvo, hasta éstos en que entregas el alarde tipográfico de Huytlale, al conducir 12 meses de esfuerzo, ha habido un dilatado camino, de paciente preparación, de paciente ejercicio, de paciente fructificación. Te he visto formar letra por letra muchas de tus publicaciones. Cuando el insigne rector de la Universidad de México, Luis Chico Goerne, entregó a tu responsabilidad la Imprenta Universitaria, no solamente hiciste las veces de director de las publicaciones de aquellos tiempos sino que más de las noches, fiel a tu devoción por las cuestiones de imprenta, bajabas a rozarte con el metal y la tinta, con las juntas y las alzas, y a embriagarte con el canto de las prensas, como que estabas en tu vida y en tu medio.

Y sin embargo, querido Miguel, me parece que has hecho más, y tiene que ser mejor el encomio, cuando has impreso libros y periódicos con magros elementos. Y no es que desestime la actividad tipográfica que realizaste en la Universidad, impulsándola por los caminos del decoro, con que posteriormente la conservó Panchito Monterde; sino que tu entusiasmo se ha acrecentado cuando una y otra vez empujabas la palanca de "La Caprichosa". Sí, de "La Caprichosa" que fue una prensa de mano que en otras manos hubiera servido para que en el `Portal de Santo Domingo se hiciesen esquelas de bautizo, pero que tú operaste el milagro de sacar de ella, todas y cada una de las ediciones de "Fábula", y hasta te atreviste con mi libro de grabados, como cuando preparaste el volumen en honor de Berta Singerman.

Y ya que hablo de "Fábula", antecedente obligado de Huytlale, no tengo menos que decirte que esa inclinación tuya por ejercer la tipografía y presentar a los valores de las letras nacionales es lo que te ha salvado en la soledad, no la segunda, pero sí la definitiva que en tu "Niña" Tlaxcala llevas. Con los mismos pobres elementos de imprenta, realizas estupendas transformaciones. Y así, Huytlale que es tierra grande y en donde el amor y el cuidado de Rebeca te ha llenado de flores, tú, por tu parte, a Huytlale lo has convertido en un correo en donde la estafeta es opima, porque has unido nombres y obra de los mejores escritores que en nuestros tiempos son. Y así, si de la historia has recogido a Bartolomé de las Casas, a López de Gómara, a Clavijero y a Hernán Cortés, de la Literatura tus ilustres corresponsales se llaman Alfonso Reyes, Rafael Heliodoro Valle, Salvador Novo, Héctor Pérez Martínez, Nicolás Guillén y Rafael Delgado. Pronto tuviste que idear los "Alcances" de Huytlale, un recurso de posterior y muy especial pronunciamiento, que te permitió ampliar el espacio de Huytlale para dar hospitalidad a los nombres de Fernando Ledesma, Alfonso Reyes, y esa adquisición del grado mexicano que se llama Desiderio Hernández Xochitiotzin.

En las imágenes de tu periódico me detengo conmovido ante el incipiente autorretrato de Frida Kahlo, porque yo bien sé, que allí sintetizaste la mejor etapa de tu vida, esa que ha hecho posible que tú, desde Tlaxcala, sirvas en forma insuperable a la tipografía y a las letras mexicanas. Porque en tus manos el silencio se vuelve fecundo y rumoroso.

Cabeza de Chong Lee. Dibujo de Frieda con dos frases, la primera: "Para Chong Lee con admiración" (1924); la segunda: "Es copia del original, hecha por el autor" (1926)

Aunque te vistan de tehuana, no sabes pintar. Acuarela sobre papel, 32.8 x 25.5 cm. Original Alejandro Gómez Arias. Alejandro se enoja porque la mentirosa Frieda lo había engañado con el Autorretrato con traje de terciopelo, y pintó a Frieda ridícula; dedica esta pintura al verdadero pintor del autorretrato, que es Miguel N. Lira, con esta frase: "A Miguel N. Lira con admiración, 1928"

Fotografía original de Miguel N. Lira, tomada en 1926, del Autorretrato con traje de terciopelo. *Cuadro pintado por Miguel N. Lira en ese 1926. El original lo hizo Frieda, pero quedó muy feo, porque Frieda aún no sabía pintar*

La Ciudad de Tlaxcala vista desde el estudio del Padre Rubén García Badillo. [Fotografía de Rubén García]

Tlaxcala, ida y vuelta, de 1936:

CIUDAD

Niña Tlaxcala de azúcar
miel virgen del colmenar,
blusa de jacinto y lirios,
la falda espejo y puñal.

Luz de luces su vestido
que luce de claridad,
si verde entre los follajes,
azul en el manantial.

Alas de paloma fueran
líneas de nieve al volar;
Niña Tlaxcala las tiende
de encajes por la ciudad.

Alfombra de maravillas
que nubes quieren copiar;
Niña Tlaxcala las prende
de adorno en su delantal.

¡Qué blancuras contagia
la Virgen del palomar,
si hasta el aire es como un niño
en gracia dominical!

Las casitas de alfajores
se cubren todas de sal,

La plaza de armas lucida
de pajarero cantar
cuelga sus ramas de trinos
de verde luz vegetal.

Abren los templos sus naves
doncellas de la piedad,
al incienso de sus torres
que el cielo quieren cortar.

Así Tlaxcala se esconde
entre milagros de azahar,
cautiva de transparencias
y diáfana claridad.

Niña Tlaxcala, la mía
la que no puedo olvidar,
en mis ojos, en mi sangre,
oigo tus voces hablar.

Ida y vuelta a tu destino
que en vano quise cantar
pues que me segó tu blanca
blancura de palomar.

Niño Rubén García Badillo (vestido azul). Pintado por el eximio muralista Desiderio Hernández Xochitiotzin.
"Capilla del Pocito", en la ciudad de Tlaxcala [Fotografía de Rubén García]

Miré a mi derecha y ya se veía la figura de La Malinche, mi montaña; comenzaba a aparecer una tenue luz que anunciaba que pronto mi
amigo el sol aparecería enviándome sus primeros rayos. Me senté en un
cómodo y grande sillón afelpado, en donde se sentaba Miguel a leer, y
en el que algunas veces los Cachuchas se sentaban también. A esas horas

ya eran las 5:30 de la mañana y comencé a leer cuidadosa, lentamente, esforzándome por entender bien. Comencé a leer el título: Frida Kahlo o El Imperativo de Vivir, por Manuel González Ramírez. Alcance al número 18 de *Huytlale*, tomo II, Tlaxcala, 1954. Correo amistoso de Miguel N. Lira y Crisanto Cuéllar Abaroa. Comienza con la cita del recado que antes de morir le envió Frieda a Miguel, junto con el archivo secreto de su obra pictórica: "…Estas cosas son parte de ese tesoro que he guardado con lo que me queda y me quedará siempre de niña. Frieda".

En la siguiente carta del 14 de julio de 1954, que Miguel N. Lira le envía a Manuel González Ramírez, un día después de la muerte de Frieda, le indica que escriba un homenaje: "...Yo sé decirte que tengo un dibujito que puede reproducirse a tricromía..." (se refiere a El último autorretrato y la última firma). Y al final lo reafirma: "...la imagen del número de junio será la ilustración que yo poseo...". Pero Miguel estaba tan apesadumbrado que confunde el mes, que sería julio, y equivocadamente dice junio.

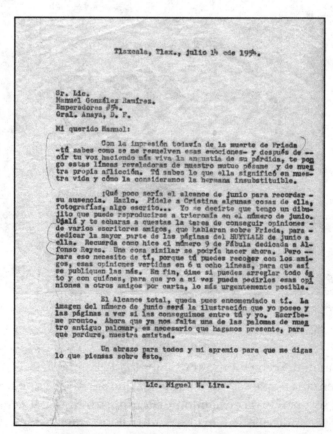

Carta de Miguel N. Lira a Manuel González Ramírez. Julio 14 de 1954.

Tlaxcala, Tlax., julio 14 de 1954.
Sr. Lic.
Manuel González Ramírez.
Emperadores #54.
Gral. Anaya, D.F.
Mi querido Manuel:
Con la impresión todavía de la muerte de Frieda –tú sabes como se me revuelven esas emociones– y después de oír tu voz haciendo más viva la angustia de su pérdida, te pongo estas líneas reveladoras de nuestro mutuo pésame y de nuestra propia aflicción. Tú sabes lo que ella significó en nuestra vida y cómo la consideramos la hermana insubstituible.

¡Qué poco sería el alcance de junio para recordar su ausencia! Hazlo. Pídele a Cristina algunas cosas de ella, fotografías, algo escrito... Yo sé decirte que tengo un dibujito que puede reproducirse a tricromía en el número de junio.

Ojalá y te echaras a cuestas la tarea de conseguir opiniones de varios escritores amigos, que hablaran sobre Frieda, para dedicar la mayor parte de las páginas del *HUYTLALE* de junio a ella. Recuerda como hice el número 9 de Fábula dedicada a Alfonso Reyes. Una cosa similar se podría hacer ahora. Pero para eso necesito de tí, porque tú puedes recoger con los amigos, esas opiniones vertidas en 6 u ocho líneas, para que así se publiquen las más. En fin, dime si puedes arreglar todo esto y con quiénes, para que yo a mi vez pueda pedirles esas opiniones a otros amigos por carta, lo más urgentemente posible.

El Alcance total, queda pues encomendado a ti. La imagen del número de junio será la ilustración que yo poseo y las páginas a ver si las conseguimos entre tú y yo. Escríbeme pronto. Ahora que ya nos falta una de las palomas de nuestro antiguo palomar, es necesario que hagamos presente, para que perdure, nuestra amistad.

Un abrazo para todos y mi apremio para que me digas lo que piensas sobre esto.
Lic. Miguel N. Lira.

En la carta del 11 de agosto de 1954, Miguel vuelve a recordarle lo de Frieda, y a darle algunas indicaciones a Manuel González Ramírez.

Y en otra carta de Manuel González Ramírez le indica a Miguel que ya ha recibido la revista *Huytlale* donde apareció el homenaje a Frieda que él escribió.

Tlaxcala, Tlax., agosto 11 de 1954.

Sr.
Manuel González Ramírez.
Emperadores #54.
Gral. Anaya, D. F.

Mi querido Maestro:

Para recordarte lo de Frieda te pongo estas líneas. Ya voy a entregar a la prensa el número correspondiente a junio y necesito -- que ya me tengas listo el Alcance de Frieda para el número correspondiente a julio.

También quiero recordarte lo de los - pensamientos de diversos escritores que te pedí sobre ella, pues eso formará parte, como te dije, de la revista en sí.

Espero tus letras lo más pronto que puedas. Salúdame a todos en tu casa con mucho cariño y tú, recibe un abrazo estrecho.

Lic. Miguel N. Lira.-

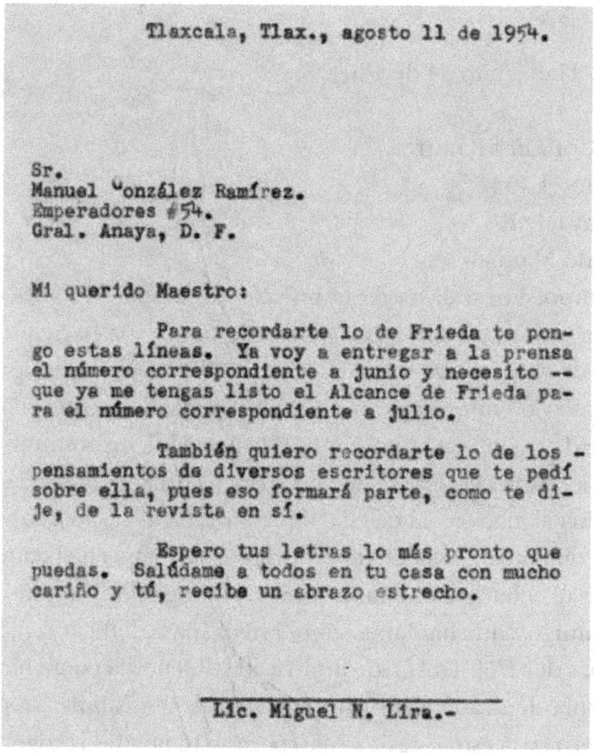

Carta de Miguel N. Lira a Manuel González Ramírez. Agosto 11 de 1954

Tlaxcala, Tlax., agosto 11 de 1954.

Sr.
Manuel González Ramírez.
Gral. Anaya, D.F.

Mi querido Maestro:
Para recordarte lo de Frieda te pongo estas líneas. Ya voy a entregar a la prensa el número correspondiente a Junio y necesito que ya me tengas listo el Alcance de Frieda para el número correspondiente a Julio.
También quiero recordarte lo de los pensamientos de diversos escritores que te pedí sobre ella, pues eso formará parte, como te dije, de la revista en sí.
Espero tus letras lo más pronto que puedas. Salúdame a todos en tu casa con mucho cariño y tú, recibe un abrazo estrecho.

Lic. Miguel N. Lira.-

Carta de Manuel a Mike (Miguel N. Lira). Febrero 23 de 1955

PATRONATO
DE LA
HISTORIA DE SONORA (1900-1950)

México, D.F., a 23 de febrero de 1955.

Sr. Lic. Miguel N. Lira.
Juez de Distrito
Tlaxcala, Tlax.

Querido Mike:

Recibí con mucho gusto el "Huytlale" en donde viene el Alcance de Frida. Salvo una falta de ortografía que entiendo no incurrí en ella, y que a tí héroe de la corrección se te fué, porque por tus años corridos en estos menesteres me consta que escribes un español si no del Siglo del Oro si a lo Crisanto Cuéllar Abaroa, y que por consiguiente no se te puede permitir tamaños gazapos; salvo esa falta lo demás esta bien. Tanto así que me estoy animando a completar con el estudio directo de todos los cuadros de Frida, lo que bien puede ser una nota biográfica de nuestra inolvidable hermana y amiga. Dispense el justicia el desacato que implica este párrafo.

Item más. Y pasando a otra cuestión quiero decirle que si no tiene usted inconveniente remita, a partir del número donde viene lo de Frida, su "Huytlale", con esa periodicidad digna de mejor causa, a la señorita Ana María Mayoral y Silvia, a la dirección de Carpio número 97, México 4, Distrito Federal. La señorita Mayoral y Silva es una distinguida colaboradora mía y te estimaré que hagas ese servicio como sí se tratara de mi persona. Sin otro particular y en espera de que el frío baje para ir a Huytlale, te ruego me hagas el servicio de saludar a Nanita, a Rebeca y a toda la tribu de "El Bosque" y del Juzgado de Distrito. ¡Que los sarapes y las cotorinas de Santana Chiautempan te sean leves! Un abrazo cordial de

Manuel

La dirección de Cristina es. Aguayo 22- Coyoacán D.F. Tél. 10-58-19

González Ramírez era la persona más capacitada para hablar sobre la obra pictórica de Frieda, porque en gran parte fue testigo presencial de lo que significó Miguel N. Lira para hacer de Frieda, al comienzo de su carrera, una gran pintora. Él mismo fue un alumno de la escuela de pintura de Miguel, localizada en la iglesia que albergaba la Biblioteca Iberoamericana, en el hospital, y en la Casa azul. Fue un gran historiador y uno de los cinco Cachuchas que conocieron la verdad sobre el Código Frieda.

Allí, poco a poco, en las palabras en línea y entre líneas, fui descubriendo, recordando, visualizando a Frieda en lo narrado. Recordé que Manuel González Ramírez fue uno de los Cachuchas; que junto con Miguel, Ángel, Octavio, Alejandro, "El Pulques", Ríos y Valles, César Garizurieta, "El Tlacuache" y "El Enanote", a quien no he podido identificar por su nombre, formaban la guardia personal de Frieda, y que todos ellos participaron en el engaño que junto con Frieda estaban fraguando, para construir "El mito Frieda".

En las tres primeras líneas de: *Frida Kahlo o el imperativo de vivir*, se presenta Manuel González Ramírez como testigo presencial de lo que Frieda hizo:

En dos extremos se movió su vida, entre esos dos extremos deseo escribir lo que a ella se refiere y de lo que fui testigo. (…) Fueron en las arcadas de San Ildefonso donde recogimos las inquietudes juveniles. Insensiblemente nos fuimos constituyendo en grupo, unido por los afectos y por el modo rebelde de encarar estudios, problemas e inclinaciones. [p. 7].

…En el caso de Frieda no cabe hacer la crónica de la predestinada, pues además de la pobreza del recurso, se alteraría la verdad [p. 13]. [Esto desvirtúa la aseveración que hace Diego Rivera de que Frieda "desde un principio pintó obras maestras".]

…Al contrario, para sí misma, para su persona, concentró la atención, y de ella dio muestras cuando a un triángulo comenzó a descomponerlo para el fin de diseñar su autorretrato, más tarde ese triángulo, dibujado con sus rasgos fisonómicos, le sirvió de firma, en la inteligencia de que esta práctica la convirtió en ejercicio constante, sin sospechar que por ese camino llegaría al dominio de la técnica y de la composición pictóricas [p. 14].

Sentí mi cuerpo electrizado, y respiraba rápido al leer este párrafo. Aquí me explicaba el dibujo de la máscara que tengo, en forma de triángulo, y con la barba puntiaguda en el vértice, dibujado por Frieda, y firmado con dos firmas hechas por ella misma el martes 21 de octubre de 1924: la prueba contundente de que Miguel fue su maestro.

Hayden Herrera, en su libro *Frida: una biografía de Frida Kahlo*, publicado por la editorial Diana, en la página 40 cita:

El "Cachucha" Manuel González Ramírez recuerda que Frieda diseñó un emblema personal que utilizaba en lugar de firma: un triángulo isósceles apuntando hacia abajo. A veces lo convertía en retrato añadiendo sus rasgos faciales, mientras el ángulo inferior representaba una barba…

Creo que Hayden se confunde con los dos triángulos: éste que presento es del autorretrato; el otro triángulo isósceles lo usaba a manera de firma al calce de algunas cartas. Aquí, González Ramírez habla del primer autorretrato, que va a ser la firma de todos los autorretratos posteriores, pero no de la firma en alguna carta.

En su mismo libro, Hayden Herrera hizo una investigación profunda sobre esta máscara, cuyo original yo poseo, y que es de suma importancia para el conocimiento sobre el arte pictórico de la pintora más famosa del mundo.

…la máscara se convirtió en su rostro… [p. 73].

…De manera profética, González Ramírez se dio cuenta de que las redes de líneas dibujadas por Frieda parecían representar el aparato circulatorio humano. El mismo tema, así como líneas entrelazadas de todo tipo, la ocuparían constantemente en su obra maestra madura. De manera semejante, el autorretrato en forma de triángulo y con barba, que le sirvió de emblema presagia el bozo que caracteriza su rostro en los cuadros que pintó de adulta [p. 379].

Andrea Kettenmann, en su libro *Kahlo*, publicado por la editorial Cordillera, dice:

La cama fue cubierta con un baldoquín en cuyo lado inferior había un espejo a todo lo largo, de modo que Frieda podía verse a sí misma y servirse de modelo. Este fue el comienzo de los numerosos autorretratos que constituyen la mayoría de su obra y de los que hay, casi sin excepción, ejemplos en todas las fases de su creación [p. 18].

Esto tampoco es verdad. Claro que la investigadora Andrea sigue los libros y las mentiras que construyeron, Frieda y otros con ella, el mito mundial. La verdad es que el dibujo triangular en forma de máscara es el comienzo, y ése es el modelo de todos los demás autorretratos. Este triángulo es el primero dibujado por la pintora y por su impulsor Miguel N. Lira; el segundo es el que pintó Miguel, y que firmó Frieda en 1926, cuando con un grito de impotencia y de rabia destruyó el error que ella misma había pintado "jugando a ser pintora cuando aún era una niña", según dice Miguel.

Frieda, bajo la guía de Lira, plasmó esa máscara el 21 de octubre de 1924. Trabajaron toda la noche. Miguel, con mucha paciencia, enseñaba a Frieda una y otra vez. Por fin, a las diez de la mañana, Frieda lo terminó, y a esa hora lo firmó con dos nombres: Miguel N. Lira y Frida Kahlo, coautores de su obra pictórica.

Lo primero que le enseñó Miguel a dibujar fueron las cabezas, y después el rostro, lo más hermoso que pintó Frieda en sus obras maestras, y ante lo que Picasso se arrodilló, para decirle a Diego Rivera después: "Ni Derain, ni yo, ni tú, somos capaces de pintar la cabeza como lo hace Frieda Kahlo". Fue producto de la dedicación, la paciencia, la consagración, el amor de Miguel al enseñarla.

El 12 de mayo de 2005 seguí estudiando, ya muy noche; no recuerdo a qué hora me fui a acostar; me desvestí, sólo me atravesé en la cama, comencé a hacer unas respiraciones profundas para tranquilizarme –pues estaba muy emocionado–, y debido a la sobrecarga de oxígeno en mis neuronas, empecé a entrar en un estado alterado de conciencia. Comencé un dialogo interno, y después comencé a hablarme también en voz alta –ya había yo comenzado a trazar y a escribir mi libro–; me dije a mí mismo, con mucho cariño y algunas caricias en mis mejillas: "¡No, Rubencito, no! ¡Debes comenzar con la biografía de Miguel y Frieda! Y luego de eso, la Preparatoria Nacional, y de allí saltas". Me pasé mucho tiempo repitiendo esto. Pensé levantarme y escribir lo que estaba diciendo, pero me dije: "No, no se me olvida: la biografía, la biografía, la biografía". A la mañana siguiente me levanté tarde, me bañé, desayuné y me fui a mi estudio. Al despertar, siempre hablo con mi Papá Dios, y saludo a mi amigo el sol.

Recordé que alguna vez había leído algo de una biografía de Miguel. Abrí la gaveta, saqué el fólder y busqué dentro de él y saqué tres hojas muy antiguas y algo apolilladas en las esquinas. Leí algo de su niñez, hasta 1928; dice, "Biografía de Miguel N. Lira", escrita por él en tercera persona. Allí, fui encontrando y confirmando algunas de mis pesquisas:

> Llegó a la Preparatoria en 1919. En 1920 formó parte de los Cachuchas y tuvo su primer lance sentimental. De 1925-1926 empieza a dibujar, a triángulos y cubos.[18]

Su biografía confirmaba lo que yo había pensado y probado en la libreta de dibujos: "En 1927 funda escuela y declara abiertas las inscripciones. Tiene discípulos pero sólo a uno se consagra por su talento". En 1927 –cuando Alejandro se refugia en Europa, huyendo de Frieda–, Miguel se da cuenta de que definitivamente Alejandro Gómez Arias no se casará con Frieda, e incluso Gómez Arias, en una de tantas cartas le dice a Miguel: "Frida pinta. ¿Es verdad que está muy mala? No sé yo ni qué escribirle ni qué decirle, ¡Cuéntaselo!" (En otras palabras, en el lenguaje de Frieda: "¡Mándala a la chingada!"). Es cuando Lira enseña a Frieda y la obliga a aprender a pintar y a mantenerse sola, porque Alejandro no se casará con ella.

Frieda estaba sumida en una gran pobreza, y necesitaba trabajar. Cuando Alejandro se embarcó para Europa, debido a una crisis de identidad –así como Miguel se fue a China– no se despidió de Frieda y tuvo poquísima comunicación con México. Su enlace era con Lira, y a él encomendó su familia, y de paso también a Frieda. Para Alejandro, en ese tiempo, su apoyo y su fuerza sólo es Miguel. Miguel tiene que tomar las decisiones, y una de ellas es que Frieda debe ser pintora, y que él debe enseñarle.

El 14 de mayo de 2005 buscaba yo en mis archivos la revista *Huytlale*, número dos, en donde pensaba encontrar la *Cabeza de Viejo*, dibujada por el pintor y médico, papá de Miguel, don Guillermo Lira. De pronto, misteriosamente apareció entre mis manos el número uno de la revista *Huytlale*, fechada en abril de 1953, la cual no había buscado. Se abrió solita y cayó al suelo una lámina, la primera del primer número, precisamente la publicación de una fotografía original que poseo, el primer autorretrato pintado por Miguel y firmado por Frieda. Al reverso, está escrita la confesión de Miguel, por primera vez, de lo que sucedió en 1926. Esta lámina dentro de la revista, se envió a muchos intelectuales de México, y de varios países del mundo. Aunque la verdad está en el centro de lo escrito allí, muchos de ellos que no conocían la vida de Frieda no pudieron descifrar el código.

Al reverso de esa lámina, leemos sobre la niñez de Frieda: sus traumas, su vida, sus "accidentes": el del camión con el tranvía de 1925, donde casi muere; el de su matrimonio con Diego Rivera, obligada a casarse con él, sin amor, sólo por necesidad, también traicionada; en 1926 jugaba a querer ser pintora; su impotencia para poder pintar; la grandeza de Frieda en el arte pictórico en 1953.

Frente y revés de la lámina que acompañaba al número uno de la revista Huytlale

Apenas cerrada la puerta que ella misma dibujara con un dedo en el cristal con "vaho" de una ventana; devuelta a su soledad de siempre enferma; repudiada por el "Interior de la Tierra" a donde llegó esa vez no por propio designio, sino por el "primer accidente" que sufriera en su vida al ser atropellada por un tranvía cuando tenía dieciséis años, FRIEDA KAHLO iluminó su primer autorretrato.

Muy lejos estaba de 1926, de desgarrarse "el seno y el corazón para decir la verdad biológica de lo que siente en ellos" para citar las palabras del "segundo accidente" sufrido, es decir: Diego Rivera; y más distante aún de plasmar las visiones y fantasías que hoy dominan su arte de retablo, surrealista y mágico. Simplemente, Frieda era una niña que quería jugar a ser pintora.

De entonces a hoy, ella ha insistido en el tema de pintar el paisaje de sí misma. Todos sus autorretratos son interrogaciones, dice Paul Westheim "entorno al sentido de ese ser humano que es ella misma en medio del misterio de este Universo". El que hoy reproducimos, como antecedente de todos los demás, – el original fue destruido por Frieda a filo de navaja- -¿no plantea ya una interrogación? Su figura frágil destacada de entre un mar de olas agudas, retorcidas, toscas, tal como si presintiera, en ese año de su iniciación pictórica, que iban a clavársele, en el tránsito de su vida a muerte, como dardos de dolor, de soledad, de drama.- MN.L.

⸎⸎⸎

Tuve que sentarme, temblaba mi cuerpo por la emoción y la sorpresa tan grandes. Sentí junto a mí a Miguel y a Frieda, enseñándome con el mismo amor de Miguel cuando tomaba la mano de Frieda, para guiarla llevando el lápiz o el pincel. ¡Me estaban ayudando! Incluso oía y sentía su respiración en mi cuello y cara. Algo muy emocionante, sin el menor temor de mi parte. Frieda y Miguel, ¡estaban viviendo en mi casa! Me acababan de mostrar con esa lámina, la prueba irrefutable, confesada por el mismo Miguel, viviendo aún Frieda, que el cuadro original lo pintó Frieda, pero el cuadro actual o los cuadros actuales de esa pintura, fue pintado por Miguel N. Lira.

La experiencia de que Frieda me hablara, y que yo sin ninguna duda supiera que era ella y que confiara plenamente en lo que me estaba indicando, así como también que estuviese yo totalmente libre de miedo, sino más bien muy feliz, la puedo entender –mas no sé si pueda hacerla entender a los demás–. Por los estudios que tengo en psicología clínica que llevé a cabo en la Universidad de las Américas, durante 4 años; en programación neurolingüística durante tres diplomados en la Universidad Iberoamericana y otro más en otra institución, la Adv Spiritual Direction (Universidad de Washington, D. C.), entiendo que fue mi cerebro subconsciente el que me trajo el recuerdo y la confianza de una señora elegante que conocí en 1949, cuando, según veo en los dibujos pintados por Frieda, nos conocimos y tuvimos una profunda amistad amorosa. A eso se debe que al escuchar su voz dándome las indicaciones, tuviese yo la certeza de que era ella quien estaba conmigo, y siguiera sus indicaciones.

La noche siguiente conseguí prestado un teléfono celular que graba video de noche. No sé qué horas serían cuando comencé a sentir que me acariciaban con ternura y respeto. Comencé a escuchar la voz de Frida que en susurro me dijo: Rubén, padre, somos tus cuates. ¿Recuerdas 1949, 1950, 1953 y 1954 cuando te cantaba desde La Canción de las Cabezas Blancas? y continuó bellamente recitando:

Vos me repetías: "Envejeceremos juntos. Al mismo tiempo que mis cabellos, los tuyos se pondrán blancos como la nieve de las montañas, como la luna de verano."

Tiempo después, descubrí que esta poesía fue traducida del chino al español por Frida y Miguel en 1922, es del poeta LI-TAI-PO, y aparece pegado en la última página de la libreta de recuerdo de Frida, junto con la primera poesía RECUERDO, de Frida Kahlo publicada también en 1922, en el periódico estudiantil en la que Miguel N. Lira era el jefe de Redacción.

RECUERDO

Yo había sonreído. Nada más. Pero la claridad fué en mí, y en lo hondo de mi silencio.

El, me seguía. Como mi sombra, irreprochable y ligera.

En la noche, sollozó un canto...

Los indios se alargaban, sinuosos, por las callejas del pueblo. Iban envueltos en sarapes, a la danza, después de beber mezcal. Un arpa y una jarana eran la música, y la alegría eran las morenas sonrientes.

En el fondo, tras del "Zócalo", brillaba el río. Y se iba, como los minutos de mi vida.

El, me seguía.

Yo terminé por llorar. Arrinconada en el atrio de la Parroquia amparada por mi rebozo de bolita, que se empapó de lágrimas.

Frida KAHLO

"Recuerdo". Poesía de Frida Kahlo

Yo había sonreído. Nada más. Pero la claridad fue en mí, y en lo hondo de mi silencio.

Él, me seguía. Como mi sombra, irreprochable y ligera.

En la noche, sollozó un canto…

Los indios se alargaban, sinuosos, por las callejas del pueblo.

Iban envueltos en sarapes, a la danza, después de beber mezcal.

Un arpa y una jarana eran la música, y la alegría eran las morenas son-rientes.

En el fondo, tras del "Zócalo", brillaba el río. Y se iba, como los minutos de mi vida.

Él, me seguía.

Yo terminé por llorar. Arrinconada en el atrio de la Parroquia amparada por mi rebozo de bolita, que se empapó de lágrimas.

Frida KAHLO

JARDIN, DIOS PAN, ESTANQUE....

En este jardín—triste de soledad y olvido—
colmado de tu gracia, tu amor y tu presencia,
no quedan más que ruinas, que invocan lo
vivido
como tras de cristales grises, con su indolencia...

La estatuilla de Pan con su flauta, está
rota,
le han tronchado los cuernos y arrancado la
flauta;
ya no hay cisnes que boguen, y, en el lago, se
agota
el azur, que, sin cisnes, ha perdido la pauta

del ensueño... en las horas? Quizá en
ninguna parte!...
Las bugambilias rojas y los rosales blancos
se deshojan murientes, como para mostrarte
su nostalgia de ti, por senderos y bancos...

... Cualquiera supondría que han pasado
cien años
desde que tú te fuiste—... desde cuándo te
has ido?...—
... Jardín, dios Pan, estanque, con todos
vuestros daños,
soy yo, no sois vosotros, en este eterno olvido!...

R A F A E L   L O Z A N O

"Jardín, Dios Pan, Estanque...". Poesía de Rafael Lozano

JARDÍN, DIOS PAN, ESTANQUE….

En este jardín —triste de soledad y olvido— colmado de tu gracia, tu amor y tu presencia, no queda más que ruinas, que invocan lo vivido como tras de cristales grises, con su indolencia…

La estatuilla de Pan con su flauta, está rota, le han tronchado los cuernos y arrancado la flauta; ya no hay cisnes que aboguen, y, en el lago, se agota el azul, que, sin cisnes, ha perdido la pauta del ensueño… en las horas? Quizá en ninguna parte!...

Las buganbilias rojas y los rosales blancos se deshojan murientes, como para mostrarte su nostalgia de ti, por senderos y bancos…

… cualquiera supondría que han pasado cien años desde que tú te fuiste —… desde cuándo te has ido?.. —

… jardín, dios Pan, estanque, con todos vuestros daños, soy yo, no soy vosotros, en este entero olvido!...

RAFAEL LOZANO

La Canción de las Cabezas Blancas

VOS me repetíais: "Envejeceremos juntos. Al mismo tiempo que mis cabellos, los tuyos se pondrán blancos como la nieve de las montañas, como la luna de verano…"

Hoy supe, señor, que amáis a otra mujer, y vengo desesperada a deciros adiós.

Por vez última vertamos el mismo vino en nuestras dos tazas. Por vez última cantad la canción que habla de un pájaro muerto bajo la nieve. Después iré a embarcarme en el río Yu-Keu, cuyas aguas se dividen para dirigirse al este y al oeste.

¿Por qué llorar, jóvenes que vais a desposaros? Quizá os caséis con un hombre de corazón fiel, con un hombre que os repetirá sinceramente: "Envejeceremos juntos…"

Li-Tai-Po

"La Canción de las Cabezas Blancas". Poesía de Li-Tai-Po

L a Canción de las Cabezas Blancas

Vos me repetíais: "Envejeceremos juntos. Al mismo tiempo que mis cabellos, los tuyos se pondrán blancos como la nieve de las montañas, como la luna de verano…"

Hoy supe, señor, que amáis a otra mujer, y vengo desesperada a deciros adiós.

Por vez última vertamos el mismo vino en nuestras dos tazas. Por vez última cantad la canción que habla de un pájaro muerto bajo la nieve. Después iré a embarcarme en el río Yu-Keu, cuyas aguas se dividen para dirigirse al este y al oeste.

¿Por qué llorar, jóvenes que vais a desposaros? Quizá os caséis con un hombre de corazón fiel, con un hombre que os repetirá sinceramente: "Envejeceremos juntos…"

Li-Tai-Po

A estas alturas, de la emoción ya estaba yo en un estado alterado de conciencia y comencé a ver seres ultraterrestres que bajaban de sus naves y con sus alas muy grandes me protegían a mí y a mi casa. En ese tiempo aún tenía yo bloqueada la conciencia de los años 1949-1954. Viene un cambio en mis recuerdos profundamente sepultados, que saldrán a flote en el libro Frida se confiesa. Perdí la noción del tiempo y al salir del estado de conciencia me di cuenta que en mi mano tenía yo el teléfono celular, ya lo tenía encendido desde el comienzo, lo saqué fuera de las cobijas y tomé el video. Muchos personajes aparecieron mientras filmaba y entre ellos mí querida Frida "con sus cabellos blancos como la nieve de las montañas, como la luna de verano". Junto a ella Miguel N. Lira, Juan O' Gorman y Diego Rivera sentado en el grande sofá de Miguel N. Lira, que está junto a mi cama, y en el que él mismo se había sentado muchas veces; también vi a Leonardo Da Vinci y a Salvador Dalí con sus ridículos bigotes que me hicieron carcajear en voz alta: jajaja.

También estaba pintado en las cortinas el cuadro de Mujer en Traje de Terciopelo, el original pintado por Frida, y donde pude ver, que sí estaba feo y por eso lo destrozó con la navaja.

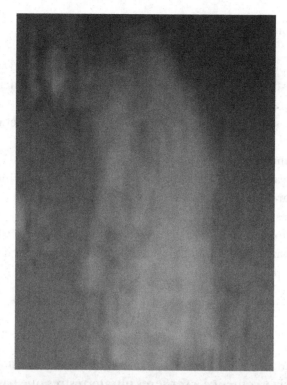

Frida la de los cabellos blancos. La Canción de las Cabezas Blancas, 1922)
En dimensiones superiores con Diego Rivera, Miguel N. Lira y Juan O' Gorman recitando al padre Rubén en
su recámara, la poesía que tradujo del chino al español en 1922 junto con Miguel N. Lira

CAPÍTULO XI

El Quijote
La última firma y el último autorretrato

Ha llegado, por ahora, el momento de cerrar este humilde ensayo de escritor. Los autores: Miguel Nicolás Lira Álvarez y Magdalena Carmen Frieda Kahlo y Calderón; el escribano, Rubén García Badillo.

Este capítulo habla, al parecer, de dos insignificantes papelitos. El primero: una hojita de calendario del lunes 20 de octubre de 1924, que muestra una máscara en forma triangular, y una frase escrita: "La noche muy 10 de la mañana", con las firmas de Kahlo, y Miguel N. Lira FK; el segundo papelito muestra una bella cara y dos firmas. La primera, aparece en el anverso al pie de la hoja, una firma única donde aparecen dos personas: Miguel N. Lira y Frieda Kahlo, y muestra la relación que ha existido en estas dos personas. Una composición bellísima, llena de amor y sacrificio, dibujada sólo por Frieda en microscopio. Y en el anverso también, una raya horizontal al pie de la hoja, que está indicando el reverso de la misma. Viendo el reverso encontramos otra firma exclusiva para toda la hoja, la misma firma única como en la primera hoja vacía al comienzo de la Libreta de dibujo de Frieda a principios de 1924, también, esa misma firma aparece al pie del dibujo: La noche muy 10 de la mañana, de octubre de 1924.

Esta firma la quiso elaborar nuestra amada pintora, fundiendo en la firma a dos personas como una sola persona: Miguel N. Lira y Frieda Kahlo. Para ella, la otra persona (Lira) fue el pensamiento y el brazo con que se pintó la obra pictórica de Frieda Kahlo.

Los elementos incorporados a la hechura de esta mística firma, los encontramos desde su origen, por primera vez aparece en la firma de la carta de fecha 27 de enero 1924 dirigida a Chong Lee (Miguel N. Lira); la segunda (con ligera modificación), en marzo de 1924 al pie de los versos que le compuso Miguel a Frieda, inventados por ella: Con la misma ufanía…; la tercera, en la primera hoja de la Libreta de dibujo de Frieda a principios de mayo de 1924; la cuarta, en el dibujo La noche muy 10 de la mañana de octubre de 1924; la quinta, en el dibujo El último autorretrato y la última firma en junio-julio de 1954.

Estos papelitos están en mi poder desde el año 1969, cuando la esposa de Miguel, Rebeca, me platicó que el segundo papel, se lo había enviado, a través de Manuel González Ramírez, Frieda a Miguel poco antes de morir ella; que en el homenaje que le hicieron a Frieda en la revista *Huytlale*, Miguel había indicado al Cachucha Manuel González Ramírez –quien escribió el homenaje llamado *Frida Kahlo o el imperativo de vivir*–, que llevaría ese dibujo en tricromía. Que, al imprimirlo, no lo pusieron. Cuando ella me platicó esto y me dio los papelitos, sólo vi dibujitos sin importancia, y así los tuve por muchos años, junto con otros documentos. Estos documentos y dibujos los guardo en Estados Unidos desde 1975, pero conservo buenas copias fotostáticas.

El 25 de julio de 2001, el Museo de Arte Latinoamericano de Buenos Aires, Argentina (MALBA), por medio del Instituto Nacional de Bellas Artes de México, se dirigió a mí para solicitar algunas obras de mi colección Frieda Kahlo. Les dije que sí, y por ese motivo autoricé que se hiciera un avalúo de una pequeña parte de mi colección, incluyendo esos dos dibujitos "insignificantes". No sé por qué razón, algunas copias, incluyendo las de las cartas de Frieda a Miguel, los bocetos de Frieda que están en la Libreta de dibujo, y las de estos dos dibujitos, fueron a dar a las manos de una señora a quien no conozco personalmente, llamada Raquel Tibol, quien en su libro *Escrituras de Frida Kahlo* las publicó, causándome un gran disgusto, por deshonesta.

En esa ocasión, una persona hizo una oferta económica sobre el grabado original *Dos mujeres*, que es mío; no les dieron importancia a "esos papelitos". Algunos expertos en Frieda tampoco pudieron ver ni valorar esta obra maravillosa de Frieda, que para mí, si no es la más valiosa, es una de ellas, me refiero al dibujo *El último autorretrato* y la última firma.

Nunca he vendido cosa alguna de Frieda, de Miguel N. Lira o de los Cachuchas. Por los 151 cuadros que entregué al Gobierno de Tlaxcala, de mi colección, que incluyó 7 obras de Frieda, y otros de pintores famosos, sólo fue en una cantidad simbólica, tratada antes de la devaluación de López Portillo, y efectuada en la misma cantidad pero con pesos ya devaluados.

Al ver que no le daban importancia a esos "papelitos", despertó en mí la curiosidad de ver qué significaban, "especialmente el papelito que tiene el rostro con una firma muy trabajada", que es un retrato estridentista con triángulos y cubos, como los primeros que hizó Frieda bajo la dirección de Miguel en 1926 y 1927.

Comencé, en 2003, a observar ese dibujo. Puse especial cuidado en la firma. Así empecé, poco a poco, observando e interpretando ese código dentro de la firma. Fui torpe para poder dar una interpretación como la tengo hoy. Sin Frieda, no hubiese podido hacerlo.

Avancé poco a poco. Primero aumenté en la computadora el tamaño de la firma del "papelito" y logré ver e interpretar la esquina de la

Calzada de San Antonio Abad y Cuautemotzin, tal vez porque allí muy cerca viví en mi adolescencia, frente al mercado de San Lucas; y de joven viví en Calzada de San Antonio Abad, el lugar donde fue el accidente que lastimó a Frieda, y que hoy se llama aún San Antonio Abad. Después, poco a poco, vi la L mayúscula, luego la f y k minúsculas. Entendí que significaban: Lira y Frieda Kahlo; miré a Frieda con la pierna derecha fracturada, arrodillada, tirada en el camino, formada por dos Friedas separadas por la muerte y levantada por el Quijote.

Era ya mayo de 2005. Llevé la pequeña ampliación de la firma que había sacado en la computadora, a la casa Xerox, y pedí una ampliación tamaño carta. Cuando la tuve ante mis ojos quedé maravillado, me sentí mareado, como entrando en un gran templo misterioso, algo parecido a lo que sentí cuando tiempo atrás me coloqué a la entrada del templo en San Juan Chamula, Chiapas, donde sentí, de la coronilla a mis pies, la acción del Príncipe de las Tinieblas, percibí que allí estaba el demonio, sentí miedo. Esto, poco a poco se fue encontrando y se puso al descubierto, y la incógnita final que me había detenido, Frieda misma con un gran amor y agradecimiento me lo dio a descubrir: The Dark Angel, El Príncipe de la Tinieblas. Yo fui ordenado exorcista por el arzobispo HANNAN de Nueva Orleans, y autorizado por el Obispo de Tlaxcala Luis Munive Escobar, como exorcista en el Obispado de Tlaxcala.

Fui ordenando y estudiando los trazos negros del dibujo, todas las manchas negras, y fui reconstruyendo lo plasmado alli.

Me preguntaba: "¿Qué hace aquí don Quijote?", (y esto fue por varios días) ¿El caballero don Quijote de la Mancha tuvo su fecunda actividad en 1605, hace 400 años, qué está haciendo aquí en esta firma en 1954? Yo estaba en una etapa de mucho misterio y de muchos gastos económicos.

En un tiempo que estaba desempleado el doctor José Alberto Pérez Morales, me ayudaba un poco en la investigación. Lo enviaba yo al Archivo General de la Nación, a la Biblioteca Nacional y a otras bibliotecas y hemerotecas de la ciudad de México para que me buscara material que yo necesitaba, y lo más urgente era descubrir al Quijote. Él veía que algunas veces yo me enojaba por los gastos. Yo seguía buscando y preguntándome, y alguna vez de chiste y enojado viendo varias imágenes de don Quijote pintadas por distintos artistas, puse mi dedo sobre una de ellas y le dije en voz alta: ¡Pinche viejito don Quijote, te nombro mi abuelito si me dices: qué chingados estás haciendo aquí en la firma de Frieda! Varias veces Miguel se comunicaba con el doctor José Alberto para darme algún mensaje. Una vez me dijo dicho médico: "Dice Miguel que vienen tiempos difíciles para usted, que lo están y lo van a atacar los familiares de él y otras personas, pero que, ¡ánimo!, que habrá colas de gente para felicitarlo a usted".

Después de varios intentos para que el doctor José Alberto me encontrara datos en el Archivo Nacional de la Nación, o en la biblioteca y librería de la Universidad Nacional, sin conseguirlo, me mostré muy decepcionado.

El 12 de julio de 2005 me comunicó el doctor José Alberto: "Dice Miguel que la luz que usted busca, la tiene aquí mismo"; no entendí. Esa tarde, después de comer, volví a mi estudio, y sobre la mesa estaba un recorte del periódico *Excélsior* del 30 de agosto de 1953, de un artículo de Ceferino R. Avecilla. Allí estaba la media solución a la pregunta que me hacía: "¿Qué hace el Quijote?"; la respuesta me la daba Miguel poniendo sobre la mesa dicho recorte.

Antes de seguir en este punto, voy a exponer el periodo del año 1941-1944, cuando en la Secretaría de Educación Pública se encuentran Miguel N. Lira, Frieda Kahlo y Ceferino R. Avecilla.

General Manuel Ávila Camacho

El 1 de diciembre de 1940 tomó posesión como presidente de México el "caballero católico": General Manuel Ávila Camacho. Se vivía una situación muy difícil en el país. El problema religioso estaba vigente, especialmente en los estados donde había sido efectiva la Guerra Cristera, y también en Tabasco y Yucatán. El presidente anterior, el general Lázaro Cárdenas, había tomado el rumbo al socialismo, implantando la educación socialista en México. Estábamos en la Segunda Guerra Mundial.

Como secretario de Educación Pública se encontraba el señor Luis Sánchez Pontón, quien no sólo promovía la educación socialista, sino que seguía los pasos firmes para llegar al comunismo tipo Stalin. El presidente de la república tomó la decisión de detener esa política. El pensamiento de los mexicanos era iluminado, dirigido desde la Secretaría de Educación Pública, y el directamente responsable de esto era el director del Departamento Editorial y de Publicidad. El 16 de septiembre de 1941, el presidente nombró nuevos encargados en dicha secretaría: al general Octavio Véjar Vázquez y a Miguel N. Lira. Una semana antes, el anterior secretario había presentado su renuncia.

Correo de Miguel N. Lira

Por CEFERINO R. AVECILLA

Está tan bien hallado con la condición de quien lo lleva, este nombre de Miguel N. Lira que parece elegido por él. Miguel es, en efecto, el más alto nombre de la lengua castellana, que así se llamó don Miguel de Cervantes y de este Miguel fué traslado, sin duda, el Miguel de don Miguel de Unamuno. Y su apellido es Lira, que llevado por un poeta, antes parece lema o abracadabra que apellido. Y el Miguel, nombre sobre hombre mexicano, aun afianza su abolengo, que Miguel fué el Cura Hidalgo, y así no hay mejor expresión de las armas y las letras que este nombre de Miguel.

Pues un día y luego de haber compuesto unas comedias excelentes y de haber escrito muchos versos de los que hizo su blasón, se trasladó de México a Tlaxcala este poeta nuestro amigo. Y allí se hizo juez y estuvo muy bien tomada determinación tan saludable, que nadie como los poetas pueden administrar justicia porque lo justo es siempre bello. Pero Miguel Lira es además tipógrafo, y en servicio de este otro ejercicio suyo, ha puesto en Tlaxcala una imprenta y en su imprenta compone una revista que se llama "Huytlale" y es según en la misma revista se declara "correo amistoso" del poeta y de Crisanto Cuéllar Abaroa, que es en esta sazón y circunstancia su colaborador y esto es claro testimonio de sus buenas partes que de otro modo no se aparecieran juntos.

"Huytlale" llega todos los meses a manos de los amigos de quienes la publican. Su confección es habilísima. Lo mejor de ella se comprende en unos encartes de un papel de color distinto al de la revista, que son deliciosos. En la primera de las dos que son las dos únicas que llevo recibidas y corresponden a los meses de junio y julio —que las anteriores a ese tiempo no llegaron a mi poder y bien que lo siento— se comprende en el encarte el "Corrido de Manuel Acuña", compuesto por el mismo Miguel N. Lira, que es un nuevo testimonio de su condición de poeta popular, que es la más alta a la que puede alcanzar un poeta. Sobre ellos dejó escrito otro estos cuatro versos definidores. Creo recordar que fué Machado el menor. Manuel:

Si alguno de mis cantares,
llegara a ser popular,
ni ambicionaba más gloria,
ni volvía a escribir más.

Este "Corrido de Manuel Acuña" puede servir los deseos de Manuel N. Lira que bien pueden ser los mismos que se comprenden en los cuatro versos de más arriba, que su sentido de poesía popular es admirable. Como lo es el de aquella comedia "Linda" y el de "Vuelta a la Tierra" que haría muy bien en recordar el Instituto Nacional de Bellas Artes. En el encarte de otro número se comprende una síntesis de un libro del señor don Basilio Sebastián Castellano de Losada, "sapientísimo anticuario de la Biblioteca Nacional" de Madrid, que tiene el título de "Sistema y Diccionario Manual de la Galantería y de, sus Divisas", y ahora se titula también sintéticamente "Lenguaje de la Galantería".

En cierto modo, esta tipografía de Tlaxcala que rige un poeta, evoca las que hicieron famoso a Alcalá de Henares hace más de cuatro siglos y bien puede ser que tiempo adelante se recuerde a la de Miguel N. Lira como se recuerda aún la del alcalaíno Brocas, al que hizo famosa la impresión de la Biblia Complutense mandada hacer por el cardenal Cisneros, de la que el ejemplar mejor conservado se guarda en Amberes.

Bienvenido sea "Huytlale" el inesperado correo amistoso al que por mi parte correspondo con el afecto que merece carta tan bien escrita.

Excelsior, *30 de agosto de 1953*

EL TEATRO
Correo de Miguel N. Lira
Por CEFERINO R. AVECILLA

Está tan bien hallado con la condición de quien lo lleva, este nombre de Miguel N. Lira que parece elegido por él. Miguel es, en efecto, el más alto nombre de la lengua castellana, que así se llamó don Miguel de Cervantes y de este Miguel fué traslado, sin duda, el Miguel de don Miguel de Unamuno. Y su apellido es Lira, que llevado por un poeta, antes parece lema o abracadabra que apellido. Y el Miguel, nombre sobre hombre mexicano, aun afianza su abolengo, que Miguel fue el Cura Hidalgo, y así no hay mejor expresión de las armas y las letras que este nombre de Miguel.

Pues un día y luego de haber compuesto unas comedias excelentes y de haber escrito muchos versos de los que hizo su blasón, se trasladó de México a Tlaxcala este poeta nuestro amigo. Y allí se hizo juez y estuvo muy bien tomada determinación tan saludable, que nadie como los poetas pueden administrar justicia porque lo justo es siempre bello. Pero Miguel Lira es además tipógrafo, y en servicio de este otro ejercicio suyo, ha puesto en Tlaxcala una imprenta y en su imprenta compone una revista que se llama "Huytlale" y es según en la misma revista se declara "correo amistoso" del poeta y de Crisanto Cuéllar Abaroa, que es en esta sazón y circunstancia su colaborador y esto es claro testimonio de sus buenas partes que de otro modo no se apreciarían juntos.

"Huytlale" llega todos los meses a manos de los amigos de quienes la publican. Su confección es habilísima. Lo mejor de ella se comprende en unos encartes de un papel de color distinto al de la revista, que son deliciosos. En la primera de las dos que son las dos únicas que llevo recibidas y corresponden a los meses de junio y julio —que las anteriores a ese tiempo no llegaron a mi poder y bien que lo siento — se comprende en el encarte el "Corrido de Manuel Acuña", compuesto por el mismo Miguel N. Lira, que es un nuevo testimonio de su condición de poeta popular, que es la más alta a la que puede alcanzar un poeta. Sobre ellos dejó escrito otro estos cuatro versos definidores. Creo recordar que fue Machado el menor. Manuel:

Si alguno de mis cantares, llegara a ser popular, ni ambicionaba más gloria, ni volvía a escribir más.

Este "Corrido de Manuel Acuña" puede servir los deseos de Miguel N. Lira que bien pueden ser los mismos que se comprenden en los cuatro versos de más arriba, que su sentido de poesía popular es admirable. Como lo es el de aquella comedia "Linda" y el de "Vuelta a la Tierra" que haría muy bien en recordar el Instituto Nacional de Bellas Artes. En el encarte de otro número se comprende una síntesis de un libro del señor don Basilio Sebastián Castellano de Losada. "sapientísimo anticuario de la Biblioteca Nacional" de Madrid, que tiene el título de "Sistema y Diccionario Manual de la Galantería y de sus Divisas", y ahora se titula también sintéticamente "Lenguaje de la Galantería".

En cierto modo, esta tipografía de Tlaxcala que rige un poeta evoca las que hicieron famoso a Alcalá de Henares hace más de cuatro siglos y bien puede ser que tiempo adelante se recuerde a la de Miguel N. Lira como se recuerda aún la del alcalaíno Brocas, al que hizo famosa la impresión de la Biblia Complutense mandada hacer por el cardenal Cisneros, de la que el ejemplar mejor conservado se guarda en Amberes.

Bienvenido sea "Huytlale" el inesperado correo amistoso al que por mi parte correspondo con el afecto de que merece carta tan bien escrita.

La Suprema Corte de Justicia de la Nación concedió el permiso a Miguel N. Lira, que pasaba de secretario del Tribunal a su cargo otorgado por el presidente de la república, el cual empezó a desempeñar el 25 de septiembre de 1941.

El 6 de octubre de 1941, Miguel N. Lira presentó al secretario de Educación y al presidente de la república un proyecto de reestructuración de su departamento, lo cual afectaba a otros departamentos de la Secretaría; también presentó su presupuesto para 1942, económicamente muy amplio. Presupuesto y reestructuración que le fueron aprobados.

Lira llamó entonces a colaborar con él a algunos de los Cachuchas y a otros amigos suyos: Frieda Kahlo, Diego Rivera, Manuel González Ramírez, Julio Prieto, Antonio Acevedo, Gabriel Fernández Ledesma, Francisco Díaz de León, Roberto Montenegro, José Chávez Morado, Angelina Beloff, Alejandro Gómez Arias (secretario particular del secretario de Educación). También tuvo bajo su dirección a grandes escritores, poetas y dramaturgos españoles, entre quienes estaba Ceferino R. Avecilla.

Colocado Miguel en un puesto privilegiado y de gran responsabilidad para ese momento difícil de la patria, junto con Diego Rivera y Frieda Kahlo, ayudó a un gran número de exiliados de España. Los sacaron de cárceles y campos de concentración, donde les esperaría la muerte segura, y los trajeron a México. Miguel se rodeó de lo mejor que tenía España en esa época. Brillantes escritores, poetas, dramaturgos, pintores y filósofos. A muchos de ellos, Miguel les colocó en la Secretaría, aunque algunos, brillantes en España, desempeñaran pues-

Hoja semanal de la alianza de intelectuales antifascistas para la defensa de la cultura.
Revista de ocho páginas, la dirigían: María Teresa León, José Bergamín, Rafael Dieste, Lorenzo
Varela, Rafael Alberti, Antonio R. Luna, Arturo Souto y Vicente Salas Viu. Desde Madrid,
España. En México la reproducía Miguel N. Lira y sus republicanos españoles; se distribuía en
México y Latinoamérica

Aquí, un recuerdo de Rafael Alberti,
uno de los poetas mayores de nuestra
lengua, cuando él y su esposa María
Teresa León trabajaban con Miguel
N. Lira y compartían la comida con
su esposa, Rebeca Torres Ortega. El
dibujo es del gran pintor Manuel
Rodríguez Lozano

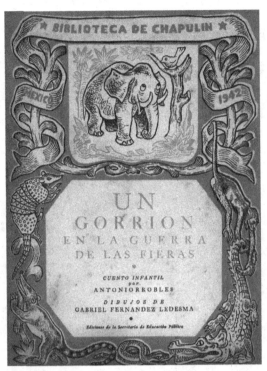

Antoniorrobles, otro de los grandes exiliados españoles que trabajó bajo las órdenes de Miguel N. Lira, junto con Ceferino R. Avecilla, Frieda Kahlo y otros.

Adolfo Hitler, führer de Alemania, ridiculizó a México cuando éste le declaró la guerra, diciendo públicamente: "México declaró la guerra a Alemania, jajaja, un gorrión en contra de un elefante". Entonces Miguel N. Lira planeó el cuento de este libro y se lo dio a Antoniorrobles, para que lo desarrollara. Un éxito internacional, político, pictórico y literario

tos humildes. Había que comer, pues el hambre era dura. Uno de esos grandes hombres, Rafael Alberti, con su esposa María Teresa León, trabajaba con Lira, pegando engrudo o recortando papel, compartiendo con Rebeca Torres el pan y la sopa. ¡Qué hermosos tiempos que nos recuerdan el amor de Miguel por esos escritores de la república de España! ¡España tiene una deuda con Miguel N. Lira y con Tlaxcala!

En la carta que reproduzco se muestra cómo los escritores españoles le manifiestan a Miguel que guardan de él un excelente recuerdo, resultado de la profunda gratitud por defender en México a los refugiados españoles y que, por lo tanto, no podía faltar como invitado de honor al banquete ofrecido con motivo a los triunfos logrados por la Agrupación Profesional de Periodistas y Escritores Españoles Exiliados.

**Agrupación Profesional de Periodistas
y Escritores Españoles Exilados**

LOPEZ, 6   ~~TELEFONOS~~   MEXICO, D. F.

Particular

Sr. Lic. Miguél N. Lira .-
Jefe del Dpto. de Publicidad
y Propaganda de la Secretaría de Educación Pública.
P R E S E N T E .

Muy distinguido Sr. nuestro:
Entre las ilustres per-
sonalidades que en todo momento han defendido en México a los refugiados españoles, figura usted, para quien nosotros guardamos siempre un
excelente recuerdo que es hijo de la profunda gratitud que ha hecho
nacer en nuestros pechos, por sus delicadas pruebas de afecto y consideración.
Naturalmente, señor licenciado, Vd. no podía faltar por lo
tanto en la lista de Invitados de Honor al banquete que el día 1 del
próximo mes de julio, celebraremos para festejar los triunfos logrados
por la Agrupación Profesional de Periodistas y Escritores Españoles Exilados en sólo cuatro meses que lleva de existencia, procurando trabajo a sus afiliados sin recursos y llevando hasta los campos de concentración y las cárceles en que se hallan nuestros hermanos, el aliento y
la esperanza. El banquete será a las 21 horas, en el Restaurante del Centro Vasco, calles de Madero, número 6.
Esperamos vernos honrados con su presencia y nos despedimos
hasta entonces muy atentos y seguros servidores,

POR LA COMISION ORGANIZADORA,

Joaquí ~~derius~~.   Restituto ~~Mogrovejo~~.

Hoy 27 de junio de 1943.

Invitación de honor

Agrupación Profesional de Periodistas y Escritores Españoles Exiliados

Sr. Lic. Miguel N. Lira.-
Jefe del Dpto. de Publicidad
 y propaganda de la Secretaría de
Educación Pública.
P R E S E N T E

Muy distinguido Sr. Nuestro:

Entre las ilustres personalidades que en todo momento han defendido en México a los refugiados españoles, figura usted, para quien nosotros guardamos siempre un excelente recuerdo que es hijo de la profunda gratitud que ha hecho nacer en nuestros pechos, por sus delicadas pruebas de afecto y consideración.

Naturalmente, señor licenciado, Ud, no podía faltar por lo tanto en la lista de Invitados de Honor al banquete que el día 1 del próximo mes de Julio, celebraremos para festejar los triunfos logrados por la Agrupación Profesional de Periodistas y Escritores Españoles Exiliados en sólo cuatro meses que lleva de existencia, procurando trabajo a sus afiliados sin recursos y llevando hasta los campos de concentración y las cárceles en que se hallan nuestros hermanos, el aliento y la esperanza. El banquete será a las 21 horas, en el Restaurante del Centro Vasco, calles de Madero, Número 6.

Esperamos vernos honrados con su presencia y nos despedimos hasta entonces muy atentos y seguros servidores.

POR LA COMISIÓN ORGANIZADORA,

Joaquín Arderius.
Restituto Mogrovejo.

Hoy 27 de junio de 1943.

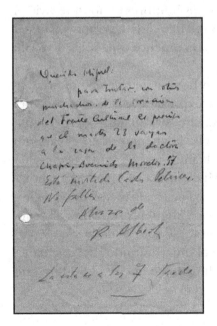

Recado de Rafael Alberti a Miguel N. Lira, que dice:

Querido Miguel:
Para tratar, con otros muchachos, de la creación del Frente cultural es preciso que el martes 23 vayas a la casa de la doctora Chapa, Avenida Morelos, 57.
Está invitado Carlos Pellicer.
No faltes.
Abrazos de R. Alberti.
La cita es a las 7 tarde.

Recado de Rafael Alberti a Miguel N. Lira

Habiendo hablado algo de Miguel N. Lira durante el periodo de 1941-1944, ahora volvemos a retomar el punto principal de este capítulo.

En ese mismo año, en abril de1953, Lira editó en Tlaxcala el primer número de la revista *Huytlale*. Acompañaba cada número una lámina de algún personaje o alguna obra importante de la historia. En esa ocasión, la primera lámina fue la fotografía original del cuadro *Autorretrato con traje de terciopelo*, de 1926, cuadro que él pintó y firmó Frieda.

El 11 de agosto de 1953 Frieda sufrió la amputación de la pierna derecha, arriba de la rodilla: la pierna que sufrió once fracturas ese amargo 17 de septiembre de 1925 y que la sumió en un abismo sin fondo: "la coja", "la pata de palo".

El 30 de agosto del mismo año, en el periódico *Excélsior* apareció la columna de Ceferino R. Avecilla "El teatro, correo de Miguel N. Lira".

En esa columna, R. Avecilla quiere reconocer –también en estilo surrealista– que Miguel N. Lira fue para él, y para muchos españoles en desgracia, lo que fue el caballero don Quijote en la novela de don Miguel de Cervantes: el salvador.

Don Ceferino R. Avecilla, dramaturgo, poeta y escritor, famoso en España por sus obras, en 1953 era crítico de arte en el periódico *Excélsior* de la capital del país; era amigo de Frieda. Este hombre admiraba mucho a Miguel y le vivía agradecido por todo lo que hizo por los refugiados españoles.

Ese recorte del periódico estaba junto con las cartas de Frieda. Eso me hizo pensar que varios amigos, incluida Frieda, platicaron sobre el artículo citado, donde se presentaba a tres hombres en los que vivió el Quijote, o que le dieron vida al Quijote: Miguel de Cervantes, Miguel de Unamuno y Miguel N. Lira, y que, para muchos españoles de 1953, Miguel N. Lira había sido su Quijote.

Entonces Frieda se puso a tramar el homenaje que ella quería hacerle a su Miguelito. Un homenaje que expresara toda la grandeza del caballero que para ella fue Miguel N. Lira; el caballero don Quijote en el siglo XX, en México, cuando a ella la encuentra en el camino, destrozada, impotente, entre la vida y la muerte; la levanta y le enseña a caminar. Pero este homenaje a su Miguelito, a su Mike, a su Chong Lee, a su Chong Leesito, a su Chong Lee Fu, a su Príncipe de Manchuria (con todos estos nombres nombraba a Miguel N. Lira), va a esconderlo en el secreto y en el misterio, para que sólo se dé a conocer en el tiempo marcado. Ella lo esconde en el "micromundo" del que habla el Cachucha González Ramírez en el homenaje que le pidió Lira que escribiera a la muerte de Frieda:

...lo suyo se hallaba oculto en un ropero, bajo el sigilo de la madera..., pertenecientes a aquel micromundo, que pocos conocieron de Frieda, pero que indudablemente tuvo existencia y fue cultivado con pudoroso silencio, porque era débil, trabajado en miniatura, con la perfección increíble con que encontramos a las flores silvestres.

De ese micromundo de Frieda también habla Hayden Herrera, en la página 63 de su libro (del cual ya hablamos en el capítulo X):

Así mismo, brevemente consideró ganarse la vida haciendo dibujos científicos para libros de medicina, y practicó en su casa, observando portaobjetos de vidrio con tejidos biológicos a través de un microscopio.

Frieda quiso hacer un dibujo, pero en micromundo, donde expresara lo más significativo, toda una composición que fuera su última firma –pues con Miguel había hecho la primera en el primer autorretrato en octubre de 1924–, su máscara, donde iría expresado lo más significativo de su vida. Frieda usó varias firmas, y distintos tipos de letras, como lo hicieron también Miguel y Alejandro. La final sería la definitiva, hasta la muerte. Se puso a estudiar los elementos que ayudasen a plasmar su vida, su arte, lo que es hoy: la mujer y la pintora más famosa del mundo. Su mundo, todo lo que Miguel le enseñó: dibujo, estridentismo, cabezas, rostros, autorretrato, técnicas subliminales en dibujo y pintura, arte chino, óleo, colores. En todo esto tuvo gran importancia el maestro Francisco Orozco Muñoz.

Lo primero fue buscar el marco donde ella entraría en escena y donde su caballero don Quijote apareciera. Buscó los detalles, lo pensó cuidadosamente, lo estudió y plasmó: tomó el capítulo XXIX de *El Ingenioso hidalgo don Quijote de La Mancha*. En ese capítulo vemos a una muchacha, Dorotea, que junto con otros va a cometer un engaño, tomando la apariencia de lo que Dorotea no es. Hay una parte donde aparece en escena don Quijote, y Dorotea comienza su engaño. Se disfraza poniéndose costosos y hermosos vestidos, collares y joyas. Y dice así la novela:

... El escudero se arrojó de la mula y fue a tomar en los brazos a Dorotea, la cual, apeándose con grande desenvoltura, se fue a hincar de rodillas ante las de don Quijote; y, aunque él pugnaba por levantarla, ella, sin levantarse, le fabló de esta guisa:

—De aquí no me levantaré, ¡oh valeroso y esforzado caballero!, fasta que la vuestra bondad y cortesía me otorgue un don, el cual redundará en

honra y prez de vuestra persona, y en pro de la más desconsolada y agravia-
da doncella que el sol ha visto. Y si es que el valor de vuestro fuerte brazo
corresponde a la voz de vuestra inmortal fama, obligado estáis a favorecer
a la sin ventura que de tan lueñes tierras viene, al olor de vuestro famoso
nombre, buscándoos para remedio de sus desdichas.

—No os responderé palabra, fermosa señora –respondió don Quijote–, ni
oiré más cosa de vuestra facienda, fasta que os levantéis de tierra.

—No me levantaré, señor –respondió la afligida doncella–, si primero, por
la vuestra cortesía, no me es otorgado el don que pido.

—Yo vos le otorgo y concedo –respondió don Quijote–, como no se haya
de cumplir en daño o mengua de mi rey, de mi patria y de aquella que de
mi corazón y libertad tiene la llave.

—No será en daño ni en mengua de lo que decís, mi buen Señor –replicó
la dolorosa doncella.

Y, estando en esto, se llegó Sancho Panza al oído de su señor y muy pasito
le dijo:

—Bien puede vuestra merced, señor, concederle el don que pide, que no
es cosa de nada: sólo es matar a un gigantazo, y esta que lo pide es la alta
princesa Micomicona, reina del gran reino Micomicón de Etiopía…

—Digo que así lo otorgo –respondió don Quijote– (…) Y manos a labor,
que en la tardanza dicen que suele estar el peligro.

La menesterosa doncella pugnó, con mucha porfía, por besarle las manos,
mas don Quijote, que en todo era comedido y cortés caballero, jamás lo
consintió; antes, la hizo levantar y la abrazó con mucha cortesía.

Sancho Panza había sido engañado, y ahora estaba engañando a
don Quijote.

Ya Frieda tenía el marco para plasmar en su firma el engaño, el mito
que ella y sus Cachuchas –pero también Diego Rivera– habían guardado para engañar al mundo cultural. Mucho pienso –y en esto invito
a lo investigadores, con mucho respeto hacia ellos, a que lo hagan–,
que Frieda lo hizo premeditadamente para burlarse o vengarse de los
Contemporáneos de hoy en día, que, como en tiempo de ellos, siguen
dañando a otros escritores, pintores, músicos y artistas en general, a
quienes impiden acceder al éxito, o se meten en política para engañar
al pueblo pobre y se apoderan de la charola del presupuesto.

Perdón, pero así me lo dicen los Cachuchas. Recuerden que ellos
fueron anarquistas, y su filosofía y pensamiento era: "Pues los 'Cachuchas' jamás cultivamos la amistad o el trato con los poderosos,
antes bien nos solazábamos en combatirlos, por el solo hecho de que
pudieran mandar" (Manuel González Ramírez, Recuerdos de un pre-

Aquí Dorotea vestida de la princesa Micomicona, levantada por don Quijote, quien le señala el camino a seguir. Grabado de Gustavo Doré

paratoriano de siempre, Universidad Nacional Autónoma de México, 1982, pág. 48).

A continuación reproduzco un fragmento de una carta que expresa lo mismo, del Cachucha Miguel al Cachucha Alejandro el 6 de marzo de 1959 (Miguel N. Lira, Epistolario, Jeanine Gaucher-Morales y Alfredo Morales. Universidad Autónoma de Tlaxcala, 1991, p. 48).

> Por los periódicos me informo de muchas cosas que me llenan de estupor. No sé por qué el oropel de los falsos banderines sean los que triunfen política, social y artísticamente. Recientes ejemplos: la Castillo Ledón y Celestino, en Bellas Artes. Pura viruta de ocote que se deshace al tacto. Pero eso sí, qué afluencia de reconocimientos públicos, de representaciones culturales y de comelitonas semanarias. Y lo peor del caso es que en todas partes es lo mismo. Tan peligrosamente dañina esta situación como que en la provincia ya se le sigue y las consecuencias tienen que ser fatales. En fin, tú que estás dentro del ruedo del toreo sabes esto y más que yo ignoro, por ver la lidia desde la azotea. Pero sí considero todo como un juego fatuo en tanto existan las Pitas Amor, los Tamayo, los Benaventes de bolsillo y el portento de los portentos, Carlos Fuentes, y su grupo de gesticuladores.

Frieda debió conocer la ilustración que a una de las ediciones de *El Quijote* realizó el pintor francés Gustavo Doré. En el grabado número 51 que ilustra el capítulo XXIX, Doré presenta a Dorotea disfrazada, en un camino, arrodillada en el suelo, clamando auxilio al hidalgo don Quijote; éste con la mano derecha la toma y la levanta, y con la mano izquierda está manifestando que hay que ponerse en camino.

Ya reunía Frieda dos elementos maravillosos para realizar su obra maestra al final de su vida, como un homenaje a lo que, en carne y hueso, Mike había hecho por ella, representado en el dibujo de Doré. Ahora debía representar esa verdad en una pequeña firma al calce de lo primero que le enseñó Chong Lee; remontarse en el recuerdo al año de 1924, cuando comenzó su enseñanza. Esto lo vemos en los dibujos de mayo de 1924, uno fechado y firmado por otro alumno de Miguel, el pintor y escritor Octavio N. Bustamante; y otro firmado y dibujado por ella con las leyendas: "A Chong Lee con admiración" y "Es copia del original, hecha por el autor": la enseñanza de Miguel para que aprendiera a pintar cabezas. ¡Y claro!, también el dibujo con la leyenda "La noche muy 10 de la mañana", con dos firmas, inventadas las dos por por la misma Frieda; de dos personas que ella considera son los co-autores de la obra pictórica de la pintora Frida Khalo, estas personas son: Miguel N. Lira y Frida Kahlo; "La máscara", la enseñanza para dibujar rostros; primer autorretrato de Frieda, fechado el martes 21 de octubre de 1924.

Frieda sabía que le quedaba poco tiempo de vida en este mundo. Era muy inteligente para no saberlo y sentirlo. En el penúltimo dibujo de su Diario pinta el momento de su muerte, con miedo, pero al mismo tiempo enfrentándose a ella con un valor inaudito. Le urgía terminar la última obra, -debió haber sido por junio de 1954-, le quedaba poco tiempo de vida, y debía ser su autorretrato estridentista como el primero que había hecho en 1924. Yo creo –porque conozco muy bien a Frieda, y perdón por la petulancia, pero así es, no la conozco en su pintura y técnicas, pero sí la conozco en su pensamiento–, que en todos los autorretratos de Frieda, desde el primero, siempre al pintarlos estaban en ella el corazón, la mente y la mano de Chong Lee Fu. Ellos, Miguel N. Lira y Frieda, fueron siempre los coautores de los autorretratos de ella.

Por eso, el último autorretrato debían firmarlo juntos. El primero fue una hojita de calendario de 12.9 por 7.3 centímetros, y el último, un papelito como el primero en humildad, de 13 por 8.8 centímetros.

Lo realizó Frida. La firma debía ser pequeña, para expresar en ella toda la bella historia que les presento y que Frieda quiere que conozca el mundo como parte de su confesión. Cuando terminó el autorretrato con una firma microscópica al calce, señaló con una raya horizontal en la parte de abajo, indicando que al reverso está la firma de ambos: Miguel N. Lira y Frida Kahlo coautores de la obra pictórica, como lo hizo en el primer autorretrato de 1924.

La firma en el anverso, –pienso que con microscopio–, debió haber trabajado durante varios días. Es un trabajo durísimo, por todos los

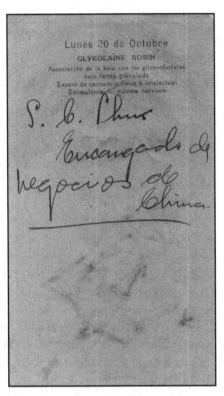

Primer autorretrato

contornos que rodean las figuras en la firma. Comenzó a elaborar la firma trayendo a su mente los recuerdos más importantes: los positivos y los negativos, los de juventud y vida, pero también el dolor, la muerte, el enorme pene del demonio que metido en el pasamano del tranvía la atravesó entrando por su columna y saliendo por la vagina, que permanece en ella hasta la muerte.

Yo comencé a estudiar este dibujo por el año 2000; me llevó cinco años, y fue poco a poco. Fui desentrañando el misterio, me puse a recordar los recuerdos en la vida de mi amada Frieda, de nuestra amada Frieda, pero yo había creído, equivocadamente, que ese insignificante "papelito" había sido hecho por dos personas: Miguel y ella. Fue hasta la noche del viernes 24 de febrero de 2006, en uno de los bellísimos sueños que he tenido con ella, donde se comunica conmigo y me aclara detalles misteriosos.

En el primer autorretrato de Frieda: La noche muy 10 de la mañana, me explicó Frieda que escribió esto porque Miguel la estuvo enseñando toda la noche, cómo hacer los rostros, y fue hasta las diez de la mañana cuando ella pudo hacerlo y lo firmó en nombre de los dos: Miguel N. Lira y Frida Kahlo. Se trata de una hoja de agenda del año

El último autorretrato y la última firma de Frieda. Tamaño original de 13 x 8.8 centímetros. Casi el mismo papel y tamaño del primer autorretrato de 1924. Frieda me explicó en ese sueño del 24 de febrero de 2006, que lo dibujó ella antes de su muerte. Que la firma del frente la hizo ella para rendir homenaje a su "hermanito", Miguel N. Lira. Que al estarla elaborando recordó el primer autorretrato que hizo en 1924; con una firma donde estaban los dos y pertenecía a los dos. Entonces ella insistió que este último dibujo en su vida, llevara la misma firma de 1924

1924, dibujada por los dos lados, el reverso de la máscara tiene fecha 20 de octubre, y la máscara tiene fecha 21 de octubre.

Aquí les presento el tamaño original, 12.9 por 7.3 centímetros. Es parte del archivo secreto de Frieda que conservo como encargado de darlo a conocer al mundo cuando fuese la conjunción de los tres centenarios: "El Quijote, Miguel N. Lira, Frieda Kahlo".

Intervención del señor gobernador del estado de Tlaxcala, Héctor Israel Ortiz Ortiz.

El señor gobernador del estado de Tlaxcala, licenciado Héctor Israel Ortiz Ortiz es un hombre de gran cultura y un gran admirador y defensor de la obra literaria del hoy Benemérito del Estado de Tlaxcala. La guerra, el boicot, el odio de los Janos nacido en vida de Miguel N. Lira continuó en los gobiernos subsecuentes, con algunas honrosas excepciones, entre ellas: Beatriz Paredes Rangel, Alfonso Sánchez Anaya y Tulio Hernández Gómez. En tiempos de este último, coincidimos en el pensamiento de Lira un grupo de personas que marcamos el nuevo rumbo de la memoria y obra del poeta de Tlaxcala: el gobernador Tulio Hernández Gómez, el rector de la Universidad Autónoma de Tlaxcala, Lic. Héctor Israel Ortiz Ortiz, el muralista Desiderio Hernández Xochitiotzin, el Lic. Arnulfo Díaz Casales, líder de la bancada del Partido Revolucionario Institucional en el H. Congreso del Estado, el doctor Alfredo Morales y su esposa, la doctora Jeanine Gaucher, de la Universidad del Estado de California, Los Ángeles, y un servidor Rubén García Badillo. El 28 de abril de 2005 el H. Congreso del Estado de Tlaxcala, por unanimidad de todos los partidos, declararon a Miguel N. Lira como BENEMÉRITO DEL ESTADO DE TLAXCALA.

Héctor Israel Ortiz Ortiz, –hoy es el gobernador del estado–, por lo cual fijó, dentro del plan cultural de su gobierno, la creación del Museo Miguel N. Lira, y la difusión de sus obras literarias.

El director del Instituto Tlaxcalteca de Cultura (ITC) anunció el lunes 30 de enero de 2006: "En febrero inaugurarán el Museo Miguel N. Lira. La idea es rescatar para la juventud actual, para la sociedad cultural, la figura de este personaje tan importante para Tlaxcala, pero también importante para México" (Raúl Cuevas Sánchez, director del ITC, *El Sol de Tlaxcala*, sección "Cultura").

Yo colaboro con el señor gobernador en este proyecto del Museo Miguel N. Lira. El sábado 18 de febrero de 2006 le comuniqué que estaba yo de acuerdo en establecer el museo en el lugar donde él había determinado. Pero el domingo 26, con mucha pena de mi parte, tuve que decirle: "Señor gobernador, encontré nuevos datos en la investigación. No puedo separar a Frieda de Miguel N. Lira, ni separar a Frieda de Tlaxcala. Frieda Kahlo es de Miguel, y Frieda Kahlo es de Tlaxcala, y en esa casa para el museo no caben Frieda Kahlo y Miguel juntos, necesitamos más espacio". Por un tiempo se suspendió la inauguración hasta junio de 2006. El señor gobernador busca una solución. Posiblemente la creación de un museo que llevaría el nombre de: "Museo Frieda Kahlo y Miguel N. Lira". Creo que sería el museo más importante del mundo en la obra pictórica de Frieda, donde se vería cómo llegó a ser una gran pintora.

¿Qué fue lo que sucedió para que me retractara respecto a la creación del Museo Miguel N. Lira? Pues fue que soñé con Frieda la noche del viernes 24, en dimensiones superiores, y en el sueño me dijo, como en otras ocasiones lo había hecho para otros detalles: "El dibujito, mi último autorretrato, lo dibujé antes de salir de esta vida (13 de julio de 1954), del mismo estilo como el dibujado en 1924 y con las dos mismas firmas, una: Frida Kahlo; la otra, al reverso del dibujo: Miguel N. Lira y Frida Kahlo. Está en la parte de atrás, ¡Míralo!". Como en otras ocasiones, me lo repetía y repetía. Despertaba yo y me volvía a dormir, y otra vez el sueño y las mismas frases. En otras ocasiones me levantaba yo de la cama e iba a buscar lo que ella me indicaba; otras no. Esta vez no me levanté. Seguí mi rutina: levantarme ocho treinta de la mañana, nueve quince desayunar, leer un poquito el periódico –sección "Cultura" de *El Sol de Tlaxcala*–, y a las diez de la mañana, como un ritual, subir a mi estudio, descorrer las cortinas y sentarme a estudiar, platicar, o contemplar a Frieda y a los Cachuchas.

Esa mañana, molesto, fui a sacar mis fotostáticas. ¡Las he visto durante 32 años! En el lado de la cara y firma, una línea horizontal traslúcida. Miré al reverso, y allí estaba ¡la firma de Miguel N. Lira y Frieda Kahlo como una sola!, coautores de la obra pictórica de Frieda. ¡Lo nunca esperado! Esto fue lo que me enseñó Frieda sobre ese "insignificante papelito", esa vez.

Más adelante, el siguiente paso sucedió cuando me quedé mirando largamente la ampliación fotostática de los trazos negros. Sólo eso había alcanzado yo, ver las figuras en color negro. Aplicando mis conocimientos en la aplicación de mis dos hemisferios cerebrales, izquierdo y derecho, consciente y subconsciente, significaba que mi canal cerebral visual sólo había llegado a la conciencia, sólo la rama, pero me faltaba contemplar todo el árbol, todo el bosque. Cerca de quince minutos intenté de entrar en esa línea y puntos negros, y entonces Frieda, a través de mi subconsciente, se valió de mis tres canales cerebrales: visual, auditivo y kinestésico, y entonces escuché su voz suave, aspiré su perfume inconfundible y sentí junto a mí su suave calor:

Mira la pierna fracturada, me la cortaron; la pierna derecha, mírala ya cortada, arriba de la rodilla; mira el fierro que me atravesó el cuerpo; mira la Frieda cortada en dos, la vida y la muerte que viví; mira a Alejandro que iba conmigo en el camión; mira al guapo joven que me salvó la vida arrancando el pasamanos que me atravesó el cuerpo; mira el camión y al chofer que lo conducía nervioso; mira a Miguel, el Quijote que me levanta de la muerte cuando no sabía yo pintar, y me lleva en la vida a vivir y a pintar; mira el rostro grande, ése es Miguel en el moño de la L mayúscula, y mira mi rostro y cabeza envolviendo a Miguel: el frente de su cara es mi perfil derecho, su nuca y cuello es el perfil de mi rostro izquierdo, y sobre su cabeza mi peinado con moño; mira el tren y al conductor sentado; mira a los cuatro que murieron allí; mira mi autorretrato que abarca el brazo derecho de Miguel,

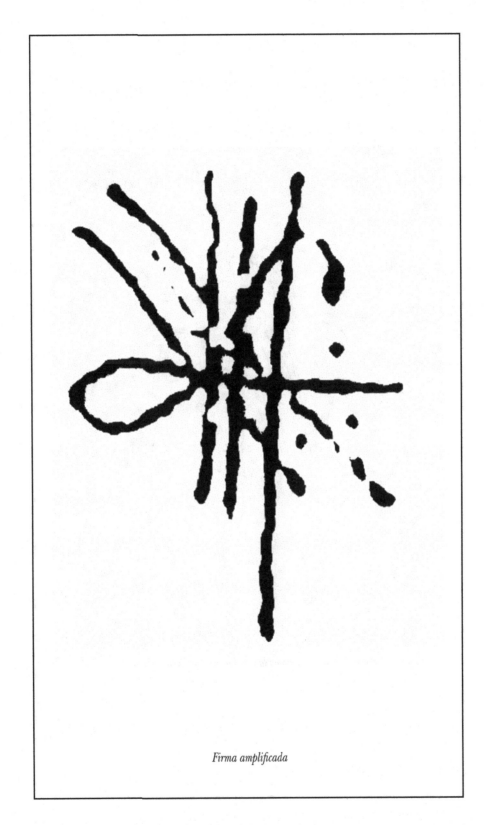

Firma amplificada

Frieda en pena detenida en la tierra. León Trotsky la acompaña

(el Quijote), mi espalda, cintura, cadera y pierna izquierda.

Finalmente me dijo:

Rubén, mira en el centro del crucero: los ojos y el rostro del Demonio que entró en mí desde niña y provocó el accidente para castigarme sufriendo toda mi vida, porque yo quería ser buena y amar a Dios. ¡Tú me vas a liberar! Al morir, el demonio bajó para llevarme, pero Dios me ayudó poniendo una irrompible argolla en mi tobillo derecho con una poderosa cadena que me detiene en la tierra, esperando mi liberación. ¡Tú eres el indicado! Tú y yo nos conocimos en 1949-1954. ¡Recuérdalo! Te dibujé en mi Diario y en el dibujo: A la mitad del patio de mi casa, míralo. [Este último mensaje lo explicaré en *Frida se confiesa*.]

Con esta experiencia, de que Frieda me haya enseñado lo que yo no había logrado ver en la firma, y con la ayuda de mis dos hemisferios cerebrales, pude ver el conjunto de la firma de Frieda, que es lo que les mostraré al final de este capítulo.

Hay dos últimos mensajes, testimonios, pruebas –pero todas encriptadas en ciencia, en lo mágico, en el hiperespacio– de que Miguel N. Lira fue el amigo, el maestro, el impulsor, el hermano de Frieda Kahlo Calderón. Cada vez encuentro nuevas sorpresas dentro de las cosas de Frieda; los descubrimientos son constantes, no paran, siguen conmigo hasta hoy, día de mi cumpleaños, 3 de marzo de 2006.

Cada vez me sorprendo más al ver cómo va evolucionando mi primer libro sobre Frieda Kahlo y Miguel N. Lira. Indudablemente quiero que sea un *best seller* y un "clásico". Ya escucho voces burlonas en los ámbitos cultural y político: "El padre Rubén está lucas; ya le patina el coco". Jajajaja… en parte me alegra, porque así dijeron casi siempre de los grandes descubridores. Me alegra mucho que ya no estemos en tiempos de la Inquisición, porque si eso fuera ya estarían preparando leña para la hoguera o un fuerte cable –el más barato– para la horca.

Ahora voy a presentar al lector el significado de La última firma, ya que este libro tiene el título de *Código Frieda*. La primera y la última firma.

Este libro que presento tiene muy poca bibliografía, porque es en la mayor parte de esa bibliografía existente donde se encuentran las falsedades sobre la Frieda que no conocen. La que yo les presento, la verdadera, la otra Frieda, se encuentra en el archivo original del Cachucha Miguel, el "hermanito" de Frieda, con los dibujos originales en los que los autores escondieron el misterio de Frieda y de los Cachuchas.

Esos recuerdos los plasma Frieda en una cabeza y un rostro, bellamente encuadrado, dibujado por ella con una firma reveladora pero escondida en el misterio, en estilo estridentista como el primero.

Ya dibujada la cabeza y el rostro de una bellísima mujer, elabora la firma en la que se encuadra su vida.

Viendo por primera vez la firma, se logra ver una bella letra "L" mayúscula que indudablemente es: "Lira"; un crucero de dos calles, una más ancha que la otra, que muestra que la ancha es Calzada de San Antonio Abad (dos rayas en forma vertical), y la otra la calle es Cuautemotzin (dos rayas diagonales), frente al mercado San Lucas; el 17 de septiembre de 1925, el fatídico choque del tranvía con el camión en

Summa Cum Laude

Para mí, personalmente, este último autorretrato y última firma de Frieda Kahlo, es la obra más hermosa salida de sus manos, y la más significativa de la Frieda niña, de la Frieda buena, de la niña del niño Miguel N. Lira.

Por eso, simbólicamente, quiero darle la calificación que a mi juicio ella merece, y que está dentro del marco que ella misma dibujó vacío, tal vez para que dentro de él yo escribiera su calificación, en nombre de todos los que la amamos

el que va ella con Alejandro Gómez Arias; a éste lo dibuja en la firma, en forma subliminal, así como también en subliminal la pierna que le amputaron el 11 de agosto de 1953; y dibuja también en el mismo estilo el rostro del joven que le sacó el fierro que atravesaba su cuerpo, recargando su rodilla sobre Frieda para tomar fuerza, salvándole la vida. En el moño de la L mayúscula, está el rostro grande de Miguel N. Lira dentro de Frieda; también el chofer del camión, y el tranvía, y en los exteriores del dibujo, en las esquinas, los que quedaron muertos.

En la amplificación hecha en la fotocopiadora, podemos estudiar más detalles. Aparece la f, que comienza en la mano izquierda del Quijote y en el centro va hacia abajo en medio del trazo San Antonio Abad, atraviesa parte del cuerpo central de Frieda y sigue hacia abajo; la letra K la forma el brazo derecho del Quijote y el final de la línea límite de la calle Cuautemotzín (la calle angosta). El cuello de Frieda está cortado, separado en dos partes, la vida y la muerte en que siempre vivió Frieda; la niña y la mujer, las dos Fridas que vivieron en Frieda: la buena, la religiosa, la bondadosa, la alegre, la que reía, pero, al mismo tiempo, en ella misma, la otra, que desde 1922 dibujó con Miguel, reconociendo y sintiendo que en ella vivían dos Fridas. El Quijote, Miguel, con la mano izquierda, como aparece en el dibujo de Doré, le enseña el camino por donde la va a llevar.

Poco antes de morir, Frieda declaró que su salvador, su impulsor, su maestro, su amigo, su novio y hermanito fue: "El ingenioso Hidalgo Don Quijote Miguel Nicolás Lira Álvarez".

Hasta ahora, no he encontrado la fecha exacta de cuándo Frieda Kahlo elaboró y dibujó su última firma. Ciertamente, que es después del 30 de agosto de 1953, que fue cuando *Excélsior* publicó el artículo de Ceferino R. Avecilla, y después de que le amputaron la pierna, pues en la firma dibuja las dos piernas: la del choque con once fracturas, en líneas conscientes (hemisferio cerebral izquierdo), y la amputada, en subconscientes "Pars pro toto" (hemisferio derecho). Este dibujo se lo entregó Frieda al Cachucha Manuel González Ramírez, en carta cerrada, para que lo entregara al hermanito Mike. Éste lo recibió y en el homenaje a la muerte de ella quiso publicarlo en la portada de su revista, pero por algún motivo desconocido no lo hizo. Así le había indicado a González Ramírez que lo hiciera, al encomendarle escribir el homenaje.

En junio de 1954, Frieda entró en una etapa de recuperación; cuando la visitó el Cachucha Manuel González Ramírez, Frieda debió contarle lo que ella estaba trabajando en el micromundo, que estaba realizando su última firma para Miguel N. Lira, recordando lo que sucedió en 1926, cuando ella quería pintar un autorretrato para dárselo a Alejandro Gómez Arias pero no pudo hacerlo y lo destrozó "a filo de navaja"; entonces Miguel N. Lira lo pintó, los pintó, y Frieda sólo los firmó. Quería reconocer que Chong Lee fue su salvador, y ahora quería declararlo, pero como era cobarde porque tenía miedo, lo hacía en ese micromundo subliminal que él, el Cachucha Manuel, le había visto dibujar; lo escribía en un código, encriptado en el Código Frieda para que, llegado el momento, el mundo conociera lo que había hecho Miguel por ella, "la Cachucha número 9". Creo que así debió ser entre el 10 y el 15 de junio de 1954, pues Manuel González Ramírez escribió también un homenaje a su queridísimo Cachucha Miguel N. Lira, en una carta abierta que publicó en el periódico *Novedades* el 18 de junio de 1954, con el título "Un año de *Huytlale*". Después de tantas cosas bellas que dice de Miguel N. Lira, termina con las siguientes palabras, que creo que Frieda le autorizó y le ordenó:

...En las imágenes de tu periódico me detengo conmovido ante el incipiente autorretrato de Frieda Kahlo, porque yo bien sé, que allí sintetizaste la mejor etapa de tu vida, esa que ha hecho posible que tú desde Tlaxcala, sirvas en forma insuperable a la tipografía y a las letras mexicanas. Porque en tus manos el silencio se vuelve fecundo y rumoroso.

A los 25 días de esta publicación, murió "La paloma de los Cachuchas", Frieda Kahlo Calderón. Después de la muerte de Frieda, perseveraron en estrecha, profunda y sincera amistad Miguel N. Lira, Alejandro Gómez Arias, Manuel González Ramírez y Octavio N. Bustamante; y luego también uno a uno fueron despidiéndose y saliendo de este mundo en el que les tocó vivir.

Interpretación de la última firma
hasta el 9 de junio de 2006

Desde noviembre de 2005 hasta el 1 de junio de 2006 –año en el que escribo– fui caminando poco a poco, descubriendo; algunos detalles me los señaló la propia Frieda. El último descubrimiento sucedió precisamente el 1 de junio de 2006: ver el rostro de Frieda maravillosamente dibujado, manifestando en él la edad que tenía cuando estaba muy próxima a morir. Finalmente, pude ver en el mero cruce de las calles unas manchas blancas, que habían quedado después de marcar con colores, parte por parte, los componentes de la obra: vi en esas manchas los ojos y el rostro del Demonio Negro que poseyó a Frieda cuando estaba en el patio de su casa entre los años 1910 y 1911.

Cuatro personas muertas en el accidente: Frieda recordó la cara de dos muertos. El primero, viendo el dibujo de frente: la parte de la cabeza la forma la cadera y parte de la pierna izquierda, en el lado derecho del gris delineado por la línea negra, donde se puede ver el rostro de una señora; girando el dibujo noventa grados a la derecha, en el tercer gris, aparece la cara de un anciano con barbas, delineado por el negro que es el perfil del lado izquierdo de la cara de Frieda, que envuelve el retrato de Miguel. Sin cambiar la posición, en la parte de abajo está el cuarto gris, junto al chofer (dibujo en color verde) cuya cabeza casi toca la frente de él; allí se mira un hombre de pie, fuerte, y en la parte de arriba, su cara y cabeza.

Lo más trabajado por Frieda. Recuerden que Frieda para dibujar su firma tomó el capítulo XXIX de la obra de Miguel de Cervantes Saavedra, *Don Quijote* trabajado por Ceferino R. Avecilla, como ya les mostré, El Quijote es Miguel, y dice Avecilla: "y su apellido es Lira". Comencemos pues:

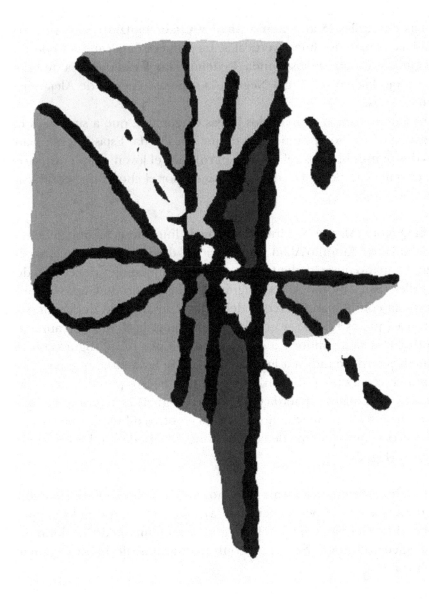

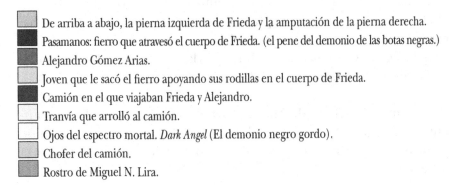

De arriba a abajo, la pierna izquierda de Frieda y la amputación de la pierna derecha.

Pasamanos: fierro que atravesó el cuerpo de Frieda. (el pene del demonio de las botas negras.)

Alejandro Gómez Arias.

Joven que le sacó el fierro apoyando sus rodillas en el cuerpo de Frieda.

Camión en el que viajaban Frieda y Alejandro.

Tranvía que arrolló al camión.

Ojos del espectro mortal. *Dark Angel* (El demonio negro gordo).

Chofer del camión.

Rostro de Miguel N. Lira.

Las dos calles (San Antonio Abad y Cuautemotzin): San Antonio Abad: la forman dos líneas verticales. La primera es la cabeza y cuerpo del Quijote (Miguel), la segunda, lo delinea la pierna derecha de Frieda, un ojo blanco (el Ángel Negro), la cabeza y cuerpo de Alejandro Gómez Arias.

Cuautemotzin: la forman dos líneas diagonales, que a su vez, es el tranvía que arrolló al camión en el que iba Frieda. Estas líneas pasan por dos puntos blancos (el Ángel Negro), por el joven guapo que sacó el fierro del cuerpo de Frieda y finalizando por el chofer que conducía el camión. [Fig. 1]

El Quijote (Miguel N. Lira): Lo forma la línea derecha que delimita la Calzada San Antonio Abad (raya vertical), desde el comienzo hasta el final. La mano derecha del Quijote levanta a una mujer del centro de las calles (San Antonio Abad). Siguiendo el grabado de Gustavo Doré que pinta con la mano derecha del Quijote levantando del camino a Dorotea (que es Frieda), y con la mano izquierda le dice; a caminar, a trabajar, la va a conducir a su reino en Etiopía. Aquí Miguel con la mano izquierda le indica a Frieda, después de levantarla, que hay que continuar el camino; éstos son los tres puntos negros pintados abajo de su mano. Esta mano izquierda del Quijote (Miguel) es al mismo tiempo sus testículos y su pene (dibujo que pinta en otros dibujos y que yo tengo). Recordemos que una de las obsesiones de Frieda son los testículos y penes. [Fig. 2]

La letra f (Frieda): la forma la mano izquierda del Quijote (que son los testículos con el pene hacia arriba), cruza el cuerpo del Quijote, metiéndose en una gran mancha negra; pasa en medio de los dos puntos blancos (el Ángel Negro), y continúa hacia abajo hasta terminar esa línea. [Fig. 3]

La letra K (Kahlo): comienza a la altura del pecho del Quijote, de allí llega a la gran mancha negra (aquí forma la primera línea para hacer la K); luego hacia abajo, pasando los dos puntos blancos (ojos del Ángel Negro), comienza la otra línea y es la que marca el lado derecho de la calle Cuautemotzin. [Fig. 3]

La letra L (apellido de Miguel: Lira): comienza desde la mano izquierda del Quijote, se sigue la línea hasta llegar a un moño (donde se encuentra el rostro de Miguel ilustrado de color azul) y de allí cruza horizontalmente. [Fig. 4]

[Fig. 1] Véanse las dos calles, San Antonio Abad y Cuautemotzin

[Fig. 2] Aquí se muestra a don Quijote (Miguel N. Lira)

[Fig. 3] Firma f.k (Frieda Kahlo). Una letra encima de la otra

[Fig. 4] Véase L, apellido de Miguel: Lira

[Fig. 5] Véase el rostro de Frieda Kahlo

[Fig. 6] Figura del maquinista

[Fig. 7] Véase a Frieda Kahlo arrodillada, y tomada de la mano de don Quijote (Miguel N. Lira), así como la Frieda cortada en dos, la vida y la muerte en que vivió

[Fig. 8] Véase a Frieda Kahlo (dos rostros de perfil en color rojo) envolviendo el rostro de Miguel N. Lira

El rostro y perfil de Frieda: lo más admirable, increíble, maravilloso, es ver el brazo y mano derecha del Quijote. La parte superior va formando bellísimamente el autorretrato de Frieda Kahlo con el rostro que tenía en ese tiempo. Se puede ir siguiendo la parte de la pierna derecha que fue amputada en 1953. Ahí se van formando la frente, las cejas, los ojos, la nariz, la boca, la barba y el cuello que va a ser la punta del zapato de la pierna izquierda de Frieda. [Fig. 5]

El maquinista del tranvía: observando la parte contraria del rostro y perfil de Frieda, empezando por su nariz, barbilla y cuello, se puede ver el rostro de un hombre con una gorra, con el cuello y la espalda sentado sobre el pie izquierdo de Frieda. [Fig. 6]

Frieda arrodillada (Dorotea): ubicada en el centro (San Antonio Abad). Aquí Frieda se encuentra cortada en dos. "Una de las Friedas", se encuentra en medio de la pierna derecha (la amputada) y la izquierda para significar la vida y la muerte en la que vivió. En la parte de abajo continúa "la otra Frieda", y ahí comienza su espalda, su cintura, sus caderas, la pierna derecha quebrada, con la pierna izquierda y sus rodillas asentándose sobre la línea horizontal. [Fig. 7]

Los perfiles de Frieda: La línea roja que rodea el rostro de Miguel (que está de color azul), se pueden observar los perfiles de la cara de Frieda y el pelo, según algunas veces se peinaba; esto se logra dejando que entre el consciente; que le permita el subconsciente acceder, para poderlo ver. [Fig. 8]

Para mí, este dibujo hecho en una superficie de 1.7 x 1.2 cm., es la obra pictórica más maravillosa y más valiosa que haya hecho Frieda: su última firma.

Se requiere querer verlo para acceder a él. Tal vez media hora, un día, cinco, veinte, un mes, pero lo vas a ver; procura concentrarte en esa parte sin mover los ojos, aunque de vez en cuando un ligerísimo movimiento de ojos, cerrar y abrir rápidamente los ojos representará ¡éxito!, pues podrás contemplar la obra más maravillosa de Frieda. ¡Tú mismo habrás descifrado el Código Frieda!

CAPÍTULO XII

Instituto Nacional de Bellas Artes y el Banco de México
"En renglones confusos Dios responde"

El 11 de julio de 1984, el Presidente de la República, Miguel de la Madrid Hurtado, y el Secretario de Educación Pública, Jesús Reyes Heroles, emitieron un decreto que declaró "Monumento Artístico toda la obra de la artista mexicana Frida Kahlo Calderón, incluyendo la obra de caballete, la obra gráfica, los grabados y los documentos técnicos, sean de la nación o particulares". El Artículo 5° establece: "Las personas interesadas en reproducir por cualquier medio las obras de Frida Kahlo Calderón requerirán de autorización del Instituto Nacional de Bellas Artes y Literatura. Cuando la reproducción se haga con fines comerciales, los interesados deberán pagar los derechos establecidos en las leyes aplicables".

Dentro del proceso, desde escribir hasta editar mis libros *Código Frieda. La primera y la última firma*, y *Frida se confiesa*, llegó el momento de dirigirme al Banco de México y al Instituto Nacional de Bellas Artes pidiendo la autorización de los derechos de autor que dice tener el Banco de México sobre la obra plástica, pictórica y literaria de Frida Kahlo, que muestro en mis libros; y la autorización del Instituto Nacional de Bellas Artes para poder reproducir los dibujos, estarcidos y acuarelas de Frida Kahlo, que son de mi propiedad y que muestro en los citados libros. La ley en Bellas Artes no requiere autorización para reproducir la obra literaria; el Banco de México sí, para poder publicarla.

Como sacerdote que soy, predico y enseño a la gente cómo hablar con Dios para pedir el remedio de cualquier necesidad que tengamos los hombres. El 2 de octubre del 2005, enseñando a mis oyentes los pasos que hay que dar en la oración, cuando llegó el momento de la petición, mostré mi propia necesidad que tenía ese día: "Papá Dios, yo, tu niño amado Rubén, quiero escribir un libro sobre Frida Kahlo. Te pido, en el Nombre de Jesús, que me ayudes a escribirlo, y que me ilumines. ¡Muchas gracias, Papá Dios!" A partir de ese momento, mi libro comenzó a tener una fuerza misteriosa, a crecer y crecer. También así, el 18 de marzo de 2007, ante mis oyentes a quienes doy la enseñanza –unas quinientas personas–, les expliqué: "Hoy tengo la necesidad de escribir al Banco de México y al Instituto Nacional de Bellas Artes para que autoricen la edición de mis libros. Voy a presentársela a Papá Dios y a pedirle que me ayude con el Banco de México, pues si el Banco de México me pidiera para autorizarme los derechos de autor de Frida Kahlo, y me dijera: "son 10 millones de pesos",

¡no los tengo!; si me pidiera 100 mil pesos: "no los tengo". Hasta ese día, no sabía que Bellas Artes cobra cantidades muy altas por expedir el permiso de reproducción. Yo pensaba que, al igual que el Instituto Nacional de Derechos de Autor, me cobraría poco más de 100 pesos.

Durante la enseñanza, en el punto de la petición, dije: "Papá Dios, voy a escribir al Banco de México pidiendo la autorización de los derechos de autor de Frida Kahlo, y a Bellas Artes la autorización de reproducir los dibujos, acuarelas, estarcidos y documentos literarios que tengo de Frida Kahlo. Estoy sin dinero. ¡Ayúdame en el Nombre de Jesús! ¡Gracias, Papá Dios!". Al día siguiente, después de encomendarme a Papá Dios, escribí y envié dos cartas con el mismo contenido, sólo cambiando los destinatarios a las citadas dependencias para su autorización. A continuación muestro esta carta que incluía los dibujos, acuarelas y estarcidos para su reproducción.

Carta al Instituto Nacional de Bellas Artes

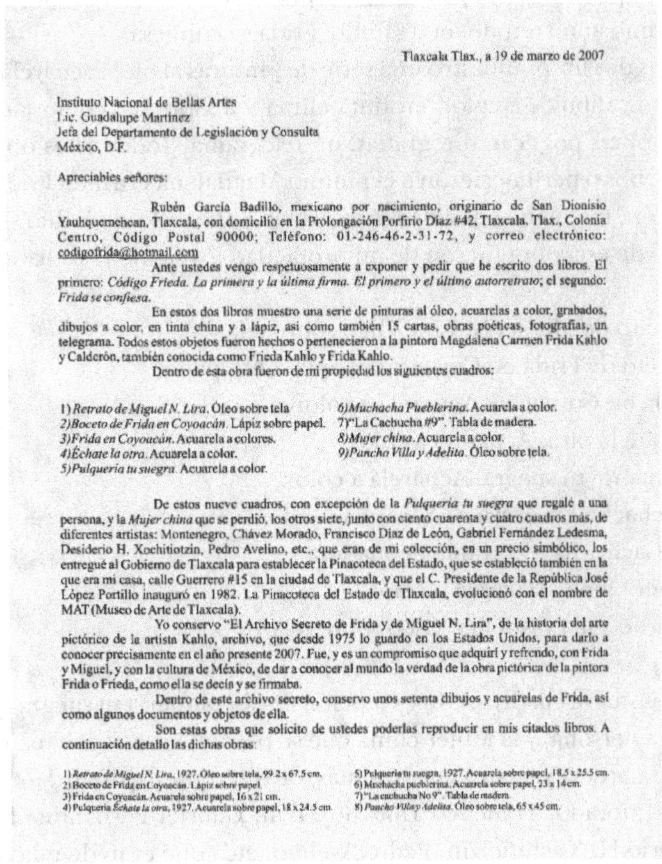

Carta al Banco de México

Tlaxcala Tlax., a 19 de marzo de 2007

Instituto Nacional de Bellas Artes
Lic. Guadalupe Martínez
Jefe del Departamento de Legislación y Consulta
México, D.F.

Apreciados señores:

Rubén García Badillo, mexicano por nacimiento, originario de San Dionisio Yauhquemehcan, Tlaxcala, con domicilio en la Prolongación Porfirio Díaz #42, Tlaxcala, Tlax., Colonia Centro, Código Postal 90000; Teléfono: 01-246-46-2-31-72, y correo electrónico: codigofrida@hotmail.com
Ante ustedes vengo respetuosamente a exponer y pedir que he escrito dos

libros. El primero: Código Frieda. La primera y la última firma. El primero y el último autorretrato; el segundo: Frida se confiesa.

En estos dos libros muestro una serie de pinturas al óleo, acuarelas a color, grabados, dibujos a color, en tinta china y a lápiz, así como también 15 cartas, obras poéticas, fotografías, un telegrama. Todos estos objetos fueron hechos o pertenecieron a la pintora Magdalena Carmen Frida Kahlo y Calderón, también conocida como Frieda Kahlo o Frida Kahlo.

Dentro de esta obra fueron de mi propiedad los siguientes cuadros:

1) Retrato de Miguel N. Lira. Óleo sobre tela.
2) Boceto de Frida en Coyoacán. Lápiz sobre papel.
3) Frida en Coyoacán. Acuarela a colores.
4) Échate la otra. Acuarela a color.
5) Pulquería tu suegra. Acuarela a color.
6) Muchacha Pueblerina. Acuarela a color.
7) "La Cachucha #9". Tabla de madera.
8) Mujer china. Acuarela a color.
9) Pancho Villa y Adelita. Óleo sobre tela.

De estos nueve cuadros, con excepción de la Pulquería tu suegra que regalé a una persona, y la Mujer china que se perdió, los otros siete, junto con ciento cuarenta y cuatro cuadros más, de diferentes artistas: Montenegro, Chávez Morado, Francisco Díaz de León, Gabriel Fernández Ledesma, Desiderio H. Xochitiotzin, Pedro Avelino, etc., que eran de mi colección, en un precio simbólico, los entregué al Gobierno de Tlaxcala para establecer la Pinacoteca del Estado, que se estableció también en la que era mi casa, calle Guerrero #15 en la ciudad de Tlaxcala, y que el C. Presidente de la República José López Portillo inauguró en 1982. La Pinacoteca del Estado de Tlaxcala, evolucionó con el nombre de MAT (Museo de Arte de Tlaxcala).

Yo conservo "El Archivo Secreto de Frida y de Miguel N. Lira", de la historia del arte pictórico de la artista Kahlo, archivo, que desde 1975 lo guardo en los Estados Unidos, para darlo a conocer precisamente en el año presente 2007. Fue, y es un compromiso que adquirí y refrendo, con Frida y Miguel, y con la cultura de México, de dar a conocer al mundo la verdad de la obra pictórica de la pintora Frida o Frieda, como ella se decía y se firmaba.

Dentro de este archivo secreto, conservo unos setenta dibujos y acuarelas de Frida, así como algunos documentos y objetos de ella.

Son estas obras que solicito de ustedes poderlas reproducir en mis citados libros. A continuación detallo las dichas obras:

1) Retrato de Miguel N. Lira, 1927. Óleo sobre tela, 99.2x67.5cm.

2) Boceto de Frida en Coyoacán. Lápiz sobre papel.

3) Frida en Coyoacán. Acuarela sobre papel, 16x21cm.

4) Pulquería Échate la otra, 1927. Acuarela sobre papel, 18x24.5cm.

5) Pulquería tu suegra, 1927. Acuarela sobre papel, 18.5x25.5 cm.

6) Muchacha pueblerina. Acuarela sobre papel, 23x14 cm.

7) "La cachucha No 9". Tabla de madera.

8) Pancho Villa y Adelita. Óleo sobre tela, 65x45 cm.

oooooooooooooooooooooooooooooooooooooooooooooooooooooooooooooooooooooooooooooooooooooooooooooooo

Tlaxcala Tlax., a 19 de marzo de 2007

Sr. Lic. Alejandro Ruiz
Banco de México
Fideicomiso Museos Diego Rivera y Frida Kahlo
México, D.F.

Apreciables señores:

Rubén García Badillo, mexicano por nacimiento, originario de San Dionisio Yauhquemehcan, Tlaxcala, con domicilio en la Prolongación Porfirio Díaz #42, Tlaxcala, Tlax., Colonia Centro, Código Postal 90000; Teléfono: 01-246-46-2-31-72, con todo respeto, vengo ante ustedes a solicitar la autorización para usar los derechos de algunas de las obras de Frida Kahlo Calderón.

El motivo de mi solicitud, es poder publicar estas obras en dos libros que estoy terminando de escribir, dentro de los cuales quiero cumplir la voluntad del señor Lic. Miguel Nicolás Lira Álvarez y de Frida Kahlo Calderón, que me transmitió por medio del primero. El primero de mis libros se llama: Código Frieda. La primera y la última firma. El primero y el último autorretrato; el segundo: Frida se confiesa.

Anexo copia del contrato de la Editorial Trafford, de Canadá, que sería la encargada de editar mis citados libros.

Yo pasé a poseer parte del archivo secreto del arte pictórico de Frida Kahlo en el año de 1963, que me transmitió la señora Rebeca Torres viuda de Lira, esposa que fue de Miguel N. Lira; y en 1971, pasé a poseer también nueve cuadros de la pintora; en 1974 pasé a poseer los archivos completos de la relación Frida Kahlo-Miguel N. Lira, integrantes de la Pandilla Los Cachuchas.

1) Retrato de Miguel N. Lira. Óleo sobre tela.

2) Boceto de Frida en Coyoacán. Lápiz sobre papel.

3) Frida en Coyoacán. Acuarela a colores.

4) Échate la otra. Acuarela a color.

5) Pulquería tu suegra. Acuarela a color.

6) Muchacha Pueblerina. Acuarela a color.

7) "La Cachucha #9". Tabla de madera.

8) Mujer china. Acuarela a color.

9) Pancho Villa y Adelita. Óleo sobre tela.

De estos nueve cuadros, con excepción de la Pulquería tu suegra que regalé a una persona, y la Mujer china que se perdió, los otros siete, junto con ciento cuarenta y cuatro cuadros más, de diferentes artistas: Montenegro, Chávez Morado, Francisco Díaz de León, Gabriel Fernández Ledesma, Desiderio H. Xochitiotzin, Pedro Avelino, etc., que eran de mi colección, en un precio simbólico, los entregué al Gobierno de Tlaxcala para establecer la Pinacoteca del Estado, que se estableció también en la que era mi casa, calle Guerrero #15 en la ciudad de Tlaxcala, y que el C. Presidente de la República José López Portillo inauguró en 1982. La Pinacoteca del Estado de Tlaxcala, evolucionó con el nombre de MAT (Museo de Arte de Tlaxcala).

Yo conservo "El Archivo Secreto de Frida y de Miguel N. Lira", de la historia del arte pictórico de la artista Kahlo, archivo, que desde 1975 lo guardo en los Estados Unidos, para darlo a conocer precisamente en el año presente 2007. Fue, y es un compromiso que adquirí y refrendo, con Frida y Miguel, y con la cultura de México, de dar a conocer al mundo la verdad de la obra pictórica de la pintora Frida o Frieda, como ella se decía y se firmaba.

Dentro de este archivo secreto, conservo unos setenta dibujos y acuarelas de Frida, así como algunos documentos y objetos de ella.

Son estas obras que solicito de ustedes poderlas reproducir en mis citados libros. A continuación detallo las dichas obras:

1) Retrato de Miguel N. Lira, 1927. Óleo sobre tela, 99.2x67.5cm.

2) Boceto de Frida en Coyoacán. Lápiz sobre papel.

3) Frida en Coyoacán. Acuarela sobre papel, 16x21cm.

4) Pulquería Échate la otra, 1927. Acuarela sobre papel, 18x24.5cm.

5) Pulquería tu suegra, 1927. Acuarela sobre papel, 18.5x25.5 cm.

6) Muchacha pueblerina. Acuarela sobre papel, 23x14 cm.

7) "La cachucha No 9". Tabla de madera.

8) Pancho Villa y Adelita. Óleo sobre tela, 65x45 cm.

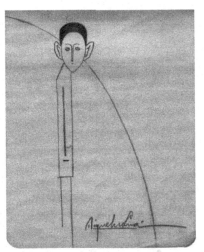

9) *"El orejón" (Octavio N. Bustamante), 1924. Lápiz sobre papel, 15.5 x11.8 cm. Boceto para Apuntes para Pancho Villa y Adelita.*

10) *Apuntes para Pancho Villa y Adelita. Lápiz sobre papel, 21 x 28 cm.*

11) *"Cabeza de Chong Lee". Lápiz sobre papel, 15.5 x 11.8 cm.*

12) *"La cachucha Carmen Jaime". Lápiz sobre papel, 15.5 x 11.8 cm. Boceto para el cuadro Si Adelita… o Los Cachuchas.*

13) Si Adelita… o Los Cachuchas, 21 x 18 cm. Fotografía tomada por Miguel N. Lira, 1926-1927.

14) EX LIBRIS M.N.L. Tinta china sobre cartulina, 12.3 x 14 cm.

15) Ex Libris. Tinta china sobre cartulina, 7.1 x 7.5 cm.

16) Ex Libris. Tinta china y color sobre cartulina, 7.1 x 7.5 cm.

17) *Dos mujeres. Grabado en Linóleo, 10 x 7.5 cm*

18) *La Guayaba estridentista. Tinta china sobre cartulina, 24 x 8.5 cm.*

19) *El Árbol de la Guayaba. Tinta china sobre cartulina, 24 x 10.5 cm.*

20) *La Guayaba y el amor en Coyoacán. Tinta china sobre cartulina, 23.4 x 9.8 cm.*

21) *Vuela, vuela palomita, mensajera de la paz. Tinta china sobre cartulina, 21.5 x 13.5 cm.*

22) *Es que Dios está llorando porque mi carta leyó. Lápiz sobre papel, 17 x 21.8 cm.*

23) *La noche muy 10 de la mañana. Lápiz sobre papel, 12.9 x 7.3 cm.*

27) *Fotografía tomada por Miguel N. Lira del Autorretrato con traje de terciopelo, 17 x 12.5 cm. 1926.*

24) *Fotografía tomada por Guillermo Kahlo del retrato de Adriana, 16.7 x 12 cm. 1926.*
25) *Fotografía tomada por Guillermo Kahlo del retrato de Cristina, 24 x 18.8 cm*
26) *Fotografía tomada por Guillermo Kahlo del retrato de Ludmila, 13.3 x 12 cm. 1926.*
28) *Autorretrato con traje de terciopelo., 1926 Óleo sobre tela, 78.7 x 58.4 cm. Colección Alejandro Gómez Arias.*

[Estas imágenes se quitaron porque el Banco de México no autorizó para su reproducción]

29) *La escuela de pintura de Miguel N. Lira. Diciembre 28 de 1928. Acuarela y tinta china sobre papel, 26.5 x 20 cm.*

30) *Fotografía donde aparece Miguel N. Lira y Frida Kahlo en una reunión de cultura, en la Secretaría de Educación Pública.*

31) *La viborita, 1927-1928. Acuarela sobre cartulina, 13 x 13.8 cm.*

32) *Frida Kahlo y Diego Rivera, 1931. Óleo sobre tela, 99 x 80 cm. Colección Museo de Arte Moderno de San Francisco California, donado por Albert M. Bender.*
[Esta imagen se quitó porque el Banco de México no autorizó para su reproducción.]

33) *Corrido de Miguel N. Lira, 1942. Acuarela y tinta china sobre cartulina, 50 x 24.3 cm. Frida Kahlo sólo pinta: la viborita (en forma de listón), el nombre del corrido, el zorro y la etiqueta fin. Lo demás, otros pintores.*

34) *La paloma Frida en Luz y sombras. Molde sobre papel de la Secretaría de Educación Pública, 17.7 x 9 cm.*

35) *¡Perdí mi virginidad!... ¡La bailarina, la bailarina!, 1941. Estarcido sobre papel, 22.8 x 17.2 cm. Para el Corrido de Cirilo Urbina.*

Aquí firma FK con fecha 41.

36) *¿Dónde llevas loza nueva?, 1941. Estarcido sobre cartulina, 22.8 x 17.2 cm. Para el Corrido de Cirilo Urbina.*

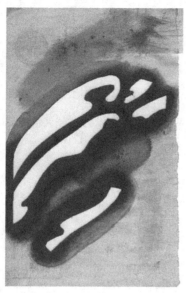

37) Molde para el Corrido de Cirilo Urbina, 1941. Sobre papel de la SEP., 21.5 x 15.5 cm.

38) Molde para el Corrido de Cirilo Urbina, 1941. Sobre papel de la SEP., 21.4 x 13.5 cm.

39) Molde para el Corrido de Margarito Mariaca, 1941. Sobre papel de la SEP., 21.5 x 13.5 cm.

40) Molde para el Corrido de Margarito Mariaca, 1941. Sobre papel de la SEP., 21.5 x 14.5 cm.

41) *Molde para el Corrido de Margarito Mariaca, 1941. Sobre papel de la SEP., 21 x 13 cm.*

42) *Molde para el Corrido de Margarito Mariaca, 1941. Sobre papel de la SEP., 23 x 17 cm.*

43) *La niña sin novio, 1941. Estarcido sobre cartulina para el Corrido de la niña sin novio, 22.8 x 17.4 cm.*

44) *Autorretrato de Frida Kahlo, 1938. Fotografía de 24.2 x 19.5 cm.*

45) *Reverso del Autorretrato de Frida Kahlo, y con una dedicatoria: "Para Miguel con el cariño de su hermana de siempre Frida. Oct. 18 1938".*

47) *Vuelta a la tierra, 1940. Tinta china sobre papel amate, 21 x 17 cm.*

46) *El marco. Óleo, aluminio y vidrio, 29 x 22 cm. Está en el Museo Louvre de París, Francia.* [Esta imagen se quitó porque el Banco de México no autorizó para su reproducción.]

48) *Al infierno cabrones, 1940. Tinta china sobre papel amate, 21 x 17 cm.*

49) *Vuelta a la tierra, 1940. Dibujo a color, 18.4 x 13.7 cm. (Edición especial del libro: Vuelta a la tierra. Sólo un ejemplar).*

50) *Al infierno cabrones, 1940. Dibujo a color, 18.4 x 13.7 cm (Edición especial del libro: Vuelta a la tierra. Sólo un ejemplar).*

51) *Miguelito el grande, 1940-41. Lápiz sobre papel, 9 x 7 cm.*

52) *Escenografía Linda. Acuarela sobre cartulina, 32.5 x 25 cm.*

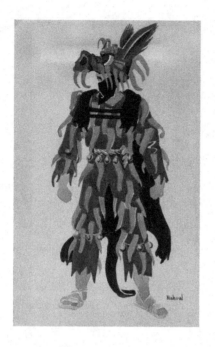

53) *El nahual, 1941. Acuarela sobre cartulina, 24.3 x 15.4 cm.*
54) *Anciano, 1941. Acuarela sobre cartulina, 24 x 15 cm.*

55) *Juan, 1941.*
Acuarela sobre cartulina, 24 x 15.3 cm.
56) *Tomas, 1941.*
Acuarela sobre cartulina, 24 x 15.3 cm.

57) *Fotografía original tomada en 1942, de la pintura La muñeca pastillita, (cuadro perdido).*

58) *Fotografía original tomada en 1942 por Agustín Maya, de dos cuadros de la pintura La muñeca pastillita (cuadros perdidos)*

59) *Fotografía original tomada en 1942 por Agustín Maya, de dos cuadros de la pintura La muñeca pastillita (cuadros perdidos).*

60) *Cuchi-cuchi. Acuarela sobre cartulina, 33 x 25 cm.*

61) *Mi niño Diego el elefante panzón, 1942. Dibujo en la portada de la inauguración de la Muñeca pastillita. (Acuarela perdida).*

ESTADOS UNIDOS MEXICANOS
CORREOS Y TELEGRAFOS
TELEGRAMA

19 México D.F., a 10 de octubre de 1942. Suc. 19
19 - 0275 Extraurgente Pd. D. 12.35 P. M. A. M. 12.40

Licenciado Miguel N. Lira.
Departamento de Publicidad Secretaría de Educación Publica.
México D.F.

EXTRAURGENTE

Miguelito Perdoname No Pueda Asistir Banquete Compromisos Tomados Con Diego
Me lo Impiden Excusame Miembros Seminario y Hartos Saludos.

Frida Kahlo

62) "Telegrama a Miguel N. Lira". Octubre 10 de 1942.

Miguelito, Mike, Chong Lee,

Aquí te mando las invitaciones para la apertura
de las pinturas que los muchachos de mi clase hicieron
en la pulquería de "La Rosita" en Coyoacán. Además de
tres corridos que ellos mismos hicieron para ser cantados el día de la inauguración. Ojalá pudieras venir aunque fuera un ratito, mañana entre las once y
la una. Pero como sé que estás lleno de trabajo, me
imagino que no te será posible, pero aunque sea quiero que sepas que hubiera sido rete "suave" que vinie-
ran.

Recibe un abrazo de tu hermana,

Frida

63) "Carta de Frida a Miguel N. Lira". 1943.

64) *La puerta de mi casa, 1930-31. Acuarela sobre cartulina, 16 x 17.5 cm.*

65) *Vista desde la casa de David Alfaro Siqueiros. Acuarela sobre cartulina, 23 x 18.2 cm.*

66) *Carpa. Tinta china sobre cartulina, 16.2 x 12.1 cm.*

67) *La mariposa Frida Kahlo. Detalle del dibujo anterior: Carpa. Este dibujo ha sido aumentado en su tamaño y coloreado por mí: Rubén García Badillo.*

68) *Hoy gran función. Tinta china sobre cartulina, 10.9 x 8.6 cm.*

69) *Chong Lee Fu. Tinta china sobre cartulina, 10.9 x 8.5 cm.*

70) *La bella tianguista. Tinta china sobre cartulina, 10.9 x 8.5 cm.*

71) *El conde boby. Tinta china sobre cartulina, 10.9 x 8.6 cm.*

72) *Las bailarinas rusas. Tinta china sobre cartulina, 10.8 x 8.6 cm.*

73) *La cubanita. Tinta china sobre cartulina, 10.8 x 8.6 cm.*

74) *El último rincón del patio de mi casa. Tinta china sobre cartulina, 11.9 x 11.1 cm.*

75) *A la mitad del patio de mi casa. Tinta china sobre cartulina, 11.9 x 11.1 cm.*

76) *La casa de la montaña. Tinta china sobre cartulina, 11.9 x 11.4 cm.*

77) *La calle de un pueblo. Tinta china sobre cartulina, 11.8 x 11.9 cm.*

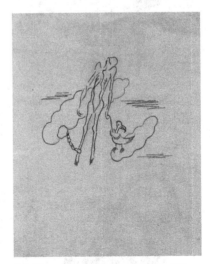

78) *Chong Lee vigila el mercado. Tinta china sobre cartulina, 17.9 x 12.12 cm.*

79) *Alma en pena detenida en la tierra. Tinta china sobre cartulina, 12.5 x 16 cm.*

80) *El machete. Grabado sobre papel, 16 x 7.5 cm.*

81) *Jaripeo. Grabado sobre cartón, 10.6 x 7.9 cm.*

82) *Romance de las tres Lunas. Tinta china sobre cartulina, 15.6 x 15 .9 cm.*

83) *El marco vacio. Tinta china sobre cartulina, 3.5 x 3.5 cm.*

84) *Mounsier Le Toró. Grabado sobre cartulina gruesa, 8 x 8.5 cm.*

85) *Lenguaje de la galantería. Lápiz sobre papel delgado, 21.5 x 26.5 cm.*

86) *El señor Xólotl y la señora Xolotzin bebiendo su café. Tinta china sobre papel, 9.5 x 10.8 cm.*

87) *El hombre de petate y el perico. Acuarela a color sobre cartulina, 23.5 x 17.5 cm.*

88) *El hombre de petate y el perico. Tinta china sobre papel amate, 24 x 18 cm.*

89) El zorro picudo y pastillita. Acuarela a color sobre cartulina, 23.5 x 17.5 cm.

90) El zorro picudo y pastillita. Tinta sobre papel amate, 23 x 18 cm.

91) El dibujo verde o el dibujo china. Tinta china sobre papel de china muy fino, 23.2 x 13.9 cm.

92) *El látigo. Grabado sobre cartón, 16.4 x 1.5 cm.*

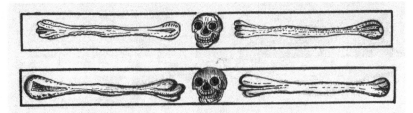

93) *Ofrendas a la muerte. Tinta china sobre cartulina, 11 x 1 cm.*

94) *El último autorretrato y la última firma, 1954. Lápiz sobre papel, 13 x 8.8. cm.*

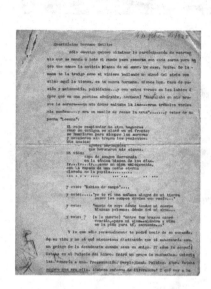

95) *Obra poética dedicada a Blanca Luz Brum de Frida Kahlo y Miguel N. Lira. (4 hojas).*

RECUERDO

Yo había sonreído. Nada más. Pero la claridad fué en mí, y en lo hondo de mi silencio.

El, me seguía. Como mi sombra, irreprochable y ligera.

En la noche, sollozó un canto. . .

Los indios se alargaban, sinuosos, por las callejas del pueblo. Iban envueltos en sarapes, a la danza, después de beber mezcal. Un arpa y una jarana eran la música, y la alegría eran las morenas sonrientes.

En el fondo, tras del "Zócalo", brillaba el río. Y se iba, como los minutos de mi vida.

El, me seguía.

Yo terminé por llorar. Arrinconada en el atrio de la Parroquia amparada por mi rebozo de bolita, que se empapó de lágrimas.

Frida KAHLO

96) Poesía Recuerdo de Frida Kahlo, 1922. Recorte de periódico pegado en una hoja del Libro de mis recuerdos.

97) Cartas de Frida Kahlo a Miguel N. Lira. Incluye las siguientes:

1.- Carta de Frieda Kahlo a Chong Lee (Miguel N. Lira

2.- Carta de Frieda Kahlo a Chong Lee (Miguel N. Lira). México a 13 de mayo de 1923.

3.- Tarjeta de Frieda Kahlo a Chong Leesito (Miguel N. Lira). México a 25 de Nov, 1923.

4.- Tarjeta de Frieda a Chong Leesito (Miguel N. Lira). 20 de Enero 1924.

5.- Carta de Frieda a Chong Lee (Miguel N. Lira). 27 Enero 1924.

6.- Carta de Frieducha a su Hermanito (Miguel N. Lira). Lunes 16 de mayo de 1927.

7.- Carta de Frieducha a su Hermanito (Miguel N. Lira). 22 mayo de 1927.

8.- Carta de Friedushka a Chong Lee (Miguel N. Lira). Martes 5 de junio a las 11 $1/2$ de la mañana.

9.- Carta de Frieducha a Mike (Miguel N. Lira). Agosto 3. 1927.

10.- Carta de Frieda a su Hermano (Miguel N. Lira). En agosto - Coyoacán - 1927.

11.- Carta de Frieda a su Hermanito del Alma (Miguel N. Lira). Lunes 12. Sept. 1927.

12.- Carta de Frieda a su Hermanito (Miguel N. Lira). 27. Sep. 1927.

13.- Carta de Frieda a Mike (Miguel N. Lira).

Hasta ahora he enumerado:

1) El retrato de Miguel N. Lira.
2) Boceto de Frida en Coyoacán.
3) Frida en Coyoacán.
4) Échate la otra.
5) Muchacha pueblerina.
6) La Cachucha #9.
7) Pancho Villa y Adelita.

Estos cuadros fueron míos y ahora pertenecen al Museo de Arte de Tlaxcala del Instituto Tlaxcalteca de Cultura.

La pulquería tu suegra, la regalé y no sé quién sea su poseedor; Mujer china se me perdió.

Del número: 9 al 27, 29 al 31, 33 al 45, 47 al 97, es propiedad mía y las tengo resguardadas en los Estados Unidos de América.

Los números: 28, 32, 46, son obras de Frida Kahlo en otras colecciones y que necesito autorización para poder reproducirlas también en mis libros.

A continuación enumero fotografías y obras de Frida Kahlo y Diego Rivera que se encuentra en distintas personas o instituciones, y que necesito reproducir en mis libros para darlos a entender mejor. También suplico me autoricen los derechos de autor de estas obras que ustedes resguardan:

1) Frida con blusa de Satín Azul, New York 1939

2) Frida Kahlo a los 18 años.
Fotografía de Guillermo Kahlo,
México 1926.

3) Diego Rivera, California 1910.

5) Autorretrato con Diego en mi pecho y
María en mi frente, 1953-54. Óleo sobre
masonite, colección privada. USA.

6) "Pinté de 1916". Lámina 1 del Diario de
Frida Kahlo.

7) "El ángel negro". Última lámina en el
Diario de Frida Kahlo.

8) Las dos Fridas, 1939. Óleo sobre tela,
173.5 x 173 cm. Colección Museo de Arte
Moderno. México.

9) Lámina 49 del Diario de Frida Kahlo.

10) Lámina 17 del Diario de Frida Kahlo.

[Estas imágenes se quitaron porque el
Banco de México no autorizó para su
reproducción.]

4) Diego Rivera y su novia, 1929.
Fotografía de Victor Reyes, Coyoacán,
México.

Habiendo mostrado a ustedes lo que tengo,
y expresada mi necesidad, ruego a ustedes
Banco de México y Honorable Comité
del Fideicomiso Diego Rivera-Frida Kahlo, concederme el uso de los derechos de autor
expresados y solicitados en el cuerpo de esta solicitud. Agradecido por su bondad y
generosidad, quedo de ustedes.

ATENTAMENTE. Rubén García Badillo.

Fue entonces cuando el Lic. Javier A. Oropeza y Segura, director del Departamento de Legislación y Consulta de CONACULTA-INBA, quien, con fecha del 26 de marzo de 2007, tuvo la bondad de contestar mi solicitud del 19 del mismo mes. Este departamento de Bellas Artes excluyó las obras de Frida Kahlo, ya conocidas internacionalmente, numerales del 1-8 que fueron de mi propiedad y ahora pertenecen al Museo de Arte de Tlaxcala; también excluyó algunas obras que consideraron que debían excluirse de mi solicitud, y me pidieron que confirmara yo las referentes a las obras inéditas de Frida Kahlo, que son de mi propiedad y que quiero dar a conocer en mis libros.

Carta del INBA a Rubén García Badillo. México. D.F., 26 de marzo de 2007.

CONACULTA • INBA
DAJ/DLC/724/07
ASUNTO: REPRODUCCIÓN

México. D.F., 26 de marzo de 2007

RUBÉN GARCÍA BADILLO
P R E S E N T E

De acuerdo con su escrito de fecha 19 de marzo del presente, le informo que de conformidad con los artículos 17 y 45 de la Ley Federal sobre Monumentos y Zonas Arqueológicos, Artísticos e Históricos, este Instituto tiene competencia sobre cualquier monumento artístico.

Al ser de de su interés el reproducir algunas obras monumento, deberá confirmarnos si las obras que contienen los numerales 9, 10, 11, 12. 13, 14. 15. 16, 17. 18, 19, 20, 21, 22, 23. 24, 25. 26, 27, 29, 31, 34, 35, 36, 37. 38, 39, 40, 41, 42, 43, 47 ,48 ,49, 50, 51, 52, 53, 54, 55, 56, 57, 58, 59, 60, 64, 65, 68, 69, 70, 71, 72, 73, 74, 75, 76, 77, 78, 79, 80, 81, 82, 83, 84, 85, 86, 87, 88, 89, 90, 91, 92, 93 y 94 son obras de Frida Kahlo. así como las correspondientes a las páginas 37, 38, 39, 40, 41, 43, 44 y 48.

Lo anterior, en virtud a que esta Dirección únicamente puede autorizar la reproducción de obras plásticas declaradas monumento artístico.

Asimismo, le informo que también deberá solicitar autorización al Banco de México, toda vez que es quien detenta los derechos autorales de Frida Kahlo, a través de Lic. José Luis Pérez Arredondo, Subgerente Jurídico Fiduciario, ubicado en 5 de mayo No. 1. Tercer Piso, Edificio Guardiola, Colonia Centro 06059, México, D.F., Tels.: 5 237-21-74 y 5 237-21-75, Fax: 5 237-21-84.

Sin otro particular, le reitero mis más atentas consideraciones.

ATENTAMENTE
LIC. JAVIER A. OROPEZA Y SEGURA
DIRECTOR

El 29 de marzo del mismo mes y año, en el expediente DAJ/
DLC/724/07, di respuesta a la confirmación que se me pedía. Y, el
2 de abril de 2007, el director de Asuntos Jurídicos del mismo Instituto Nacional me notificó la resolución a la que había llegado este
instituto, que es quien tiene la competencia por ley sobre cualquier
monumento artístico, que es sobre lo que yo pedía. En ese documento
se me hace notar:

"Que la totalidad de la obra plástica de la pintora Frida Kahlo ha sido
declarada monumento artístico por Decreto Presidencial publicado en el
Diario Oficial de la Federación el día 18 de julio de 1984, razón por la cual
forman parte del patrimonio cultural de la Nación y poseen una protección jurídica especial. Por lo que con fundamento de los artículos 17 y 45
de la Ley Federal sobre Monumentos y Zonas Arqueológicas, Artísticas e
Históricas, los cuales establecen la competencia de este instituto en materia de monumentos artísticos: 288-B fracción I y 288-F fracción II de la
Ley Federal de Derechos, deberá pagar la cantidad de \$265,584.00 (DOS
CIENTOS SESENTA Y CINCO MIL QUINIENTOS OCHENTA Y CUA-
TRO PESOS 00/100 M.N.)".

Me hicieron notar también dos requisitos antes de expedirme el
permiso de reproducción: el permiso administrativo del Banco de
México por los derechos autorales, y el recibo de pago, ante cualquier
banco: "Cabe mencionar que el permiso se expedirá EN EJERCICIO
DE LAS FACULTADES QUE CORRESPONDEN A ESTE INSTITU-
TO, por lo que cualquier otra autorización o permiso que sea necesario para los actos que ustedes realicen deberán tramitarse ante las
autoridades competentes".

Voy a citar la obra de monumento artístico enumerada por el Instituto de Bellas Artes, con el nombre de las obras de Frida Kahlo y
de Miguel N. Lira que son de mi propiedad, según el documento de
fecha 2 de abril de 2007. Delante del nombre citaré, entre paréntesis,
el numeral correspondiente al documento de fecha 26 de marzo de
2007:

El orejón (9); *Apuntes para Pancho Villa* (10)
Cabeza de Chong Lee (11); *La Cachucha Carmen Jaime* (12)
Si adelita... (13); *Ex Libris* (14); *Ex Libris* (15); *Ex Libris* (16)
Dos mujeres (17); *La Guayaba estridentista* (18)
El árbol de la Guayaba (19); *La Guayaba y el amor en Coyoacán* (20)
Vuela, vuela palomita, mensajera de la paz (21)

Es que Dios está llorando porque mi carta leyó (22)

La noche muy 10 de la mañana (23)

Retrato de Adriana (24)

Retrato de Cristina (25);

Retrato de Ludmila (26)

Autorretrato con traje de terciopelo (27)

Autorretrato con traje de terciopelo (28)

La escuela de pintura de Miguel N. Lira (29)

La viborita (31); *La paloma Frida en luz y sombras* (34)

¡Perdí mi virginidad! (35)

¿Dónde llevas loza nueva? (36)

Molde para el Corrido de Cirilo Urbina (37)

Molde para el Corrido de Cirilo Urbina (38)

Molde para el Corrido de Margarito Mariaca (39)

Molde para el Corrido de Margarito Mariaca (40)

Molde para el Corrido de Margarito Mariaca (41)

Molde para el Corrido de Margarito Mariaca (42)

La niña sin novio (43); *Vuelta a la Tierra* (47)

Al infierno cabrones (48); *Miguelito el grande* (51)

Escenografía Linda (52)

El nahual (53); *Anciano* (54)

Juan (55); *Tomás* (56); *Cuchi-cuchi* (60); *La puerta de mi casa* (64)

Vista desde la casa de David Alfaro Siqueiros (65)

Hoy gran función (69); *La bella tianguista* (70)

El conde boby (71); *Las bailarinas rusas* (72); *La cubanita* (73)

El último rincón del patio de mi casa (74)

A la mitad del patio de mi casa (75)

La casa de la montaña (76); *La calle de un pueblo* (77)

Chong Lee vigila el mercado (78)

Alma en pena detenida en la Tierra (79)

El machete (80); *Jaripeo* (81); *Romance de las tres Lunas* (82)

El marco vacío (83); *Mounsier Le Toró* (84)

Lenguaje de la galantería (85)

El señor Xólotl y la señora Xolotzin bebiendo su café (86)

El hombre de petate y el perico (87)

El hombre de petate y el perico (88)

El zorro picudo y pastillita (89)

El zorro picudo y pastillita (90)

El dibujo verde o el dibujo china (91)

El látigo (92); *Ofrendas a la muerte* (93)

El último autorretrato y la última firma (94).

DAJ/DI.C/777/07
ASUNTO: REPRODUCCIÓN

México, D.F., 2 de abril de 2007

RUBÉN GARCÍA BADILLO
PRESENTE

En relación con su escrito de fecha 29 de marzo del presente, mediante el cual solicita permiso de reproducción de las obras de Frida Kahlo "Retrato de Miguel N. Lira", "Boceto de Frida en Coyoacán", "Frida en Coyoacán", "Échate la otra", "Tu suegra", "Muchacha Pueblerina", "La Cachucha", "Pancho Villa y Adelita", "El orejón", "Apuntes para Pancho Villa y Adelita", "Cabeza de Chong Lee", "La Cachucha Carmen Jaime", "Si Adelita...", "Ex Libris", "Ex Libris", "Ex Libris", "Dos Mujeres", "La Guayaba estridentista", "El árbol de la Guayaba", "La Guayaba y el amor en Coyoacán", "Vuela, vuela palomita, mensajera de la paz", "Es que Dios está llorando porque mi carta leyó", "La noche muy 10 de la mañana", "Retrato de Adriana", "Retrato de Cristina", "Retrato de Ludmila", "Autorretrato con traje de terciopelo", "Autorretrato con traje de terciopelo", "La escuela de pintura de Miguel N. Lira", "La viborita", "Frida Kahlo y Diego Rivera", "La paloma Frida en luz y sombra", "¡Perdí mi virginidad!", "¿Dónde llevas loza nueva?", "Molde para el Corrido de Cirilo Urbina", "Molde para el Corrido de Cirilo Urbina", "Molde para el Corrido de Margarito Mariaca", "Molde para el Corrido de Margarito Mariaca", "Molde para el Corrido de Margarito Mariaca", "Molde para el Corrido de Margarito Mariaca", "La niña sin novio", "El Marco", "Vuelta a la Tierra", "Al infierno cabrones", "Vuelta a la Tierra", "Al infierno cabrones", "Miguelito el grande", "Escenografía Linda", "El Nahual", "Anciano", "Juan", "Tomas", "Cuchi-cuchi", "La puerta de mi casa", "Vista desde la casa de David Alfaro Siqueiros", "Hoy gran función", "Chong Lee Fu", "La bella tianguista", "El conde boby", "Las bailarinas", "La cubanita", "El último rincón del patio de mi casa", "A la mitad del patio de mi casa", "La casa de la montaña", "La calle de un pueblo", "Chong Lee vigila el mercado", "Alma en pena detenida en la Tierra", "El machete", "Jaripeo", "Romance de las tres Lunas", "El marco vacío", "Mounsier Le Toro", "Lenguaje de la galantería", "El señor Xolotl y la señora Xolotzin bebiendo su café", "El hombre de petate y el perico", "El hombre del petate y el perico", "El zorro picudo y pastilita", "El zorro picudo y pastilita", "El dibujo verde o el dibujo china", "El látigo", "Ofrendas a la muerte", "El último autorretrato y la última firma", "Autorretrato con Diego en mi pecho y María en mi frente", "Pintá", "El ángel negro", "Las dos Fridas", "Lámina 49" y "Lámina 17", con el fin de ser reproducidas en dos libros "Código Frida. La primera y la última firma. El primero y el último autorretrato" y en "Frida se confiesa", sobre un tiraje de 2,000 ejemplares de cada uno.

Sobre el particular informo a usted, que la totalidad de la obra plástica de la pintora mexicana Frida Kahlo ha sido declarada monumento artístico por Decreto Presidencial publicado en el Diario Oficial de la Federación el día 18 de julio de 1984, razón por la cual forman parte del patrimonio cultural de la Nación y poseen una protección jurídica especial.

La presente comunicación no implica una autorización para la reproducción.

Av. San Antonio Abad No. 130, Piso 6, Colonia Trànsito, Delegación Cuauhtémoc, Código Postal 06820, México, D.F.

Carta del INBA a Rubén García Badillo. México. D.F., 2 de abril de 2007

CONACULTA · INBA
Instituto Nacional de Bellas Artes y Literatura
Dirección de Asuntos Jurídicos
Departamento de Legislación y Consulta

Por lo que con fundamento en los artículos 17 y 45 de la Ley Federal sobre Monumentos y Zonas Arqueológicas, Artísticos e Históricos, los cuales establecen la competencia de este instituto en materia de monumentos artísticos; 288-B fracción I y 288-F fracción II de la Ley Federal de Derechos, deberá pagar la cantidad de: ------------------------ $265,584.00 (DOSCIENTOS SESENTA Y CINCO MIL QUINIENTOS OCHENTA Y CUATRO PESOS 00/100 M.N.), mediante el formato 5 de la SHCP por concepto de derechos de reproducción, ante cualquier Institución Bancaria.

Asimismo le informo que la obra de Frida Kahlo tiene derechos autorales distintos a los de reproducción de monumento artístico, por lo tanto, además de nuestro permiso deberá obtener el del BANCO DE MEXICO encargado de administrarlos en:

BANCO DE MÉXICO
Lic. José Luis Pérez Arredondo
Subgerente Jurídico Fiduciario
5 de mayo No. 1, Tercer Piso
Edificio Guardiola
Colonia Centro
06059, México, D.F.
Tels.: 5 237-21-74 y 5 237-21-75
Fax: 5 237-21-84

Cabe mencionar que el permiso se expedirá en ejercicio de las facultades que corresponden a este instituto, por lo que cualquier otra autorización o permiso que sea necesario para los actos que ustedes realicen deberán tramitarse ante las autoridades competentes.

De igual manera le comunico que una vez que nos envíe copia del permiso del BANCO DE MÉXICO, así como el comprobante del pago de derechos, se expedirá el permiso correspondiente a esta institución, el cual tendrá una vigencia hasta diciembre de 2007, reiterando que la presente comunicación no implica una autorización para la reproducción, ya que deberá cumplir con todos los requisitos, por lo que en caso de no recibir ninguna respuesta por parte de ustedes, a más tardar dentro de los tres primeros días del mes de mayo, se entenderá que desisten del presente trámite.

La presente comunicación no implica una autorización para la reproducción

Av. San Antonio Abad No. 130, Piso 6, Colonia Tránsito, Delegación Cuauhtémoc,
Código Postal 06820, México, D.F.

Carta del INBA a Rubén García Badillo. México. D.F., 2 de abril de 2007. (continuación)

Así, hago de su conocimiento lo ordenado en el anexo único a que se refiere el acuerdo por el que se dan a conocer nuevos trámites inscritos en el Registro Federal de Trámites Empresariales que aplican la Secretaría de Educación Pública y su Sector coordinado y se establecen diversas medidas de mejora regulatoria, publicado en el Diario Oficial de la Federación el día 2 de junio de 1999:

"Se instruye al INBA que informe al interesado, al momento de presentar su solicitud, que la reproducción deberá ser utilizada dignamente, sin pretensiones cómicas u ofensivas; sin modificación alguna, en publicaciones o grabaciones que resalten la importancia del arte mexicano y que no se ligue con productos comerciales que induzcan a vicios o dependencias"

Sin otro particular, le envío un cordial saludo.

ATENTAMENTE

LIC. JAVIER A. OROPEZA Y SEGURA
DIRECTOR

La presente comunicación no implica una autorización para la reproducción

JAOS/GAV/

Av. San Antonio Abad No. 130, Piso 6, Colonia Tránsito, Delegación Cuauhtémoc,
Código Postal 06820, México, D.F.

Carta del INBA a Rubén García Badillo. México. D.F., 2 de abril de 2007. (continuación)

CONACULTA • INBA
DAJ/DCL/777/07
ASUNTO: REPRODUCCIÓN

México, D.F., 2 de abril de 2007
RUBÉN GARCÍA. BADILLO
P R E S E N T E

En relación con su escrito de fecha 29 de marzo del presente, mediante el cual solicita permiso de reproducción de las obras de Frida Kahlo "Retrato de Miguel N. Lira", "Boceto de Frida en Coyoacán", *Frida en Coyoacán", "Échate la otra", "Tu suegra", Muchacha Pueblerina", "La Cachucha", •Pancho Villa y Adelita", "El orejón•, Apuntes para Pancho Villa y Adelita", "Cabeza de Chong Lee", "La Cachucha Carmen Jaime", "Si Adelita ...", "Ex Libris", "Ex Libris", "Ex libris•, "Dos Mujeres", "La Guayaba estridentista", "El árbol de la Guayaba", "La Guayaba y el amor en Coyoacán", "Vuela, vuela palomita, mensajera de la paz, "Es que Dios está llorando porque mi carta leyó", "La noche muy 10 de la mañana", "Retrato de Adriana", "Retrato de Cristina", "Retrato de Ludmila", "Autorretrato con traje de terciopelo", "Autorretrato con traje de terciopelo", "La escuela de pintura de Miguel N. Lira", "La viborita", "Frida Kahlo y Diego Rivera", "La paloma Frida en luz y sombra", "¡Perdí mi virginidad!", "¿Dónde llevas loza nueva?", "Molde para el Corrido de Cirilo Urbina", "Molde para el Corrido de Cirilo Urbina", "Molde para el Corrido de Margarito Mariaca", "Molde para el Corrido de Margarito Mariaca", "Molde para el Corrido de Margarito Mariaca", "Molde para el Corrido de Margarito Mariaca", "La niña sin novio", "El Marco", "Vuelta a la Tierra", "Al infierno cabrones", "Vuelta a la Tierra", "Al infierno cabrones", "Miguelito el grande", "Escenografía Linda", "El Nahual. "Anciano", "Juan", "Tomas", "Cuchi-cuchi", "La puerta de mi casa•, "Vista desde la casa de David Alfaro Siqueiros", "Hoy gran función", "Chong Lee Fu", "La bella tianguista", "El conde boby", "Las bailarinas", "La cubanita", "El último rincón del patio de mi casa", "A la mitad del patio de mi casa", "La casa de la montaña", "La calle de un pueblo", "Chong Lee vigila el mercado", "Alma en pena detenida en la Tierra". "El machete", "Jaripeo", "Romance de las tres Lunas", "El marco vacío", "Mounsier Le Toro", "Lenguaje de la galantería". "El señor Xoloti y la señora Xolotzin bebiendo su café", "El hombre de petate y el perico", "El hombre del petate y el perico", "El zorro picudo y pastillita", "El zorro picudo y pastillita", "El dibujo verde o el dibujo China", "El látigo", "Ofrendas a la muerte", "El último autorretrato y la última firma", "Autorretrato con Diego en mi pecho y María en mi frente", "Pinté", "El ángel negro", "Las dos Fridas",

"Lámina 49" y "Lámina 17", con el fin de ser reproducidas en dos libros "Código Frieda. La primera y la última firma. El primero y el último autorretrato" y en "Frida se confiesa", sobre un ti raje de 2,000 ejemplares de cada uno.

Sobre el particular informo a usted, que la totalidad de la obre plástica mexicana Frida Kahlo ha sido declarada monumento artístico por Decreto Presidencial publicado en el Diario Oficial de la Federación el día 18 de julio de 1984 razón por la cual forman parte del patrimonio cultural de la Nación y poseen una protección jurídica especial.

Por lo que con fundamento en los artículos 17 y 45 de la Ley Federal sobre Monumentos y Zonas Arqueológicos, Artísticos e Históricos, los cuales establecen la competencia de este Instituto en materia de monumentos artísticos; 288-B fracción I y 288-F fracci6n II de la Ley Federal de Derechos, deberé pagar la cantidad de: .... $265,584.00 (DOSCIENTOS SESENTA Y CINCO MIL QUINIENTOS OCHENTA Y CUATRO PESOS 00/100 M.N.), mediante e1 formato 5 de la SHCP por concepto de derechos de reproducción, ante cualquier Institución Bancaria.

Asimismo le informo que la obra de Frida Kahlo tiene derechos autorales distintos a los de reproducción de monumento artístico, por lo tanto, además de nuestro permiso deberá obtener el del BANCO DE MÉXICO encargado de administrarios en:

BANCO DE MÉXICO
Lic. José Luis Pérez Arredondo
Subgerente Jurídico Fiduciario
5 de mayo No. l Tercer Piso
Edificio Guardiola
Colonia Centro
06059. México. D.F.
Tel.: 5 237-21-74 y 5-237-21-75
Fax: 5 237-21-64

Cabe mencionar que el permiso se expedirá en ejercicio de las facultades que corresponden a este Instituto, por lo que cualquier otra autorización o permiso que sea necesario para los actos que ustedes realicen deberán tramitarse ante las autoridades competentes.

De igual manera le comunico que una vez que nos envíe copia del permiso del BANCO DE MÉXICO, así como el comprobante del pago de derechos, se expedirá el permiso correspondiente a esta Institución, el cual tendrá una vigencia hasta diciembre de 2007, reiterando que la presente comunicación no implica una autorización para la reproducción, ya que deberá cumplir con todos los requisitos, por lo que en caso de no recibir ninguna respuesta por parte de ustedes a mas tardar dentro de los tres primeros días del mes de mayo, se entenderá que desisten del presente trámite.

Así, hago de su conocimiento lo ordenado en el anexo único a que se refiere el acuerdo por el que se dan a conocer nuevos trámites inscritos en el Registro Federal de Tramites Empresariales que aplican la Secretaría de Educación Pública y su Sector coordinado y se establecen diversas medidas de mejora regulatoria, publicado en el Diario Oficial de la Federación el día 2 de junio de 1999:

"Se instruye al INBA que informe al interesado, el momento de presentar su solicitud, que la reproducción deberá ser utilizada dignamente sin pretensiones cómicas u ofensivas; sin modificación alguna en publicaciones o grabaciones que resalten la importancia del arte mexicano y que no se ligue con productos comerciales que induzcan al vicio o dependencias"

Sin otro particular, le envío un cordial saludo.

ATENTAMENTE

Al comenzar a escribir mis libros *Código Frieda* y *Frida se confiesa*, sí percibía la "bomba" que causaría en los medios culturales cuando aparecieran publicados. Sabía que se me iban a presentar retos muy poderosos que tratarían de impedir su publicación. Pero también estaba seguro de que brillaría la verdad, pasara el tiempo que pasara, y que, al final, ésta se impondría, y que Frida Kahlo y Miguel N. Lira brillarían en la historia del arte, iluminados por la verdad y la justicia.

El Banco de México, a quien envié copias de los libros, así como también lo hice a Bellas Artes, tardó en contestar a mi solicitud. Mi contacto con el Fideicomiso del banco fue el Lic. Alejandro Ruiz Cárdenas, con quien me comuniqué telefónicamente antes de enviar mi solicitud por escrito. El Banco de México tardaba en contestarme, y, en cambio, Bellas Artes, desde el 2 de abril me había indicado que pagara yo los 265 mil 584 pesos, y que, además, les enviara la autorización del Banco de México donde me extenderían el permiso para editar las obras de Frida que son de mi propiedad, pero cuyos derechos de autoría detenta dicho banco. Cuando me di cuenta de lo que estaba pasando, preocupado por la incógnita de cuánto dinero me iría a cobrar el multicitado banco, y de momento más preocupado por el sorpresivo cobro que me hacía el Instituto de Bellas Artes: *doscientos sesenta y cinco mil quinientos ochenta y cuatro pesos,* dinero que yo no tenía y ni siquiera pensaba que me cobrarían por extenderme el permiso de reproducción, me encontré yo atrapado por el problema económico, y entonces recurrí a platicar con mi Papá Dios y le supliqué que me ayudara. Le dije: "Papá Dios, no tengo dinero, y mira que me cobran una cantidad que escapa de mis posibilidades, y me aterra pensar que el banco me quiera cobrar una cantidad mucho más grande. ¡Ayúdame, Papá Dios! ¡Te lo pido en el Nombre de Jesús!".

Recordé Filipenses 4,6: "No te preocupes por cosa alguna, antes bien presenta tus necesidades a Dios por medio de la oración, acompañada de la acción de gracias". Y en el verso 19: "Y tu Padre solucionará *todas tus necesidades,* según la magnificencia en Cristo Jesús". Entré en oración y le pedí que me ayudara. Él, mi Papá Dios, comenzó a ayudarme *con renglones confusos.* ¡Ja ja ja! ¡Qué maravilloso es nuestro Papá Dios! Poco tiempo después de mi oración, antes de salir a predicar a Tres Picos, Chiapas, el jueves 12 de abril hablé por teléfono al Banco de México para preguntar qué pasaba con la petición que les había hecho; me dijeron, más o menos, lo siguiente:

"Ya se efectuó la reunión del Comité del Fideicomiso Diego Rivera y Frida Kahlo. *Fue una bomba,* y se llegó a la determinación de *hacernos a un lado,* no involucrarnos en la edición de sus libros, respetar sus textos. Tenga usted la seguridad (esto me lo repitió tres veces) de que no será usted demandado. Publique usted sus libros, sólo no reproduzca lo ya conocido de Frida, aunque hayan sido propiedad de usted. Oiga usted bien, no es su caso, como algunos otros lo hacen, solicitar del banco un reconocimiento de obras de Frida que no lo son. Repito, no es su caso, lo que pasa es que, si nos involucramos en la autorización de sus libros, al publicarse, *nos derrumba lo que conocemos de Frida Kahlo.* Estamos a un paso de la celebración del Centenario que México y varios países del mundo estamos preparando, y esta edición de sus libros sería desastroso para nosotros. Como Fideicomiso, también tenemos la responsabilidad de cuidar la imagen de la persona, le pedimos presente usted a nuestra gran pintora Frida Kahlo con dignidad".

En esa plática, atenta, respetuosa y amena, el Banco de México y yo estuvimos de acuerdo, en que la resolución a la que había llegado el Comité del Fideicomiso era favorable para mí: no tendría que hacer ningún pago económico por derechos de autor de Frida, y me di cuenta de que yo tendría los derechos de autor de Frida Kahlo y de Miguel N. Lira por la obras que yo poseo, que son aproximadamente cien.

Esto soluciona, en parte, otro conflicto mayor: los derechos de autor y la fama de Miguel N. Lira, el maestro y coautor de la obra pictórica de Frida Kahlo Calderón. Pero sobre todo, la verdad, y la voluntad que tuvieron Frida y Miguel de que el mundo cultural conociera la verdad sobre lo que sucedió en la década de 1920. A mi regreso de Chiapas, recibí por correo electrónico la comunicación del Banco de México, que ya me habían anunciado telefónicamente.

Ref.: X14.154.DA.2007
Ciudad de México, D.F., a 17 de abril de 2007

RUBÉN GARCIA BADILLO
Prolongación Porfirio
Díaz número 42.
Tlaxcala, Tlax., México
Código postal 90000.
Tel.: 01 246 46 23172
E-mail: codigofrida@hotmail.com
Presente.

Nos referimos a su atenta solicitud relativa a la reproducción en dos libros de obra general, titulados "Código Frieda. La Primera y la Última Firma" y "Frida se Confiesa" que pretende publicar con la editorial canadiense Trafford, de diversas obras pictóricas y textos de la artista mexicana Frida Kahlo, entre los cuáles, según informaron, se encuentra supuesto material inédito de la autoría de la citada artista.

Sobre el particular, nos permitimos manifestar a usted lo siguiente:

1. Confirmamos que el Banco de México en su carácter de Fiduciario en el Fideicomiso relativo a los Museos Diego Rivera y Frida Kahlo, es titular único y exclusivo de los derechos de autor de la obra plástica, pictórica y literaria de los artistas mexicanos Diego Rivera y Frida Kahlo.

2. En relación con su solicitud, y considerando la información que nos proporcionó al efecto, en cumplimiento a las instrucciones del Comité Técnico del Fideicomiso relativo a los Museos Diego Rivera y Frida Kahlo, hacemos de su conocimiento que no estamos en posibilidad de otorgar autorización alguna respecto del proyecto de su interés.

Finalmente, quedamos a sus órdenes para cualquier aclaración o comentario adicional al respecto: Lic. Fabián Ortega Aranda, así como Lic. Luis Alberto Salgado Rodríguez y Lic. Alejandro Ruiz Cárdenas en el número telefónico 525-237-2182, fax 525-237-2175 y direcciones de correo electrónico: fortega@banxico.org.mx, asalgado@banxico.org.mx, joaquin_ruiz@banxico.org.mx, respectivamente.

Atentamente,
BANCO DE MÉXICO
Fiduciario en el Fideicomiso relativo a los Museos
Diego Rivera y Frida Kahlo

CABLE BANXICO APARTADO NÚM. 98 BIS
COL. CENTRO. DELEG. CUAUHTEMOC. 06059 MÉXICO. D.F.

Carta del Banco de México a Rubén García Badillo. Ciudad de México. D.F., a 17 de abril de 2007.

Ref.:X14.154.DA.2007
Ciudad de México, D.F., a 17 de abril de 2007

RUBÉN GARCÍA BADILLO
Prolongación Porfirio
Díaz número 42.
Tlaxcala, Tlax., México
Código postal 90000,
Tel.: 01 2464623172
E-mail: codigofrida@hotmail.com
P r e s e n t e.

Nos referimos a su atenta solicitud relativa a la reproducción en dos libros de obra general, titulados "Código Frieda. La Primera y la Última Firma" y "Frida se Confiesa" que pretende publicar con la editorial canadiense Trafford, de diversas obras pictóricas y textos de la artista mexicana Frida Kahlo, entre los cuáles, según informaron, se encuentra supuesto material inédito de la autoría de la citada artista.

Sobre el particular, nos permitimos manifestar a usted lo siguiente:

1. Confirmamos que el Banco de México en su carácter de Fiduciario en el Fideicomiso relativo a los Museos Diego Rivera y Frida Kahlo, es titular único y exclusivo de los derechos de autor de la obra plástica, pictórica y literaria de los artistas mexicanos Diego Rivera y Frida Kahlo.

2. En relación con su solicitud, y considerando la información que nos proporcionó al efecto, en cumplimiento a las instrucciones del Comité Técnico del Fideicomiso relativo a los Museos Diego Rivera y Frida Kahlo, hacemos de su conocimiento que no estamos en posibilidad de otorgar autorización alguna respecto del proyecto de su interés.

Finalmente, quedamos a sus órdenes para cualquier aclaración o comentario adicional al respecto: Lic. Fabián Ortega Aranda, así como Lic. Luis Alberto Salgado Rodríguez y Lic. Alejandro Ruiz Cárdenas en el número telefónico 525-237-2182, fax 525-237-2175 y direcciones de correo electrónico: fortega@banxico.org.mx, asalgado@banxico.org.mx, joaquin_ruiz@banxico.org.mx, respectivamente.

A t e n t a m e n te,
BANCO DE MÉXICO

Antes del 3 de mayo de 2007, fecha límite para que pagara la suma fijada por Bellas Artes para el permiso de reproducción de la obra de Frida Kahlo, comuniqué al director jurídico del Instituto Nacional de Bellas Artes, la censura que sobre mis libros había determinado el Banco de México. Esto sucedió el 25 de abril, misma fecha en que el señor director jurídico emitió nuevo acuerdo: "...*toda vez que en el escrito del Banco de México, Fiduciario en el Fideicomiso relativo a los Museos Diego Rivera y Frida Kahlo, no autoriza la reproducción de su interés, esta Dirección se encuentra imposibilitada para dar el permiso de reproducción de Monumento Artístico...*".

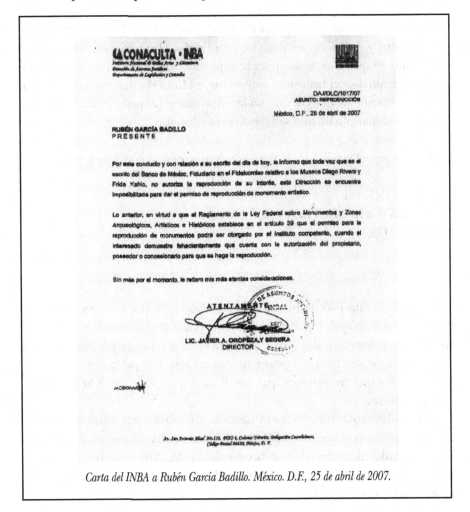

Carta del INBA a Rubén García Badillo. México. D.F., 25 de abril de 2007.

DAJ/DLC/1017/07
ASUNTO: REPRODUCCIÓN

México, D.F., 25 de abril de 2007

RUBÉN GARCÍA BADILLO
P R E S E N T E

Por este conducto y con relación a su escrito del día de hoy, le informo que
toda vez que en el escrito del Banco de México, Fiduciario en el Fideicomiso
relativo a los Museos Diego Rivera y Frida Kahlo, no autoriza la reproducción de su interés, esta Dirección se encuentra imposibilitada para dar el
permiso de reproducción de monumento artístico.

Lo anterior, en virtud a que el Reglamento de la Ley Federal sobre Monumentos y Zonas Arqueológicas, Artísticos e Históricos establece en el
artículo 39 que el permiso para la reproducción de monumentos podrá
ser otorgado por el Instituto competente, cuando el interesado demuestra
fehacientemente que cuenta con la autorización del propietario, poseedor
o concesionario para que se haga la reproducción.

Sin más por el momento, le reitero mis más atentas consideraciones.

ATENTAMENTE
LIC. JAVIER A. OROPEZA Y SEGURA
DIRECTOR

Cuando recibí este comunicado por fax, brinqué de alegría y dije
en voz alta: ¡*aleluya*! Estaba yo libre de pago alguno, tanto al Banco
de México como a Bellas Artes, y ahora estaba yo libre jurídicamente,
pues había yo seguido los pasos que marca la ley, para editar, no solamente dos mil ejemplares que me iban a autorizar, sino la cantidad
que yo quiera.

Con la información recibida hasta aquí sobre este punto, entendí
que: El Instituto Nacional de Bellas Artes, con fundamento en la Ley,
ha declarado al material que tengo de Frida: Monumento Artístico
Nacional; ya está reconocido, registrado y queda como obra de Frida
Kahlo Calderón.

Finalmente, en la segunda semana del mes de mayo, recibí por correo registrado el documento del Banco de México ya firmado por los delegados fiduciarios. Al estudiar este documento, encuentro en los renglones cuatro y cinco: "...según informaron, se encuentra *supuesto material inédito de la autoría de la citada artista...*"; y en el punto 2 de la resolución, renglones tres y cuatro: *"...hacemos de su conocimiento que no estamos en disponibilidad de otorgar autorización alguna respecto del proyecto de su interés..."*.

BANCO DE MÉXICO

Ref.:X14.154.DA.2007
Ciudad de México, D.F., a 17 de abril de 2007

RUBÉN GARCIA BADILLO
Prolongación Porfirio
Diaz numero 42.
Tlaxcala, Tlax., México
Código postal 90000,
Tel : 01 246 46 23172
E-mail: codigofrida@hotmail.com
P r e s e n t e.

Nos referimos a su atenta solicitud relativa a la reproducción en dos libros de obra general, titulados "Código Frieda. La Primera y la Ultima Firma" y "Frida se Confiesa" que pretende publicar con la editorial canadiense Trafford, de diversas obras pictóricas y textos de la artista mexicana Frida Kahlo, entre los cuales, según informaron, se encuentra supuesto material inédito de la autoría de la citada artista.

Sobre el particular, nos permitimos manifestar a usted lo siguiente:

1. Confirmamos que el Banco de México en su carácter de Fiduciario en el Fideicomiso relativo a los Museos Diego Rivera y Frida Kahlo, es titular único y exclusivo de los derechos de autor de la obra plástica, pictórica y literaria de los artistas mexicanos Diego Rivera y Frida Kahlo.

2. En relación con su solicitud, y considerando la información que nos proporcionó al efecto, en cumplimiento a las instrucciones del Comité Técnico del Fideicomiso relativo a los Museos Diego Rivera y Frida Kahlo, hacemos de su conocimiento que no estamos en posibilidad de otorgar autorización alguna respecto del proyecto de su interés.

Finalmente, quedamos a sus órdenes para cualquier aclaración o comentario adicional al respecto: Lic. Fabián Ortega Aranda, así como Lic. Luis Alberto Salgado Rodriguez y Lic. Alejandro Ruiz Cárdenas en el número telefónico 525-237-2182, fax 525-237-2175 y direcciones de correo electrónico: fortega@banxico.org.mx, asalgado@banxico.org.mx, joaquin_ruiz@banxico.org.mx, respectivamente.

A t e n t a m e n t e,
BANCO DE MÉXICO
Fiduciario en el Fideicomiso relativo a los Museos
Diego Rivera y Frida Kahlo

LIC. JOSÉ LUIS PÉREZ ARREDONDO
Delegado Fiduciario

LIC. FABIÁN ORTEGA ARANDA
Delegado Fiduciario

CABLE BANXICO APARTADO NUM. 98 BIS
COL. CENTRO DELEG CUAUHTEMOC 06059 MEXICO. D.F.

Carta del Banco de México a Rubén García Badillo. Ciudad de México. D.F., a 17 de abril de 2007

BANCO DE MÉXICO

Ref.:X14.154.DA.2007
Ciudad de México, D.F., a 17 de abril de 2007
RUBÉN GARCÍA BADILLO
Prolongación Porfirio
Díaz número 42.
Tlaxcala, Tlax., México
Código postal 90000,
Tel.: 01 2464623172
E-mail: codigofrida@hotmail.com
P r e s e n t e.

Nos referimos a su atenta solicitud relativa a la reproducción en dos libros
de su obra general, titulados "Código Frieda. La Primera y la última firma"
y "Frida se Confiesa" que pretende publicar con la editorial canadiense
Trafford, de diversas obras pictóricas y textos de 1a artista mexicana Frida
Kahlo, entre los cuáles, según informaron, se encuentra supuesto material
inédito de la autoría de la citada artista.

Sobre el particular, nos permitimos manifestar a usted lo siguiente:

1.   Confirmamos que el Banco de México en su carácter de Fiduciario
en el Fideicomiso relativo a los Museos Diego Rivera y Frida Kahlo, es titular único y exclusivo de los derechos de autor de la obra plástica, pictórica
y literaria de los artistas mexicanos Diego Rivera y Frida Kahlo.

2.   En relación con su solicitud, y considerando la información que nos
proporcionó al efecto, en cumplimiento a las instrucciones del Comité
Técnico del Fideicomiso relativo a los Museos Diego Rivera y Frida Kahlo,
hacemos de su conocimiento que no estamos en posibilidad de otorgar
autorización alguna respecto del proyecto de su interés.

Finalmente, quedamos a sus órdenes para cualquier aclaración o comentario adicional al respecto: Lic. Fabián Ortega Aranda, así como Lic. Luis
Alberto Salgado Rodríguez y Lic. Alejandro Ruiz Cárdenas en el número
telefónico 525-237-2182, fax 525-237-2175 y direcciones de correo electrónico: fortega@banxico.org.mx, asalgado@banxico.org.mx, joaquin_ruiz@
banxico.org.mx, respectivamente.

A t e n t a m e n t e,

BANCO DE MÉXICO
Fiduciario en el Fideicomiso relativo a los Museos
Diego Rivera y Frida Kahlo

LIC. JOSÉ LUIS PÉREZ ARREDONDO
Delegado Fiduciario
LIC. FABIÁN ORTEGA ARANDA
Delegado Fiduciario

Al leer este documento oficial del Fideicomiso del Banco de México, quedé confuso; para clarificar mi confusión recurrí al diccionario LA- ROUSE Universal Ilustrado y consulté el significado de la palabra "su- puesto", puesto que es la palabra en la que se basó el Banco de México para negar el permiso de reproducción de los derechos de autor de la pintora Frida Kahlo: "... según informaron, se encuentra supuesto ma- terial inédito de la autoría de la citada artista". Dicho diccionario dice que la palabra supuesto significa fingido; el mismo diccionario dice que fingido significa: engañoso. Entonces si es fingido y engañoso, los dere- chos de autor no son propiedad del Banco de México. Es aquí, en estos "renglones confusos de Dios", donde veo la acción de mi Papá Dios para solucionar el problema que yo tenía y que le supliqué que me ayudara (¡no tengo dinero para pagar al Banco de México ni a Bellas Artes!) ¡la gloria sea al padre por el Nombre de Jesús!

En esos días de trámites con el Banco de México y Bellas Artes, la investigadora de arte del Museo Nacional de Arte, Estela Duarte, que conoce parte de la obra de Frida que yo poseo, y que le pedí al Banco de México los derechos de autor para mis libros, le presentó al Museo del Palacio de Bellas Artes copias de las catorce cartas originales de Frida Kahlo dirigidas a Miguel N. Lira que aún tengo, de las cincuenta y cinco que poseía antes, y además una más de una poesía que Miguel N. Lira le compuso a Frida donde aparece la firma mancomunada: Miguel N. Lira Frida Kahlo.

La directora del museo de Bellas Artes me solicitó que les permitiera exponer las cartas por primera vez al pueblo de México y a los extranje- ros que visitarán la exposición del Centenario de Frida Kahlo, que cele- braría el Gobierno y el pueblo de México, y que inaugurará el presidente de la República el miércoles 13 de junio de 2007. Acepté con mucho gusto, y firmado el contrato de comodato entre el director de Asuntos Jurídicos y yo, se mostraron en el Museo del Palacio de Bellas Artes.

El director jurídico es el licenciado Javier Andrés Oropeza y Segura la misma persona que firmó los documentos mostrados anteriormente, en el tiempo de mi petición para que me autorizaran reproducirlas en mis libros.

MUSEO
DEL PALACIO DE
BELLAS ARTES

México D.F., a 14 de marzo de 2007.

P. RÚBEN GARCÍA VADILLO
PRESENTE

Con motivo del centenario del nacimiento de FRIDA KAHLO, me permito informarle que el Instituto Nacional de Bellas Artes está organizando un Homenaje Nacional cuya actividad central será la exposición de sus obras en el Museo del Palacio de Bellas Artes del 6 de junio al 19 de agosto de 2007.

Este recinto resulta el escenario idóneo para dar cuenta de la creatividad formal y la aportación que implica el trabajo de la artista al arte mexicano y al panorama internacional. La muestra buscará reunir la producción localizada en numerosos recintos de Europa, Estados Unidos y América Latina, así como de colecciones particulares.

La participación de su colección por medio del préstamo de las quince cartas descritas en anexo es fundamental para lograr este esfuerzo museológico sin precedentes, que permitirá al público mexicano conocer con mayor profundidad la obra de Frida Kahlo.

El Museo del Palacio de Bellas Artes cuenta con los requisitos necesarios para exponer obra artística dentro de los más rigurosos parámetros de conservación. Los gastos derivados del embalaje, transporte y aseguramiento todo riesgo clavo a clavo de la pieza, correrían a cargo del Instituto Nacional de Bellas Artes.

Le envío el reporte de condiciones de las salas de exhibición para su consideración, así como de los formularios de préstamo para que sea tan amable de llenarlo, firmarlo y remitirlo a la siguiente dirección postal.

Museo del Palacio de Bellas Artes:
CONACULTA·INBA
5 DE MAYO N ° 19 5° PISO
CENTRO HISTÓRICO, C. P. 06010, MÉXICO, D.F.
T 51300900 ext. 2516 F 51300900 ext. 2580

Carta del INBA a Rubén García Badillo. México. D.F., a 14 de marzo de 2007

MUSEO
DEL PALACIO DE
BELLAS ARTES

Museo del Palacio de Bellas Artes:
Av. 5 de mayo #19, 5° piso
Centro Histórico, C.P. 06010 México D.F.
Tel. 51 30 09 00 ext. 2502 y 2506 fax ext. 2580
Correo electrónico: palaciobellasartes@yahoo.com.mx
            exposicionesmpba@yahoo.com.mx

La exposición estará acompañada de una publicación que de cuenta de esta importante muestra.

Agradezco de antemano su invaluable colaboración, seguros de que la exposición, con el apoyo de las entidades públicas y privadas, permitirá rendir el reconocimiento que la figura de Frida Kahlo amerita.

Atentamente,

Roxana Velásquez Martínez del Campo
Directora

Anexo: Reporte de condiciones
        Formulario de préstamo

CONACULTA·INBA
5 DE MAYO NO. 19, 5° PISO
CENTRO HISTÓRICO, C. P. 06010, MÉXICO, D.F.
T 5130 0900 ext. 2502, 2512 F 2580

Carta del INBA a Rubén García Badillo. México. D.F., a 14 de marzo de 2007. (continuación)

MUSEO DE PALACIO DE BELLAS ARTES
México D.F., a 14 de marzo de 2007.

P. RUBÉN GARCÍA VADILLO
P R E S E N T E

Con motivo del centenario del nacimiento de FRIDA KAHLO, me permito informarle que el Instituto Nacional de Bellas Artes está organizando un Homenaje Nacional cuya actividad central será la exposición de sus obras en el Museo del Palacio de Bellas Artes del 6 de junio al 19 de agosto de 2007.

Este recinto resulta el escenario idóneo para dar cuenta de la creatividad formal y la aportación que implica el trabajo de la artista al arte mexicano y al panorama internacional. La muestra buscará reunir la producción localizada en numerosos recintos de Europa, Estados Unidos y América Latina, así como de colecciones particulares.

La participación de su colección por medio del préstamo de las quince cartas descritas en anexo es fundamental para lograr este esfuerzo museológico sin precedentes, que permitirá al público mexicano conocer con mayor profundidad la obra de Frida Kahlo.

El Museo del Palacio de Bellas Artes cuenta con los requisitos necesarios para exponer obra artística dentro de los más rigurosos parámetros de conservación. Los gastos derivados del embalaje, transporte y aseguramiento todo riesgo clavo a clavo de la pieza, correrían a cargo del Instituto Nacional de Bellas Artes.

Le envío el reporte de condiciones de las salas de exhibición para su consideración, así como de los formularios de préstamo para que sea tan amable de llenarlo, firmarlo y remitido a la siguiente dirección postal.
Museo del Palacio de Bellas Artes:
Av. 5 de mayo #19, 5° piso
Centro Histórico, C.P. 06010 México D.F.
Tel. 51 30 09 00 ext. 2502 y 2506 fax ext. 2580
Correo electrónico: palaciobellasartes@yahoo.com.mx
                   exposicionesmpba@yahoo.com.mx

La exposición estará acompañada de una publicación que de cuenta de esta importante muestra.

Agradezco de antemano su invaluable colaboración, seguros de que la exposición, con el apoyo de las entidades públicas y privadas, permitirá rendir el reconocimiento que la figura de Frida Kahlo amerita.

Atentamente,
Roxana Velásquez Martínez del Campo
Directora

Anexo: Reporte de condiciones
       Formulario de préstamo

MUSEO DEL PALACIO DE BELLAS ARTES

Mayo 16, 2007

SEÑOR RUBÉN GARCÍA BADILLO
PRESENTE

Me es muy grato dirigirme a usted para comunicarle que en breve se llevará a cabo la inauguración de la exposición *Frida Kahlo 1907- 2007* como homenaje en el centenario del nacimiento de esta gran artista.

Es mi intención expresarle mi más sincero agradecimiento por la valiosa contribución que ha brindado a este proyecto, al tiempo de hacerle extensiva una cordial invitación a la PRE- inauguración de la muestra que se llevará a cabo el día 12 de junio. Este importante acontecimiento para la vida cultural de nuestro país será celebrado por las autoridades del Consejo Nacional para la Cultura y las Artes y el Instituto Nacional de Bellas Artes, así como por los directores de museos, coleccionistas, académicos y la prensa en general.

Sería un verdadero honor contar con su presencia. Si su agenda así lo permite, le agradeceré nos confirmen su asistencia a los teléfonos 51 30 09 00 ext. 2506 y 2518 con Paola Araiza o Francesca Ronci. Reciban un cordial saludo.

Atentamente,

Roxana Velázquez Martínez del Campo
Directora

CONACULTA·INBA
5 DE MAYO NO. 19, 5° PISO
CENTRO HISTÓRICO, C. P. 06010, MÉXICO, D.F.
T 5130 0900 ext. 2502 / 2506 F 2580

Carta del INBA a Rubén García Badillo. Mayo 16, 2007.

MUSEO DEL PALACIO DE BELLAS ARTES

Mayo 16, 2007

SEÑOR RUBÉN GARCÍA BADILLO
P R E S E N T E

Me es muy grato dirigirme a usted para comunicarle que en breve se llevará a cabo la inauguración de la exposición Frida Kahlo 1907- 2007 como
homenaje en el centenario del nacimiento de esta gran artista.

Es mi intención expresarle mi más sincero agradecimiento por la valiosa
contribución que ha brindado a este proyecto, al tiempo de hacerle extensiva una cordial invitación a la PRE- inauguración de la muestra que se
llevará a cabo el día 12 de junio. Este importante acontecimiento para la
vida cultural de nuestro país será celebrado por las autoridades del Consejo Nacional para la Cultura y las Artes y el Instituto Nacional de Bellas
Artes, así como por los directores de museos, coleccionistas, académicos y
la prensa en general.

Sería un verdadero honor contar con su presencia. Si su agenda así lo
permite, le agradeceré nos confirmen su asistencia a los teléfonos 51 30
09 00 ext. 2506 y 2518 con Paola Araiza o Francesca Ronci. Reciban un
cordial saludo.

Atentamente,
Roxana Velásquez Martínez del Campo
Directora

DIRECCIÓN GENERAL

México, D. F. a 14 de junio de 2007

Padre Rubén García Badillo
P r e s e n t e

Tengo el gusto de enviarle el libro-catálogo que editamos con motivo de la exposición con la que celebramos el centenario del nacimiento de Frida Kahlo.

Para el Instituto Nacional de Bellas Artes ha sido un honor contar con su participación en este proyecto museográfico y editorial que, estoy segura, por su naturaleza plural, enriquecerá la perspectiva de los lectores y su comprensión de la obra de Frida Kahlo.

Su generosa colaboración y la confianza que depositó en esta institución han resultado invaluables para la realización de esta muestra y del volumen que la documenta. El ejemplar que acompaña esta carta es fiel testimonio de un acercamiento inédito a la evolución plástica de esta autora fundamental.

Quiero expresarle, a título personal, mi profundo agradecimiento por haber aceptado nuestra invitación a formar parte de un esfuerzo amplio y generoso por revalorar el legado cultural y artístico de Frida Kahlo.

Muy cordialmente

María Teresa Franco
Directora
Instituto Nacional de Bellas Artes

Paseo de la Reforma y Campo Marte s/n, Módulo "A", 2º Piso, Chapultepec Polanco
C.P. 11560, México, D.F. Teléfonos: 5280 5474 y 5280 7097 Fax: 5280 4865

Carta del INBA a Rubén García Badillo. México. D.F., a 14 de junio de 2007.

México, D. F. a 14 de junio de 2007

Padre Rubén García Badillo
P r e s e n t e

Tengo el gusto de enviarle el libro-catálogo que editamos con motivo de la
exposición con la que celebramos el centenario del nacimiento de Frida
Kahlo.

Para el Instituto Nacional de Bellas Artes ha sido un honor contar con su
participación en este proyecto museográfico y editorial que, estoy segura,
por su naturaleza plural, enriquecerá la perspectiva de los lectores y su
comprensión de la obra de Frida Kahlo.

Su generosa colaboración y la confianza que depositó en esta institución
han resultado invaluables para la realización de esta muestra y del volumen que la documenta. El ejemplar que acompaña esta carta es fiel testimonio de un acercamiento inédito a la evolución plástica de esta autora
fundamental.

Quiero expresarle, a título personal, mi profundo agradecimiento por haber aceptado nuestra invitación a formar parte de un esfuerzo amplio y
generoso por revalorar el legado cultural y artístico de Frida Kahlo.

Muy cordialmente
María Teresa Franco
Directora
Instituto Nacional de Bellas Artes

Fotografía: Frida Kahlo y Rubén García Badillo el martes 13 de julio de 1954.

Frida Kahlo y Rubén García Badillo, en tiempo y espacio, nos escontramos en enero de 1949, yo de 15 años de edad. De esa fecha hasta su salida de este mundo sucedieron muchas cosas que narraré en mi siguiente libro: Frida se Confiesa.

El martes 13 de julio de 1954 yo sacaba niveles en los terrenos de la zona deportiva del I.P.N. (Instituto Politécnico Nacional) en el casco de Santo Tomás, donde colaboré y aporté mis esfuerzos en esa loable institución.

En esta fotografía pueden ver el arte entrelazado con la Física en distintas dimensiones. El árbol de la derecha muestra el Retrato de Dora Maar (1938) de Pablo Picasso, en cuarta dimensión, y sobre el retrato la firma de Pablo Picasso (P). En este mismo árbol, en la parte de arriba pareciera estar una nave ultraterrestre. En 1938 Frida expone en París. Pablo Picasso pintaba en París la obra mural: Pesca Nocturna en Antibes, y en cuarta dimensión: Retrato de Dora Maar. La cuarta dimensión apareció e influyó mucho en el cubismo, en el surrealismo, y en Frieda Kahlo.

El científico Michio Kaku, (en su libro Hiperespacio, editorial Crítica, Barcelona, 2008), expresa:

Pág 48: "La cuarta dimensión inspiró también las obras de Pablo Picasso y Marcel Duchamp e influyó fuertemente en el desarrollo del cubismo y del expresionismo, dos de los movimientos artísticos más influyentes de este siglo. La historiadora de arte Linda Dalrymple Herderson escribe: << Como un agujero negro, "la cuarta dimensión" posee cualidades misteriosas que podrían no ser completamente comprendidas, ni siquiera por los propios científicos...>>"

Pág. 106: "Los cuadros de Picasso son un ejemplo espléndido, que muestra un claro rechazo de la perspectiva, con rostros de mujeres vistos simultáneamente desde varios ángulos (...) como si hubieran sido pintados por alguien de la cuarta dimensión, capaz de ver todas las perspectivas simultáneamente." [como el cuadro : Retrato de Dora Maar]

Pág.135: "... si el tiempo es la cuarta dimensión, el espacio y el tiempo pueden rotar de uno a otro y los relojes pueden marchar a velocidades diferentes."

Pág 138: "El impacto directo del trabajo de Einstein sobre la cuarta dimensión fue, por supuesto, la bomba de hidrógeno, que se ha considerado como la más poderosa creación de la ciencia del siglo xx."

En París, Picasso mostró a Frieda sus trabajos y le obsequió el boceto en cuarta dimensión del Retrato de Dora Maar, boceto que le obsequió Frieda a Miguel N. Lira, y yo recibí como un regalo en 1970. En esta fotografía que muestro tomada el martes 13 de julio de 1954, día en que murió Frieda, pasa a avisarme en cuarta dimensión, pero también, en quinta y sexta, como aparece en el árbol del centro. En esta fotografía en dimensiones superiores se despide de mí y me dice: que me espera para que la salve en el Nombre de Jesucristo para desaparecer las Dos Fridas y ser solamente FRIEDA.

NOTAS

[1] *El código da Vinci*, Página 11, Los hechos.

[2] En todas las transcripciones de cartas y documentos se ha respetado la escritura original, aun cuando fueran faltas de ortografía [N. Corrector].

[3] De esos cuadros quedan: *Pancho Villa y Adelita*, e *Invitación al dancing*, cuadros que fueron de mi propiedad y ahora los conserva el Museo de Arte de Tlaxcala. Eran desconocidos, yo les di el nombre de *Pancho Villa, y Si Adelita... o Los Cachuchas*, junto con la señora Mercedes Meade de Angulo; el primero, porque allí pinta Miguel a su amigo el Cachucha Ángel Salas, que a muy corta edad participó en el ejército de Pancho Villa; aparece también Frieda Kahlo, y en la pared, el cuadro de Pancho Villa. La obra está compuesta por triángulos y cubos. Frieda Kahlo también pinta algo aquí, "travesuras", pues como va a decir Miguel de ella en 1953: "Era una niña que jugaba a querer ser pintora".

La cara de Ángel Salas se cubre, y entre los dedos de su mano derecha cuelga el pene que sale de la bragueta de su pantalón. Esa travesura la pintó Frieda. La cara tapada se debe, según me dice su hijo, el Lic. Héctor Salas, vecino en esta ciudad de Tlaxcala, y amigo mío; a que su mamá era una mujer muy educada en su vocabulario, sin embargo, lo perdía cuando se trataba de hablar de Frieda Kahlo, y entonces decía: "Aquí esa puta de Frida Kahlo ¡no entra!", y que nunca permitió que en su casa hubiese un objeto de la Cachucha Kahlo, por eso, no recibió la pintura, así como tampoco, el cuadro de *Échate la otra*, dedicada especialmente por Frieda Kahlo, al mismo Salas, el 18 de julio de 1927.

En otro, cuadro que al principio llamé *Si Adelita... o los Cachuchas* creo que la intención de Miguel N. Lira –en la que también intervino Frieda– fue regalárselo al Cachucha Octavio N. Bustamante por su obra, que Miguel imprimió en Tlaxcala y se llama, precisamente *Invitación al dancing*.

También de esa época de triángulos y cubos, tengo *Cristo Estridentista*, nombre que también yo le he dado.

[4] Funda escuela cuando, ya de una manera formal, enseña a Frieda a pintar: color, acuarela, óleo. Ésta es la escuela que pinta Frieda en una caricatura, y que ella firma en las corbatas de dos de Los Cachuchas, alumnos de la escuela, fechada al reverso el 28 de diciembre de 1928, día de la boda de Miguel N. Lira con Rebeca Torres. El alumno a quien se consagra por su talento es Frieda.

[5] Frieda quería aparecer entre los alumnos como alemana y, en parte, por eso se cambió el nombre original de Frida, y en la prepa dijo ser Frieda, para asentar su origen alemán. Los alumnos, entonces, le pusieron a ella el apodo de: "la Teutona", y como Miguel ya era conocido como novio de Frieda, entonces también a él le pu-

sieron el apodo masculino de: "Teutón"; y por esa razón Alejandro lo llama así en esta carta.

[6] Alejandro confirma los apodos que he mencionado antes: Teutón y Teutona.

[7] Alejandro Gómez Arias le pide a Miguel "chance" para poder "entrarle" con la Teutona Frieda, que el mero "pan" es Miguel, pero a él, aunque sea "cemita", no le importa ser "plato de segunda". Esto se confirmará dos años después, cuando van a pasar a ser, "Uno para tres y tres para uno".

[8] En las transcripciones de cartas y documentos, resalté en mayúscula datos alusivos a los dibujos de Frieda sin alterar su contenido.

[9] Lo demás citado por Raquel Tibol sobre esta carta, y que publica en *Escrituras de Frida Kahlo*, no existe. También están alterados otros textos de otras cartas de Frieda.

[10] La firma de esta carta es muy importante, ya que pone los caracteres que aparecerán en la firma de la primera hoja de la Libreta de prácticas de dibujo, donde es una firma compuesta de dos personas: Miguel N. Lira y Frieda Kahlo. En la firma de esta carta, al terminar el nombre Frieda, se extiende una larga línea que en la firma de la primera hoja de la libreta es la larga línea al terminar Lira; y la F al comienzo del nombre Frieda, es la que aparece abajo del nombre Miguel N. Lira en la firma de la primera hoja de la Libreta de prácticas de dibujo. Esta firma, fue compuesta por Frieda, y sólo veo que la usó en 1924, y volverá a repetirla nuevamente poco antes de morir en 1954 al reverso del dibujo: el ultimo autorretrato y la última firma.

[11] En 1926, cuando se pintaron estos retratos de Ludmila, Adriana y Cristina, según los más auténticos conocedores de la obra de Frieda: Miguel N. Lira y Manuel González Ramírez, nos dicen que Frieda aún no era capaz de pintar unos cuadros como éstos; indudablemente Miguel N. Lira traza los rasgos y le enseña a Frieda a rellenarlos.

[12] En esta carta, Frieda recalca su sospecha de que algo sucede con Alex (Alejandro Gómez Arias)]: "SI SABES ALGO DE ALEX, PUES NO ME HA VUELTO A ESCRIBIR". Pues, efectivamente, Alejandro se fue a Europa sin despedirse de Frieda, por un problema de personalidad que tenía, y porque quiere deshacerse de ella. Sus cartas a Lira son su comunicación con México y va a llegar el momento, en que el mismo Alejandro le pida a Miguel que le haga entender a Frieda que ya no quiere saber nada de ella.

[13] Después de esta carta, vino el momento crítico para Frieda, y la decisión de Miguel de enseñarle a pintar y obligarla a hacerse una pintora, para que pueda salir adelante. En esos días, Alejandro le escribe desde Europa a Miguel, para pedirle que sea él quien le haga ver a Frieda que él no se casará con ella, y se aparta de su vida. El retrato del que habla Frieda, quedó muy feo, y no es el que conocemos actualmente.

[14] Alejandro no pensaba volver pronto a México, y ya no quería saber nada de Frieda, pensaba irse a Rusia. Sólo regresó a México cuando Miguel se lo pidió, como veremos más adelante.

¹⁵ Miguel creía que había vivido en China, por eso Frieda lo llama Chong Lee, y también, como en un fragmento de esta carta, "Príncipe de la Manchuria + y yo". Éste es un dato muy importante. Frieda, a partir de 1926, cuando el fracaso de su Autorretrato con traje de terciopelo, en adelante, sólo se va a sentir segura junto a Miguel, pues vivió una inseguridad en sus pinturas, por eso en muchos dibujos y pinturas va a estar siempre Miguel, y las últimas palabras en la carta "seguirás siendo Príncipe de la Manchuria + y yo", significa que la vida de Frieda y su obra, están en Miguel, el Chong Lee, como ella lo va a expresar en el último autorretrato, y en la última firma, en microscopio, antes de morir en 1954. Esto lo desarrollaré en el último capítulo de este libro.

¹⁶ Cuando Frieda le dice a Miguel "no he hecho nada, soy buten de floja y ríspida" se refiere a que no ha practicado obras de pintura, no ha hecho la tarea señalada por Miguel. Noten que en esta carta ya no cita a Alejandro Gómez Arias.

¹⁷ En esta carta, Frieda les quiere decir que ya se ha comprometido con Diego Rivera y que termina su noviazgo con Alejandro (aunque en realidad nunca va a terminar). "...hay cosas en la vida que no tienen remedio, y ésta es una de ellas". Ella va a cometer el grave error de casarse con Diego Rivera, para salir de sus problemas económicos, pero siempre estará enamorada de Alejandro Gómez Arias.

¹⁸ En 1925-1926, aparecen los cuadros, entre otros, de *Pancho Villa y Adelita*, y *Si Adelita... o Los Cachuchas*, y *Cristo Estridentista*. El de Los Cachuchas debería nombrarse *Invitación al Dancing*, pues fue pintado por Miguel, y tantito por la niña Frieda, a finales de 1926, cuando estaba editando en Tlaxcala, junto con los Cachuchas, el libro: *Invitación al Dancing*, de Octavio N. Bustamante.

ÍNDICE